미야모토 무사시

일본사傳 ⑤

미야모토 무사시

구태훈

HUMANMAKER

차례

책을 내면서   9

●●●1. 미야모토 무사시와 일본인   19
   1. 사실과 상상력 사이   19
   2. 소설『미야모토 무사시』   25
   3. 전쟁에 협력한『미야모토 무사시』   32
   4. 그 밖의 무사시론   39

●●●2. 출생 논쟁   48
   1. 출생 연도와 출생지   48
   2. 무사시와 이오리   55
   3. 무사시와 신멘 무니   65
   4. 요네다초와 오하라초   72

●●●3. 유소년 시절   **77**

   1. 시대 배경 – 난세에서 치세로   77
   2. 무사시의 모친   82
   3. 신멘 무니의 불운   89
   4. 첫 번째 결투   94

●●●4. 편력과 수행   **99**

   1. 고향을 떠난 무사시   99
   2. 격변의 시대   106
   3. 수행자 무사시   112

●●●5. 도전의 나날   **117**

   1. 요시오카 가문   117
   2. 결투와 복수 사이   126
   3. 이어지는 결투   131
   4. 간류지마 결투   138

❶❶❶6. 성숙의 시간　　　　　　　　　　　　148

1. 검술 체계 확립　　　　　　　　148
2. 오사카 전투　　　　　　　　　153
3. 히메지번과 무사시　　　　　　159
4. 아카시번과 무사시　　　　　　166
5. 나고야 · 에도에서의 무사시　　174

❶❶❶7. 완성의 시간　　　　　　　　　　　　180

1. 시마바라의 난　　　　　　　　180
2. 수련과 수행 사이　　　　　　　186
3. 구마모토번과 무사시　　　　　192

❶❶❶8. 만년의 무사시　　　　　　　　　　　201

1. 무심한 나날　　　　　　　　　201
2. 무사시의 그림　　　　　　　　207
3. 『오륜서』의 성립　　　　　　　217
4. 투병과 임종　　　　　　　　　223

◐◐◐9. 『오륜서』 – 검술과 검도 사이 233
   1. 地의 장 233
   2. 水의 장 244
   3. 火의 장 257
   4. 風의 장 266
   5. 空의 장 274

참고문헌 277

책을 내면서

　미야모토 무사시宮本武蔵(1584~1645)의 이름을 한 번쯤 들은 사람이 많을 것이다. 소설『미야모토 무사시』를 읽은 사람도 있을 것이고, 우연한 기회에 다양한 경로를 통해 무사시에 관한 이야기를 들은 사람도 있을 것이다. 독자 여러분은 이미 미야모토 무사시가 일본에서 가장 유명한 검술의 달인, 니토류二刀流라는 두 칼을 쓰는 검술 유파를 창시한 인물, 간류지마巌流島라는 무인도에서 간류 고지로巌流小次郎 또는 사사키 고지로佐々木小次郎라는 검객과 싸워서 이겼다는 이야기 등을 알고 있을 것이다.

그러나 정작 미야모토 무사시가 언제 어디에서 누구의 아들로 태어났고, 그가 살았던 16세기 말엽에서 17세기 중엽에 이르는 시기의 일본 사회 분위기는 어떠했는지, 어느 곳의 어떤 인물들과 교류했고, 어떤 검객과 승부를 겨뤄 이겼는지 등에 대하여 자세하게 아는 사람은 많지 않을 것이다. 설령 무사시에 대하여 많이 안다고 자부하는 사람의 머릿속에 있는 '지식'도 요시카와 에이지吉川英治의 소설『미야모토 무사시』에 나오는 이야기가 대부분일 것이다. 소설 속의 이야기와 역사적 사실이 뒤섞여서 사실보다 더 실감이 나는 '지식'으로 탈바꿈한 이야기도 있을 것이다.

요시카와 에이지의 소설『미야모토 무사시』에는 주인공 무사시의 친구 혼이덴 마타하치本位田又八, 애인 오쓰お通, 스승 다쿠안沢庵, 무사시의 누이 오긴お吟, 마타하치의 모친 오스기お杉, 마타하치의 숙부 혼이덴 게키노스케本位田外記之助, 무사시의 제자 조타로城太郎 등 다양한 조역들이 개성 있는 역할을 하며 소설 읽는 맛을 더했다. 그런데 그들은 모두 요시카와가 설정한 가공의 인물들이었다. 여러 조역 중에서 요시카와가 가장 중요하게 생각했던 인물은 다쿠안이었다. 요시카와는 무사시를 단지 일본 제일의 검객이 아니라 수행을 통하여 인격을 완성하는 구도자로 그렸다. 무사시와 불교의 수행을 연결하는 연결고리가 필요했다. 그래서 승려 다쿠안을 등장시켰다.

소설 속의 무사시는 다쿠안의 도움으로 선禪에 입문했고, 그의 덕분으로 검선일여劍禅一如를 추구하는 수행자가 될 수 있었다. 다쿠안 (1573~1646)은 실제로 무사시와 같은 시대에 살았던 임제종의 승려였다. 그래서 요시카와의 『미야모토 무사시』 독자 중에 역사적 인물 다쿠안이 실제로 무사시의 스승이었다고 믿는 사람이 의외로 많다. 그러나 이미 시바 료타로司馬遼太郎가 그의 소설 『진설 미야모토 무사시』에서 상세하게 설명했듯이, 승려 다쿠안과 무사시는 스쳐 지나간 인연도 없는 인물이었다.

다쿠안 뿐만이 아니었다. 무사시의 친구 혼이덴 마타하치를 비롯한 소설의 조역은 모두 가공인물이었다. 그러나 독자 중에는 그들을 역사적으로 존재했던 인물이라고 믿고 있는 사람이 많다. 요시카와는 자신이 설정한 인물이나 줄거리가 훗날 역사적 사실과 뒤섞여 혼동되어버릴 우려가 있다고 생각했다. 이런 '부작용'을 의식한 요시카와는 소설 『미야모토 무사시』와 별개로 1939년 7월에 『수필 미야모토 무사시』 (朝日新聞社)를 출간했다. 미야모토 무사시에 관한 역사적 사실을 있는 그대로 남기기 위해서였다. 그러나 무사시 관련 자료는 그리 많지 않았다. 요시카와 에이지가 실토했듯이, 방대한 『미야모토 무사시』의 내용 중에서 사실로 인정할 수 있는 내용은 극히 일부분에 지나지 않았다. 소설 내용의 대부분이 요시카와의 창작이었다.

요시카와의 소설은 무사시가 스물아홉 살 때 사사키 고지로와 싸워서 이긴 간류지마 결투를 마지막으로 막을 내렸다. 그러나 무사시가 수행의 필요성을 절감한 것은 그의 나이 서른이 넘어서였다. 무사시가 죽음을 맞이하기 직전에 탈고한 『오륜서五輪書』의 서문에서 직접 밝혔듯이, 그는 스물아홉 살이 될 때까지 일본 각지를 편력하며 60여 차례 싸웠으나 단 한 번도 진 적이 없었다. 그런데 서른 살이 넘어서 문득 지난날을 돌아보니, 자신이 결투에서 매번 승리한 것은 결코 검술이 최고 경지에 도달했기 때문이 아니었다는 것을 깨달았다. 타고난 무술 감각이 뛰어났거나 아니면 상대방의 실력이 모자랐기 때문에 승리한 것이었다. 무사시는 그때부터 더욱 심오한 도리를 체득하고자 검술 수련과 마음 수행을 병행했다.

무사시는 20년 가까운 고되고 외로운 수행 끝에 오십 살이 되었을 무렵에 "자연스럽게 병법의 이치"를 터득했다. 무사시는 『오륜서』의 서문에서 다음과 같이 말했다. "스스로 병법의 이치를 깨치게 된 것은 내 나이 오십이 되어서였다. 그때부터 다시 구할 것이 없는 경지에서 세월을 보냈다." 검술의 영역을 넘어 번뇌에서 자유로운 경지에 도달한 무사시는 더 이상 검술을 수련한다거나 마음을 닦을 필요를 느끼지 않고 평상심에 머물렀다. 때때로 수묵화를 그리기도 하고, 짧은 칼로 목도를 다듬기도 하고, 와카和歌라는 일본의 전통 시가를 짓기도 하는 나날을 보냈다. 무사시의 진정한 가치를 발견하려면 그의 서른 살 이후의 삶을 조명해야 할 것이다.

다음과 같은 자료를 참고할 필요가 있다. 무사시의 양자 미야모토 이오리宮本伊織가 규슈의 고쿠라小倉(후쿠오카현 기타큐슈시)에 세운 미야모토 무사시 현창비, 1727년에 후쿠오카번의 무사가 저술한 『부슈덴라이키武州伝来記』, 1755년에 구마모토번 무사가 저술한 『부코덴武公伝』, 1776년에 역시 구마모토번 무사가 집필한 『니텐키二天記』, 1815년에 쓰다번의 무사가 저술한 미마사카 동부 지역의 지리지 『도사쿠시東作誌』, 1846년에 미야모토 이오리의 8대 후손 미야모토 사다아키宮本貞章가 작성한 「미야모토가계도宮本家系図」와 『미야모토가유래서宮本家由来書』 등이다. 물론 위의 자료에 많은 문제점이 있지만, 베일에 싸인 무사시의 일생을 조명하려면 위 자료를 선별적으로 활용하지 않을 수 없다.

이 책은 아홉 장으로 구성되었다. 제1장에서는 미야모토 무사시의 이미지가 어떻게 형성되었는지, 지금으로부터 90여 년 전에 벌어진 무사시 논쟁의 실상은 어떠했는지, 무사시가 검술의 달인이었을 뿐만이 아니라 해탈의 경지에 이른 도인이었다고 주장하는 근거는 무엇이었는지, 요시카와 에이지의 소설 『미야모토 무사시』는 어떠한 시대를 배경으로 성립했는지, 요시카와의 소설은 일본인의 정신에 어떠한 영향을 미쳤는지, 그 밖에 어떠한 무사시론이 제기되었는지 등에 대하여 살펴보았다.

제2장에서는 무사시의 출생 논쟁에 대하여 일일이 논증했다. 출생 연도는 1582년 설과 1584년 설이 있는데, 필자는 왜 1584년 설에 따랐는지, 출생지는 하리마播磨 설과 미마사카美作 설이 있는데, 필자는

왜 미마사카 설에 따랐는지 설명했다. 무사시가 신멘 무니新免無二의 차남이라는 설과 다른 집안에서 태어나 신멘 가문의 양자로 들어갔다는 설이 있다. 특히 무사시는 두 번째 양자 미야모토 이오리宮本伊織의 본가 다하라田原 가문 출신으로, 무사시와 이오리는 원래 숙부·조카 관계였고, 그래서 무사시가 이오리를 양자로 삼았다고 주장하는 연구자가 있다. 필자는 왜 무사시가 다하라 가문 출신이 아니라 신멘 무니의 차남이었는지 논증했다.

제3장에서는 무사시의 유소년 시절에 대하여 설명했다. 먼저 무사시가 태어나 성장한 시기의 정치·사회적 배경에 대하여 설명했다. 그리고 무사시의 모친이 신멘 무니의 측실이었고, 무사시의 출생지로 왜 미마사카 설과 하리마 설이 대두되었는지 그 배경을 설명했다. 그리고 무사시가 어떤 연유로 어린 나이에 모친은 물론 부친과도 이별하게 되었는지, 어린 무사시의 불우한 환경이 그의 성격 형성에 어떠한 영향을 미쳤는지, 그리고 무사시가 열세 살이 되었을 때 처음으로 경험한 결투의 실상은 어떠했는지 등에 대하여 설명했다.

제4장에서는 열여섯 살 때 무술 수행을 위해 고향을 떠난 무사시의 편력 생활을 추적했다. 가정 형편이 넉넉하지 못했던 무사시가 편력하면서 어떻게 생계를 이었는지 『오륜서』의 내용을 단서로 하여 추정했다. 그리고 열여섯 살 때 다지마但馬 지역에서 아키야마秋山 아무개와 싸워 이기고, 규슈의 나카쓰中津로 건너가 부친 신멘 무니를 만나고,

1600년 가을에 후쿠오카번에 임시로 고용되어 세키가하라関ヶ原 전투에 참전한 정황 등을 설명했다. 그리고 무사시가 규슈의 히코산英彦山에서 수행하면서 몸에 익은 습관과 차림새에 대하여 살펴보았다.

제5장에서는 교토로 올라가 요시오카吉岡 가문 사람들과 결투하는 무사시를 조명했다. 무사시가 검술의 명문 요시오카 가문의 사범 형제와 싸워 이기고, 이어서 복수에 나선 요시오카 나오쓰나吉岡直綱의 장남 마타시치로又七郎를 베고 그의 문하생들과 싸우는 모습을 살펴보았다. 그리고 결투가 복수로 이어지는 논리와 관행을 설명했다. 이어서 무사시가 엔코지円光寺(효고현 다쓰노시 다쓰노초)에 머물며 검술을 지도하고, 나라奈良, 이가伊賀(미에현 서부), 에도江戸 등을 여행하며 만난 적과 싸우고, 간류지마에서 간류 고지로(사사키 고지로)와 싸우는 과정을 추적했다.

제6장에서는 무사시가 검술을 체계화하고 여러 다이묘와 인연을 맺으며 활동하는 과정을 조명했다. 1605년에 집필한 『병도경兵道鏡』의 내용, 1615년 5월에 일어난 오사카 전투에 나아간 무사시, 히메지번·아카시번의 '손님'으로 초빙되어 활약한 무사시의 동정 등에 대하여 설명했다. 아울러 히메지번 번주의 시종이 된 무사시의 첫 번째 양자 미키노스케三木之助, 아카시번 번주의 시종이 된 무사시의 두 번째 양자 이오리에 대하여 설명했다. 그리고 무사시가 오와리번에 머물며 검술을 지도했고 이어서 에도에서 활약했다는 옛 기록을 검토했다.

제7장에서는 무사시가 1637년 10월에 일어난 시마바라島原 전투에 나아간 정황과 구마모토번 다이묘와의 인연에 대하여 설명했다. 시마바라의 난을 막부군이 진압하는 과정을 살펴보고, 1638년 11월에 무사시가 저술한 『병법서부兵法書付』의 내용을 분석했다. 그리고 구마모토번이 무사시를 '손님'으로 대우하며 300석의 봉록을 지급하는 과정, 번주 호소카와 타다토시細川忠利와 무사시의 관계, 1641년 2월 무사시가 타다토시에게 바친 『병법35개조』의 내용 등에 대하여 살펴보았다.

제8장에서는 무사시가 구마모토에서 생활하던 시절의 일상을 조명했다. 특히 무사시가 그린 대표적인 수묵화 여러 점을 감상했다. 그리고 무사시가 병이 들어 쇠약한 몸을 이끌고 어떻게 『오륜서』 집필에 매달렸는지, 구마모토번의 번주와 중신들이 무사시를 어떻게 대우하고 돌보았는지 등에 대하여 살펴보았다. 죽음을 직감한 무사시가 신변을 정리하고 1645년 5월 19일에 눈을 감을 때까지의 과정을 추적했다.

제9장에서는 무사시가 일생을 걸고 수련한 검술의 이치가 담긴 『오륜서』를 독해하며 해설했다. 『오륜서』는 지地·수水·화火·풍風·공空이라는 다섯 장으로 구성하는 형식을 취했다. 地는 변화에 저항하는 성질, 水는 변화에 적응하는 성질, 火는 어떤 일을 이루고자 하는 성질, 風은 성장·확대의 성질, 空은 모습이 드러나지 않은 상태 등을 말하는 불교 사상인데, 무사시는 그러한 성질이나 상태에 따라 검술의 자세, 기술, 방식, 요령 등에 대하여 말했다. 필자는 『오륜서』의 내용을 직역

하면서 필요한 경우에 배경 설명을 덧붙였다.

2024년 겨울

구 태 훈

◐◐◐1.

미야모토 무사시와 일본인

1. 사실과 상상력 사이

미야모토 무사시宮本武蔵는 역사적 인물이었고, 일본에서 가장 널리 알려진 인물 중의 하나이다. 하지만 그의 생애는 의외로 베일에 싸여 있다. 그가 언제 출생했는지조차 알 수 있는 기록이 없다. 그래서 1584년 출생설과 1582년 출생설이 대립하고 있다. 출생지에 대해서도 하리마播磨(지금의 효고현) 설, 미마사카美作(지금의 오카야마현 북동부) 설 등이 있다. 누구의 아들로 태어났는지도 명확하지 않다. 무사시는 그의 저서

『오륜서五輪書』에서 자신은 신멘新免 가문의 후예라고 밝혔다. 그래서 그의 부친이 신멘 무니新免無二라고 주장하는 연구자가 있지만, 사실은 다른 가문에서 태어나서 신멘 가문의 양자로 들어갔다는 설도 있다. 무사시가 언제부터 미야모토宮本라는 성씨를 사용했는지 알 수 있는 자료도 없다.

무사시는 사망하기 몇 년 전부터 규슈의 구마모토번熊本藩(지금의 구마모토현)을 지배하던 호소카와細川 가문의 배려로 구마모토성 인근에서 생활했는데, 그 무렵에 그가 처음으로 공식적인 기록에 모습을 드러냈다. 무사시가 검술 사상을 집대성한 병법서라고 할 수 있는 『오륜서五輪書』도 구마모토에서 집필했다. 하지만 세상에 널리 알려진 예순 살 이전의 무사시 행적 중에 사실로 인정하기 어려운 것이 많다. 무사시는 『오륜서』에서 스물아홉 살이 될 때까지 60여 번 결투하여 한 번도 진 적이 없다고 말했지만, 결투 상대가 누구인지 알 수 있는 자료가 거의 없다.

미야모토 무사시는 정식 무사가 아니었다. 다이묘大名와 주종관계를 맺지 않았다. 주군을 섬기지 않는 무사는 낭인浪人으로 불렸다. 그들은 무사들이 거주하는 지역에 살 수 없었다. 상공인 거주 지역에 살면서 검술 도장의 사범, 데라코야寺子屋라는 서당의 훈장, 간단한 병을 치료하는 의원 등의 직업에 종사하며 생계를 이었다. 무사시도 이런저런 잡일을 하거나 검술 도장을 열어 생계를 유지한 적이 있었다. 하지만 무사시는 어려운 환경 속에서도 생전에 이미 일본 제일의 검객이라는 명성을 얻었다. 그런데 그는 몇몇 단편적인 일화를 제외하고 알려진 것이 거의 없는 인물이었다. 그런 무사시였기에 역설적으로, 일본의 전기 작가가 무사시 생애의 공백을 상상력으로 메울 여지가 많았다.

18세기 중엽부터 무사시의 이야기가 연극 무대에 자주 올려지면서 일본에서 가장 뛰어난 검객으로 민중의 가슴속에 자리 잡았다. 길고 짧은 칼을 양손에 쥐고 싸우는 니토류二刀流가 무사시를 상징하는 검법이 되었다. 무사시가 간류지마에서 고지로와 결투하는 이야기를 각색한 「가타키우치간류지마敵討巖流島」가 1737년에 상연된 이래 이와 유사한 내용의 작품이 잇달아 선을 보였다. 메이지 시대에도 무사시를 소재로 한 연극이 민중의 인기를 끌었다. 무사시는 검술의 달인이면서 고매한 인격자로 그려졌고, 고지로는 비열하고 성격이 날카로운 인물로 묘사되었다. 무사시 이야기는 소설, 연극, 드라마, 만화 등을 통해 끊임없이 재생산되었다.

미야모토 무사시가 검술의 달인이었다는 이야기에 의문을 품은 사람이 있었다. 소설가 나오키 산주고直木三十五(1891~1934)였다. 나오키가 말했다. "무사시는 후세에 대단한 인물로 치켜세웠지만, 사실은 대단한 남자가 아니었다. 당시 위대한 병법가라면 가미이즈미 노부쓰나上泉信綱(1508~77)와 같은 인물을 꼽을 수 있는데, 당연히 그는 사람을 죽여 인기를 얻은 인물이 아니었을 것이다. 무엇보다 병법이 유행했던 시대에 무사시의 사회적 지위를 보아도 분명하다. 만년이 되어 겨우 지방 다이묘의 보살핌을 받았는데, 그것이 무사시에 걸맞은 수준이었다." 나오키는 무사시가 진정한 검술의 달인이었다면 정식 무사가 되어 높은 지위에 올랐을 터인데 출세하지 못하고 평생 낭인 신분으로 지낸 것을 보면 그가 대단한 사람이 아니었다고 주장했다. 무사시는 『오륜서』에서 스물아홉 살이 될 때까지 60여 번 싸워서 한 번도 진 적이 없다고 말했다. 하지만 결투 상대를 밝힌 것은 검술 명가 요시오카吉岡 가문 사람들을 비롯한 몇 사람에 불과했다. 그래서 18세기 중엽부터 무사시가 사실은 강자가 아니었다고 주장하는 사람들이 나타났다.

나오키 산주고의 주장은 1925년에 야마다 지로키치山田次朗吉(1863~1930)가 저술한 『일본검도사』에 따른 것이었다. 야마다는 메이지 시대의 검객으로 지키신카게류直心影流 검법의 15대 전수자였다. 야마다는 『일본검도사』에서 다음과 같이 말했다. "미야모토 무사시라고 하면 검객 중에서 세상 사람들이 모두 아는 명성이 자자한 사람이다. 타의 추종을 불허하는 사람이다. 그런데 무사시의 전기 대부분이 과장된 것이 많다. 근래 고증을 거쳐 써진 책마저 그 근거가 대체로 같다. 다른 것은 곁가지에 불과하다. 진실한 모습이라고 볼 수 있는 것이 적다." 야마다는 무사시 관련 서책 대부분이 무사시의 양자 미야모토 이오리宮本伊織(1612~78)가 규슈의 고쿠라小倉(후쿠오카현 기타큐슈시)에 세운 미야모토 무사시 현창비, 『니텐키二天記』, 『부슈덴라이키武州伝来記』, 『도사쿠시東作誌』 등을 참고하여 써졌다는 점을 지적하며 말했다. "이것들은 모두 무사시의 제자 또는 무사시를 숭배하는 사람들이 저술한 것으로, 그것을 감안하고 읽지 않으면 무사시를 올바로 이해할 수 없을 뿐만이 아니라 오히려 무사시의 뛰어난 점을 훼손하는 기사가 여기저기에 보인다." 나오키는 야마다 지로키치의 의견에 동의하면서 말했다. "무사시는 정말로 천하무쌍의 검객이었을까?" "무사시가 검술의 달인이었다는 것을 뒷받침할만한 증거가 있는가?"

나오키의 의견에 소설가 기쿠치 칸菊地寬(1888~1948)이 반론을 제기했다. 기쿠치가 말했다. "가미이즈미와 무사시가 싸웠다면 누가 이겼을지 알 수 없다. 하지만 두 사람이 쓴 문장을 비교해 보면 일목요연하지 않은가. 무사시가 남긴 「독행도独行道」와 같은 글을 도쿠가와 시대를 통해서 도대체 누가 쓸 수 있단 말인가?" 무사시는 『오륜서』의 서장에서 다음과 같이 말했다. "지금 이 책을 쓰면서도 불법이나 유교의 옛말을 빌리지 않고 군사에 관한 기록이나 병법서의 옛이야기를 인용하지 않는다. 오직 니텐이치류二天一流의 견해와 진실한 마음을 표현하기로 한다." 기쿠치는 위와 같은 무사시의 말을 떠올리며 다음과 같이 말했다. "무사시는 옛사람의 말을 빌리지 않았다. 고금을 통하여 매우 드문 일이라고 해도 좋을 것이다." "달인의 경지에 오른 사람이 아니면 할 수 없는 말이다."

나오키와 기쿠치의 무사시 논쟁에 소설가 요시카와 에이지吉川英治(1892~1962)가 말려들었다. 만주사변이 일어난 직후인 1932년이었다.

요시카와는 요미우리 신문의 좌담회에서 미야모토 무사시를 옹호하며 나오키 산주고를 에둘러 비판했다. 그러자 나오키가 격노했다. "요시카와는 나의 말에 실증적 근거가 없다고 지적하면서도 막상 자기는 실증적 근거를 하나도 제시하지 못했다. 그러면서 '무사시와 같은 위대한 인물을 나쁘게 말해서는 안 된다.'라든가 '무사시는 실력뿐만이 아니라 정신력도 높은 단계였다.'라고 단언했다. 그것은 너무 상식적이지 않다. 어떻게 위대했는지 하나하나 실례를 들어가며 발표해달라." "「독행도」에 대해서도, 나는 무사시가 육십이 되어서 '나는 여자에 홀리지 않는다.'라든지 하는 말을 제정신으로 했는지 알 수 없다고 생각하고 있는데, '아냐! 무사시는 위대한 인물이기 때문에 조금도 이상하지 않아'라고 주장하는 사람이 있다면 그것은 견해가 다른 것이다. 내가 입을 닫을 수밖에 없다." 이어서 나오키는 무사시 문하에 걸출한 검객이 없었다는 것도 그의 실력이 부풀려졌다는 증거라고 지적했다.

요시카와 에이지는 『수필 미야모토 무사시』에서 그간의 사정에 대하여 말했다. "실은 4년 전에 나오키 산주고가 자주 『개조』, 『문예춘추』 등의 잡지에 무사시를 폄훼하던 중에 내가 요미우리 신문의 좌담회에서 했던 말을 트집 잡아 무사시를 찬양하는 편에 섰던 기쿠치 칸과 함께 나를 『문예춘추』에서 호통친 적이 있었다." "솔직히 말하면 나오키가 호통칠 무렵에 나는 겨우 관념적으로 밖에 무사시에 대한 지식이 없었다. 『오륜서』와 「독행도」 정도를 이해하고 검도 초기의 검객 중에서는 무사시가 가장 높은 경지에 오른 인간이라고 생각했을 뿐이었다.

좌담회에서 무사시를 지지한 것은 나의 신념이 아니었다. 좋다고 말하고 싶은 심정이었을 뿐 확실한 증거와 실증이 없는 말이었다." "하지만 나는 그대로 물러날 생각이 없었다. 충분히 준비되면 나오키를 만나겠다는 생각을 잊은 적이 없다. 그래서 무사시에 관한 것이라면 매우 하찮은 것이라도, 종이에 적힌 완전하지 못한 글귀라도, 마음에 두고 다섯 번이든지 열 번이든지 논박하려고 벼르고 있었다. 그런데 나오키가 먼저 죽어버렸다." "내가 신문소설에 미야모토 무사시를 연재하고 여기에 이런 글도 쓰는 것은 모두 죽은 벗의 독설 덕이다." 나오키 산주고의 독설이 일본의 국민문학이라고 일컬어지는 요시카와 에이지의 소설 『미야모토 무사시』가 탄생하는 계기가 되었던 것이다.

2. 소설 『미야모토 무사시』

요시카와 에이지는 불우한 유소년 시절을 보냈다. 집이 가난하여 상점의 점원이나 공장의 직공으로 전전했다. 1920년경에 신문기자가 되면서 소설을 쓰기 시작했다. 그는 첫 작품 『에노시마모노가타리江の島物語』를 쓴 후 주로 고단샤講談社라는 출판사에서 발행하는 잡지 『킹キング』을 활약 무대로 하여 『겐난조난劍難女難』을 비롯한 소설을 발표하며 대중작가로 이름을 알렸다. 그는 『신쇼타이코키新書太閤記』, 『신 헤이케모노가타리新·平家物語』, 『시혼타이헤이키私本太平記』 등 역사에서 소재

를 발굴한 작품도 많이 썼다. 요시카와가 등장하면서 일본 대중문학이 전성기를 맞이했다.

　요시카와는 1935년 8월 23일부터 『도쿄아사히 신문東京朝日新聞』 석간에 소설 『미야모토 무사시』를 연재하기 시작했다. 처음에는 1년 정도 연재하고 완결할 예정이었지만, 너무나 평판이 좋아서 연재를 그만둘 수 없었다. 결국 중간에 7개월 연재가 중단된 기간을 포함하여, 약 4년 동안 연재하게 되었다. 『미야모토 무사시』는 1936년 5월부터 고단샤에서 차례로 단행본으로 간행했다. 모두 여섯 권으로 된 대작이었지만 독자들의 뜨거운 호응 속에 판을 거듭했다.

　요시카와가 『미야모토 무사시』를 쓰게 된 직접적인 계기는 나오키 산주고의 '독설'이었다. 하지만 요시카와는 무사시를 주인공으로 하는 소설을 써야겠다고 생각한 것은 "만주사변보다 조금 이른 시기"였다고 회상했다. 일본이 만주사변을 일으킨 것은 1931년 9월 18일이었다. 그런데 요시카와는 그보다 훨씬 전인 1925년에 아사야마 리시朝山李四라는 필명으로, 무사시가 아키야마 덴시치로秋山伝七郎와 겨뤘지만 졌다는 이야기를 단편소설로 썼다. 이것은 무사시가 만년에 레이간도靈巖洞(구마모토시 니시쿠)에 머물며 『오륜서』를 집필할 때 구마모토번의 젊은 무사에게 들려주었다는 이야기인데, 60여 번의 결투에서 한 번도 진 적이 없다고 말했던 무사시가 패배한 경험을 "비전을 전하는 것과 같다."라고 말하면서 담담히 이야기하는 형식으로 쓴 글이다. 소설 줄

거리를 요약하면 다음과 같다.

아키야마 덴시치로는 요시오카 나오쓰나吉岡直綱의 종제였다. 나오쓰나는 무사시와 겨뤄서 진 적이 있었다. 덴시치로가 나오쓰나의 복수를 위해 무사시에게 결투를 신청했다. 그러나 덴시치로는 무사시의 적수가 되지 못했다. 덴시치로는 두 번이나 무사시에게 도전했으나 무참하게 패배했다. 3년 후에 두 사람이 다시 대결했다. 그동안 덴시치로는 산속에서 잠을 아끼며 검술을 연마했다. 그러나 덴시치로는 이번에도 무사시에게 졌다. 그로부터 13년이 지난 후 덴시치로가 무사시를 찾아와 네 번째로 대결했다. 그때 덴시치로는 "얼굴빛이 차분하고, 서두르지도 않고, 검술의 영역을 넘어 무념의 경지"에 도달해 있었다. 덴시치로는 무사시가 잠시 방심한 틈을 노려 칼을 휘둘렀다. 무사시의 목도가 두 동강이 났다. 무사시가 말했다. "나는 분명히 아키야마 덴시치로의 일념의 힘에 졌다." 요시카와는 무사시의 입을 빌려 "일념"이라는 초월적 힘의 중요성에 대해서 말했다.

요시카와 에이지는 『미야모토 무사시』를 통하여 독자에게 어떤 메시지를 전하려고 했을까? 요시카와는 1936년 9월 11일 『아사히 신문』에 다음과 같은 글을 썼다. "이 소설의 주인공은 무슨 일이 있어도 절망에 빠지지 않는다는 것이다. 따라서 이 소설은 어디까지나 주인공이 독자와 함께 인생의 희망을 찾아 앞으로 나아간다. 그러나 현실은 그다지 녹록하지 않다. 현대사회와 같이 생활하기 어렵고 또 숨이 막히는 세상이지만, 다른 사람을 이기고, 자기를 이기고, 온갖 시련을 넘어서 자신을 완성한다. 즉 아무리 혼탁한 세상에서도 세상을 등지지 않고, 자신을 버려두지 않고, 그런 시대일수록 끈질기게 살아남아서 최후의 성과를 얻는다는 것이다."

요시카와는 독자에게 끈질기게 살면서 인격을 완성하는 것이 가장 중요하다는 메시지를 전했다. 요시카와는 무사시가 자신을 수행의 길로 인도했던 다쿠안沢庵 화상의 가르침을 따르면서도 그와 경쟁하며 검술을 연마하여 정신적으로 성장하는 모습을 묘사했다. 무사시의 수행 과정뿐만이 아니라 등장인물이 제각각 다른 모습으로 자기 삶의 방식에 충실하면서 온 힘을 다하여 살아가는 모습을 그렸다. 독자들이 소설 『미야모토 무사시』를 읽으며 감동했다. 오로지 수행과 수양만 강조하면 이야기가 너무나 단순하고 고리타분해질 수밖에 없었다. 그래서 요시카와는 무사시의 친구, 애인, 스승, 원수, 양자, 후원자, 결투 상대 등 다양한 조역을 등장시켜 이야기를 엮었다. 이 부분이 재미있지 않았다면 독자의 흥미를 끌지 못했을 것이다.

요시카와는 소설의 주인공 미야모토 무사시를 정신적 성장의 본보기로 삼으려고 했다. 요시카와는 예부터 전해지던 신비에 싸인 일본 제일의 검객이라는 무사시의 이미지를 과감하게 버리고 1930년대 일본인이 저항감 없이 접근할 수 있는 미야모토 무사시를 그리고 싶었다. 그는 1936년 4월에 간행된 『미야모토 무사시』 단행본 제1권 서문에 다음과 같이 썼다. "근대 정신 속에서도 교감할 수 있는 미야모토 무사시를 재현해보고 싶다." 여기서 말하는 근대 정신과의 교감에 대하여 다음과 같이 설명했다. 요즈음의 민중 생활은 "너무나 자잘하고 얕은 지혜로 무기력하게 되었지만, 본래 일본인은 강인한 신경, 꿈, 진지한 생활 자세를 갖고 있었다." 요시카와는 무사시의 삶을 조명하면서 일본인이 잃어버린 "일념"의 힘을 되찾으려고 했다. 요시카와는 무사시가 검술을 연마하고 마음을 수양하여 "일념"이라는 "정신의 칼"을 얻는 구도자로 묘사했다. 무사시가 간류지마의 결투에서 사사키 고지로에게 승리할 수 있었던 것은 검술 실력과 천우신조 이상의 것 즉, "정신의 칼"을 얻었기 때문이라고 말했다.

1930년대 일본은 그야말로 격동의 시대였다. 1929년 미국에서 시작된 경제공황의 여파가 1930년이 되면서 일본을 덮쳤다. 일본 경제는 불황의 늪에 빠졌다. 은행이 연달아 파산하고 농촌 경제가 송두리째 무너졌다. 그러자 일본군은 중국을 침략하여 경제위기에서 벗어날 수 있는 실마리를 만들려고 획책했다. 1931년 9월 18일 밤 일본의 관동군이 만주사변을 일으켰다. 일본군은 순식간에 만주의 요충지를 점령했다. 국제연맹 이사회는 일본군의 철수를 결의했지만, 일본은 국제연맹의 결의를 무시했다. 1932년 3월 1일 일본은 만주국 정부의 이름으로 건국을 선언했다. 1933년 3월 일본이 국제연맹에서 탈퇴했다.

만주사변 후 육군 내부에서는 황도파皇道派와 통제파統制派가 암투를 벌였다. 황도파는 아라키 사다오荒木貞夫(1877~1966) 대장을 중심으로 파벌을 형성했다. 황도파는 '천황의 친정'을 주장하며 천황기관설 배격의 선봉에 섰다. 그러자 황도파의 언행에 불만을 품은 장교들이 통제파를 결성했다. 1934년 1월 22일 통제파 지도자 하야시 센주로林銑十郎(1876~1943)가 육군 대신에 취임하면서 나가타 데쓰잔永田鉄山(1884~1935)을 군무국장으로 기용해 황도파의 과격한 행동을 견제했다. 그러자 1935년 8월 12일 황도파 장교 아이자와 사부로相沢三郎(1889~1936) 중좌가 나가타 군무국장을 일본도로 살해했다. 아이자와 사건은 2·26 사건의 실마리가 되었다.

1936년 2월 26일 새벽 황도파 장교가 약 1,400명의 병력을 이끌고 봉기했다. 반란군은 총리대신 관저, 육군성, 경시청 등을 점거하고 '간신군적奸臣軍賊' 처단이 궐기의 목적이라고 선언했다. 육군 당국은 수습책을 마련하지 못했다. 육군 수뇌부 중에는 청년 장교들의 행동을 격려하는 자들도 있었다. 하지만 해군·정계·재계가 쿠데타를 지지하지 않았고, 또 쇼와 천황昭和天皇(재위:1926~89)이 반란을 진압하라고 명령하자 상황이 급변했다. 2월 29일 육군은 도쿄 주변 부대에 동원령을 내려 반란군을 진압했다. 황도파 장교들이 일시에 몰락했다. 육군은 일시적으로 자숙하는 태도를 보였다. 그러나 1936년 3월 히로타 고키廣田弘毅(1878~1948) 내각이 들어서면서 군부 독재체제가 확립되었다.

아이자와 사건은 『미야모토 무사시』가 신문에 연재되기 직전에 일어났다. 아이자와 사부로 중좌는 검도의 달인이었다. 이 사건 직후 요시카와 에이지가 교토대학의 검도 사범 오노 구마오大野熊雄(1889~1981)를 만났다. 그때 오노가 말했다. "나가타 중장이 만약 검도의 정신을 알았다면 결코 아이자와 중좌의 칼날을 피하기에 급급하지 않았을 것이다. 온 힘을 다하여 상관으로서의 위엄을 갖추고 일갈했다면 아이자와 중좌가 무의식적으로 순간 움찔했을 것이다. 그 찰나에 살길을 찾을 수 있었을 것이다. 내가 나가타 중장이었다면 그렇게 했을 것이다." 나가타 데쓰잔 중장이 검도의 달인 경지에 오른 인물이었다면 죽음을 면할 수 있었을 것이라는 말이었다.

요시카와 에이지는 『수필 미야모토 무사시』에서 오노 구마오의 말을 떠올리며 다음과 같이 말했다. "무사시가 생애 60여 번이나 생사의 경계를 넘나들며 그런 찰나의 순간을 정말 잘 포착했다. 칼로 이기기 이전에 정신으로 이겼다. 칼날을 맞대기 전에 이미 절대적인 승자가 되어 싸웠다. 이미 이긴 후에 싸운다는 손자의 철학을 선禪의 경지에서 파악한 심리학을 활용했다." 『미야모토 무사시』는 장편소설이었다. 그러나 요시카와 에이지는 소설을 쓰기 전에 이미 무사시를 어떤 인물로 묘사할지 또 어떤 전개 과정을 거쳐 어떤 결론에 이르게 할지 정하고 집필을 시작했던 것이다.

3. 전쟁에 협력한 『미야모토 무사시』

1936년 5월 『미야모토 무사시』 단행본 제1권이 발매되자 당일에 초판본이 완판되었다. 고단샤講談社는 즉시 재판을 준비하며 대대적으로 광고했다. "문단과 독서계를 막론하고 남성도 여성도 두 사람이 모이면 모두 이 소설 이야기뿐이다." 마쓰오카 요스케松岡洋右(1880~1946)도 소설 『미야모토 무사시』의 애독자였다. 마쓰오카는 1933년 2월 24일 국제연맹총회에서 만주사변을 일으킨 일본군이 철군해야 한다는 권고안이 42대 1로 가결되자 외교관들을 이끌고 퇴장하여 '국민 영웅'으로 떠오른 인물이었다. 그는 『미야모토 무사시』를 읽고 감격하여 만나는 사람마다 그 책을 읽으라고 권했다고 한다.

하지만 『미야모토 무사시』를 읽은 사람 모두가 만족했던 것은 아니다. 특히 소설 내용이 전국시대 말기의 사회 분위기를 고려하지 않고 오로지 무사시의 개인적 수행과 정신적 성장에만 초점을 맞췄다고 비판하는 사람이 많았다. 모리 센조森銑三(1895~1985)도 그중의 한 사람이었다. 모리는 『일본과 일본인』 1941년 7월 호에서 다음과 같이 말했다. "사실에 부합하든 그렇지 않든, 시대의 풍속이나 관습과 다르든 그렇지 않든, 시대의 언어나 정서에서 벗어나든 그렇지 않든, 그러한 것에 상관없이, 아무런 신경도 쓰지 않은 싸구려 읽을거리가 아닌가? 소설이라는 딱지를 붙였으니 그래도 소설이라고 해야 할지 모르겠지만, 그런 것은 예술품이 아니다."

모리 센조의 비판이 너무 신랄하기는 했지만, 요시카와가 시대 상황과 분위기를 고려하지 않고 오로지 무사시의 수행과 인격 형성에 초점을 맞춰 이야기를 전개한 것은 사실이었다. 요시카와는 무사시가 고된 수행을 거듭하면서 점차로 높은 경지에 이르는 과정을 감각적이고 추상적인 언어로 말했다. 예를 들면, "사물을 눈으로 보고, 귀로 들을 뿐만이 아니라, 가슴으로 보게 되는 것" "언제라도 시원하게, 아름답게, 깨끗하게, 뒤도 돌아보지 않고 죽을 수 있다." "다른 사람도 살리고, 세상도 바로잡고, 자기도 번뇌에서 자유로운 경지에 이르러, 영생할 수 있는 기쁨을, 여러 사람과 함께 퍼 올려 나눌 수 있다는 바램" 등의 표현이었다. 요시카와는 무사시의 모습을 전국시대 말 일본 사회와의 관계 속에서 입체적으로 조명하려는 생각이 아예 없었다.

일본에서 대중문학이라는 장르가 제자리를 잡은 것은 1930년경이었다. 그 무렵부터 순수문학과 대중문학이 구별되었다. 순수문학을 선호했던 지식인층은 대중문학을 천박한 잡서 정도로 치부했다. 교양인은 대중문학을 숨어서 읽으면서도 결코 그것을 애독서라고 말할 수 없는 분위기였다. 하지만 요시카와 에이지는 대중이 공감할 수 있고 윤리성이 녹아있는 읽을거리를 제공하면서 문학을 서민의 교훈서로 활용하려고 생각했다. 요시카와가 1925년경부터 쓰기 시작한 단편소설은 물론 『미야모토 무사시』에도 교훈적인 내용이 많이 포함되었다. 요시카와의 이러한 태도가 지식인의 반발을 사는 요인이 되었을 것이다.

그러나 일반 서민들 사이에서 『미야모토 무사시』의 인기는 상상을 초월했다. 특히 군에 복무 중인 병사는 물론 청년 장교들도 『미야모토 무사시』를 애독했다. 이 책을 읽고 특공대에 자원했다는 일화가 미담처럼 퍼졌다. 『미야모토 무사시』를 읽은 장병 중에 전사한 자들이 적지 않았을 것이다. 1949년 10월에 『들어라! 해신의 소리きけわだつみのこえ』라는 제2차세계대전 말에 전사한 학도병의 유서집이 출간되었다. 그중에 도쿄제국대학 의학부 재학 중에 해군에 자원하여 군의軍醫가 된 오시마 긴지大島欣二의 글이 있다. 오시마가 말했다. "같은 내무반의 청년 장교들이 요시카와 에이지의 「미야모토 무사시」를 가장 많이 읽고 있다." 장병들은 왜 요시카와의 『미야모토 무사시』를 즐겨 읽었을까?

소설 속에서 무사시가 요시오카 마타시치로吉岡又七郎와 결투하러 이치조지一乘寺 인근 사가리마쓰下り松로 떠나기 전에 애인 오쓰お通에게 말했다. "나의 죽음에는 의의가 있다. 칼로 사는 사람이 칼로 죽는 것은 오히려 바라던 바이다. 운명을 예측할 수 없는 사무라이의 길을 위하여, 스스로 비겁한 적을 맞이하여 죽는 것이다. 내 뒤를 따라 그대가 죽는다면, 그 뜻은 고맙지만, 그것이 무슨 도움이 되겠는가?" 또 무사시는 결투 장소로 정해진 간류지마巖流島(간몬関門 해협에 있는 무인도 : 야마구치현 시모노세키시)로 건너가기 위해 작은 배에 오르면서 오쓰에게 말했다. "무사의 아내는 출진을 앞두고 연약한 모습을 보이지 않는 법이다. 웃으며 보내 달라. 이것이 마지막일지도 모르는 남편이 배를 타고 떠난

다면 더더욱 그리해 달라." "무사의 아내"라는 말은 오쓰가 기다리던 말이었다. 그러나 그 말은 영원한 이별이 될 수도 있는 말이기도 했다.

1937년 7월 7일 일본군이 북경 교외에서 중국군을 공격했다. 중일전쟁이 시작되었다. 일본군은 8월 4일에 베이징北京과 톈진天津을 점령했다. 11월까지 중국 북부의 요충지와 철도망을 장악하고 이어서 상하이上海를 점령했다. 12월 13일에 드디어 난징南京을 점령했다. 고노에近衛 내각은 산업과 경제를 직접 통제했다. 총력전에 대비하기 위해서였다. 국민에게 전쟁 수행을 위해 사생활을 희생하라고 강요했다. 모든 국민이 전쟁에 협력하도록 교화하기 위하여 '국민정신총동원운동'을 일으켰다. 민중을 선동해서 중국에 대한 적개심 · 분노심 · 투쟁심을 불러일으켰다. 전쟁을 지지하는 분위기를 조성했다. 언론매체가 국민 선동에 앞장섰다.

1938년 10월 일본군은 우한武漢과 광둥廣東을 공략했다. 전쟁은 중국 전역으로 확대되었다. 일본은 중국 전선에 23개 사단 70만 병력을 투입했다. 출진하는 병사들을 가득 실은 기차가 늦은 밤에 도쿄의 우에노역上野驛을 떠났다. 병사의 부모가 중국 전선으로 떠나는 아들을 배웅하기 위해 플랫폼을 가득 메웠다. 일본의 부모는 눈물을 흘리지 않았다. 송별 플래카드에 다음과 같은 글귀가 뭇사람의 눈길을 끌었다. "죽어서 돌아오라." 그것은 일본의 부모가 아들에게 용기를 불어넣는 방식이었다. 어쩌면 영원한 이별이 될지 모르는 아들을 보내는 송별 인사였다.『미야모토 무사시』의 내용에는 전쟁을 선동하는 분위기가 짙게 배어 있었다.

1940년 9월에 총력전연구소가 설립되었다. 내각총리대신 직할 연구소였다. 총력전에 관한 기본적인 조사와 연구를 병행하는 기관이었다. 여러 관청・육군・해군・민간에서 선발된 청년 엘리트를 연구생으로 받아들여 총력전 체제를 위한 교육과 훈련을 목적으로 하는 곳이었다. 이 연구소에서 연구생들에게 요시카와 에이지의 소설『미야모토 무사시』와『신쇼타이코키』를 읽고 리포트를 제출하도록 했다. 연구소는 리포트를 정리하여 요시카와에게 전달했다. 집필에 참조하라는 뜻이었을 것이다. 요시카와는 이미 국가권력과 손을 잡고 젊은이들의 정신을 '개조'하여 전쟁터로 내몰기 위한 '작업'을 하고 있었다.

요시카와 에이지는 평범한 대중작가가 아니었다. 대중 특히 청년을 각성시키고 그들의 정신을 '개조'하려는 사명감을 품었던 작가였다. 그 사명감이 대중 친화적인 요시카와를 국민을 지도하는 존재로 변신하게 하는 원동력이었다고 할 수 있다. 이미 마쓰모토 겐이치松本健一(1946~2014)가 지적했듯이, 요시카와는『미야모토 무사시』를 집필하던 중에 대중・서민 편에서 벗어나 사회지도층으로 발돋움했다. 그 무렵부터 요시카와는 사회 정세에 깊은 관심을 보이며 침략을 긍정하고, 국민을 선동하고, 민중을 훈계하는 글을 썼다.

『미야모토 무사시』곳곳에 전쟁 중의 일본을 염려하고 청년의 자각을 촉구하는 내용이 노골적으로 삽입되었다. "젊은이는 분노해야 마땅하다. 남아의 분노는 공분이 아니면 안 된다. 그러한 힘을 반드시 국가를 위해서 쓰라고 말하지는 않겠다. 하다못해 다른 사람을 위해서 써보도록 하라." "칼은 이론이나 이유가 아니다. 인생도 따져서 옳고 그름을 밝히는 것이 결코 아니다. 실천하는 것이다." "유사시에 국가를 위하여, 무사도를 위하여, 버리기 위하여, 목숨을 아껴야 하는 것이다. 사랑스럽게, 깨끗하게, 고결하게" "멋지게 죽자. 어떻게 멋지게 죽을 것인가?" 요시카와는 죽음을 미화하는 듯한 말을 이어가며 젊은이들의 마음을 흔들어 놓았다.

요시카와는 자기가 쓴 문장이 청년들을 감화시키는 역할을 하고 있다는 것에 만족했다. 그는 『미야모토 무사시』 제1권 서문에서 다음과 같이 말했다. "너무나 말기적인 물질주의 문화에 치우친 일상의 의식에 (일본인이 본래 가지고 있던) 조상의 정신을 수혈해 보고 싶다." 요시카와의 『수필 미야모토 무사시』에 다음과 같은 내용이 있다. "나는 적어도 소설 「미야모토 무사시」에 한해서는 종래 왜곡되었던 무사시관을 철저하게 바로잡으려고 생각하며 집필에 매달렸다. 크게 엇나간 희망이라고 말할지 모르지만, 일중전쟁 발발 전에, 누구나 (국가의 앞날을) 염려하는 사람에게 조금이라도 일본적 자각을 흥미 속에서 불러일으키려고 의도했다. 그래서 청년층에게, 그 당시 세상을 걱정하며 어찌할 줄 모르고, 방향을 잃은 젊은이들의 마음에 조상의 흙냄새라도 돌이켜 생각해낼 수 있기를 바랐다." 요시카와는 『미야모토 무사시』를 통해서 끝도 없는 전쟁으로 치닫는 일본의 시대적 요청에 부응했다. 그는 파쇼 권력에 접근하여 대중소설로 "일본적 자각"을 불러일으키는 '작업'을 했다. 오로지 칼의 길에 매진하는 무사시가 군인의 모범이 되었다. 요시카와는 일약 국민의 마음을 흔드는 대작가의 반열에 올랐다.

1940년 10월 고노에 내각은 대정익찬회大政翼贊會를 발족시켰다. 대정익찬회는 국민을 통제하고 지배하는 데 앞장섰다. 정당은 물론 모든 민간단체가 해산되었다. 대정익찬회는 대일본산업보국회를 설립했다. 부인단체를 해산해 대일본부인회로, 농민단체를 해산해 농업보국회로 조직했다. 그 밖에 직능별로 일본연합청년단, 대일본문학보국회, 대일본언론보국회 등이 조직되었다. 모든 단체가 대정익찬회의 산하에 편입되었다. 「치안유지법」이 강화되었다. 전향하지 않은 사상범은 형기가 만료되어도 석방하지 않았다. 「국방보안법」이 제정되었다. 국가의 정책을 비판한 전력이 있거나 침략전쟁에 부정적인 사람으로 분류되면 집필활동도 할 수 없었다. 학생 군사훈련이 강화되었다. 중학교 이상 학교에서 교련이 정식 과목으로 채택되었다.

요시카와 에이지는 전쟁에 적극적으로 협력했다. 1941년 12월 24일 대정익찬회의 주선으로 개최한 '문학자애국대회'에서 문학인을 대표하여 「황군皇軍에 감사하는 글」을 낭독하는 등 시류에 편승하여 활동했다. 1942년에는 해군 군령부의 칙임대우 촉탁에 임명되어 해군의 전사편찬에 관여했다. 1942년 6월 미드웨이 해전에서 야마구치 다몬 山口多聞(1892~1942) 중장과 가쿠 도메오加來止男(1893~1942) 소장이 전사했다는 소식을 듣고 「아사히 신문」에 그들을 추모하는 소설을 썼다. 해군을 대표하는 육전의 전문가 야스다 요시타쓰安田義達(1893~1943)가 파푸뉴기니아의 부나buna 전투에서 자결했다는 소식을 듣고 「마이니치 신문」에 「야스다육전대사령安田陸戰隊司令」이라는 소설을 연재했다. 1943년 봄에 대일본문학보국회 이사로 취임했다. 같은 해에 치러진 대정익찬회 선거에 즈음하여 선거추진간담회 발기인이 되었다. 이어서 일본이 점령한 동남아시아 각국을 순방하며 일본군을 위문했다.

4. 그 밖의 무사시론

17세기 말부터 미야모토 무사시 전기가 집필되기 시작했다. 그가 사망한 지 50년이 채 되지 않았을 때였다. 무사시는 스스로 『오륜서』라는 책을 비롯한 다양한 기록을 남겼다. 또 무사시의 양자 미야모토 이오리가 1654년에 규슈의 고쿠라에 무사시 현창비를 세웠고, 무사시의 문하생들도 무사시 관련 기록을 남겼다. 18세기에 들어서면서 다양한 기록을 기본 자료로 삼아 무사시 전기가 집필되었다. 무사시의 존재가 민중에게 널리 알려지자 그를 소재로 하는 연극이 상연되었다. 연극은 복수를 주제로 하는 것이었다. 그런데 무사시 이야기는 일본 제일의 검객이라는 틀에서 벗어나지 않았다. 에도 시대의 연극 내용과 형식이 메이지 시대로 전승되었다.

무사시 이야기는 고단講談이라는 일본 전통 예능에서도 인기를 끌었다. 고단은 소극장에서 고단시講談師라는 이야기꾼이 객석보다 약간 높은 단상에 앉아서 손부채로 앞에 놓인 조그만 책상을 가락에 맞춰 두드리기도 하면서 역사, 전쟁, 정치, 인물, 복수, 우스갯소리 등 다양한 소재의 이야기를 재치 있고 실감 나게 청중들에게 들려주는 예능이었다. 고단시는 대본을 써서 그것을 완전히 외운 다음 청중에게 들려주었다. 무사시는 고단에서도 단골 소재가 되었다. 무사시는 그만큼 상품성이 있었다. 메이지 시대 전기에 신류사이 데이스이真龍斎貞水가 쓴 고단의 대본 내용과 쇼와昭和 초기에 이토 료초伊藤陵潮가 작성한 그것에 큰 차이가 없었다. 대본의 내용은 대략 다음과 같다.

미야모토 무사시는 요시오카 무니사이吉岡無二斎의 아들이었다. 10대 초반에 아리마 기헤이지有馬喜平次라는 병법가와 싸워 이긴 후 구마모토번의 무사 미야모토 부자에몬宮本武左衛門의 양자가 되었다. 그때부터 미야모토 무사시라는 성명을 사용하게 되었다. 한편 무사시의 친부 무니사이는 히메지姫路에서 우연히 사사키 고지로와 결투하게 되었다. 무니사이가 고지로를 이겼다. 체면이 손상된 고지로가 기회를 엿보다가 무니사이를 화승총으로 쏘아 죽였다. 그 소식을 들은 무사시는 친부 무니사이의 원수를 갚기 위해 구마모토에서 히메지로 향했다. 무사시는 여행 도중에 이런저런 사건에 휘말려 여러 사람과 싸웠다.

히메지에 도착한 무사시는 히메지성에 사는 요괴를 물리쳤다. 그러나 요괴의 저주로 히메지번 번주의 노여움을 사서 칩거하게 되었다. 그 무렵에 사사키 고지로가 무사시를 찾아왔다. 번주가 지켜보는 가운데 무사시와 고지로가 대결했다. 고지로는 장대 끝에 쇠뭉치를 매달아 휘두르는 비겁한 수법으로 무사시에게 상해를 입혔다. 무사시는 가까스로 히메지성을 벗어났다. 번주는 비겁한 수법을 쓴 고지로를 히메지에서 추방했다. 무사시는 고지로를 찾아 일본 각지를 헤맸다. 복수하기 위해서였다. 여행 중에 여우 귀신을 물리치기도 하고, 시라쿠라白倉 아무개라는 무뢰한의 모략으로 목욕탕에서 죽임을 당할 뻔하기도 했다. 자신을 욕보이려는 무사를 보기 좋게 무찌르기도 했다. 당대 최고의 검술 사범으로 알려진 쓰카하라 보쿠덴塚原卜伝이나 이토 잇토사이伊藤一刀斎에게 검법을 배우기도 했다.

한편 예전에 무사시와 싸우다 죽은 아리마 기헤이지의 양자 아리마 기헤에有馬喜兵衛가 무사시를 찾아 헤맸다. 양부의 원수를 갚기 위해서였다. 어느 날 기헤에는 우연히 무사시를 만나 싸웠다. 그러나 그는 무사시의 적수가 되지 못했다. 무사시에게 무참하게 패배한 기헤에는 무사시의 니토류 검법을 상대하기 위해 검술을 연마했다. 피나는 단련을 거듭한 끝에 드디어 기헤에는 무사시의 검술을 능가하는 실력을 갖추게 되었다. 그런데 달인의 경지에 오른 기헤에의 복수심이 눈이 녹듯이 사라졌다. 기헤에는 무사시를 찾아가 의형제를 맺게 되었다.

마지막으로 무사시는 규슈의 고쿠라에서 우연히 고지로와 만났다. 두 사람은 간류지마에서 결투하여 승부를 내자고 약속했다. 결투 당일 아침 일찍 고지로가 먼저 간류지마로 건너가 무사시를 기다렸다. 그러나 무사시는 해가 높이 뜰 때까지 모습을 드러내지 않았다. 고지로가 화가 나서 안달복달하고 있을 때 무사시를 태운 작은 배가 섬에 도착했다. 그다음 이야기는 모두가 아는 바와 같다. 고지로가 먼저 무사시의 미간을 향해 긴 칼을 쭉 뻗었다. 무사시의 머리띠가 백사장에 떨어졌다. 그 순간 무사시가 높이 뛰어올라 길이가 긴 목도로 고지로의 머리를 내리쳤다. 무사시의 일격에 고지로가 쓰러졌다. 이런 줄거리는 1746년에 상연된 연극의 각본 내용이 전승된 것이다.

1904년 2월 일본이 러일전쟁을 일으켰다. 제3군사령관 노기 마레스케乃木稀典(1849~1912)가 이끄는 육군이 뤼순旅順을 공격했다. 뤼순 전투에서 마레스케의 장남과 차남이 잇달아 전사했다. 장남의 전사 소식을 들은 마레스케는 도쿄에 있는 부인에게 전보를 쳤다. 전보의 내용은 다음과 같았다. "명예로운 전사를 기뻐하라." 11월 30일 총공격에 앞장섰던 차남이 전사했다. 차남의 전사 소식을 들은 마레스케가 말했다. "잘 전사해 주었다. 이것으로 국민에게 죄송한 마음을 덜었다." 1905년 1월 2일 일본군이 뤼순의 러시아 요새를 점령했다. 일본인은 노기 마레스케를 동정했다. 전후에 다음과 같은 노랫말이 유행했다. "외아들을 잃었다고 울어서는 미안한 일이다. 두 아들을 잃은 사람도 있다."

1905년 5월 27일 도고 헤이하치로東郷平八郎(1848~1944)가 이끄는 일본의 연합함대가 러시아의 발틱함대와 싸웠다. 발틱함대는 수에즈 운하를 지나서 인도를 거쳐 중국의 뤼순으로 향할 예정이었다. 그런데 영일동맹을 맺은 영국이 러시아 함대의 수에즈 운하 통과를 허락하지 않았다. 발틱함대는 아프리카 남단을 돌아 약 7개월의 항해 끝에 중국 연안에 모습을 드러냈다. 그런데 그동안 일본 육군이 뤼순을 점령했다. 발틱함대는 블라디보스토크로 향할 수밖에 없었다. 일본의 연합함대는 러시아의 발틱함대를 대한해협에서 맞이하여 싸웠다. 5월 29일까지 벌어진 해전에서 발틱함대는 괴멸적 타격을 입었다. 이 해전에서 일본이 압승하면서 사실상 전쟁이 종결되었다.

일본이 러시아에 승리하면서 동아시아의 패권국이 되었다. 일본인의 자긍심이 높아졌다. 그 무렵부터 미야모토 무사시를 위인으로 숭배하는 자들이 늘어났다. 무사시가 임종을 맞이한 구마모토의 유력 인사들이 미야모토 무사시 현창회를 조직했다. 현창회는 전국에 산재한 무사시 관련 사료를 모으고 연구하여 1909년에 『미야모토 무사시』라는 서책을 간행했다. 이 책은 "무사도를 경시하고 무사시와 같은 위인의 사적도 돌보지 않는 현실"을 개탄하며 무사시를 단지 한 사람의 검객으로서가 아니라 일본혼과 무사도를 빛낸 위인으로 기리기 위해 편찬된 것이었다.

1918년에 오사다 구토쿠長田偶得(1867~1925)가 저술한 『검성 미야모토 무사시劍聖宮本武藏』(白水社)가 간행되었다. 오사다는 구스노키 마사시게楠木正成(1294~1336), 하야시 시헤이林子平(1738~98), 다카노 조에이高野長英(1804~50) 등 주로 일본 역사상 위인들의 전기를 집필한 전기 작가였다. 그는 무사시를 단지 일본 제일의 검객이나 복수 이야기의 주인공으로서가 아니라 고결한 인품을 갖춘 위대한 성인으로 묘사했다.

사사카와 린푸笹川臨風(1870~1949)는 검술의 달인이며 국보급 수묵화를 그린 미야모토 무사시의 경지를 「병법 35개조」를 비롯한 무사시의 글을 인용하며 설명했다. 특히 무사시가 수묵화를 그리기 위해 붓을 들었을 때 말했다는 다음과 같은 내용을 소개했다. "나의 검법은 칼을 들면 나도 없고, 남도 없고, 물론 귀천이나 빈부의 차별도 안중에 없다. 이러한 경지에 들어 그림을 그리기 때문에 이런 그림을 그릴 수 있는 것이다." 무사시는 단지 검객이 아니라 무심의 경지에 오른 도인이며 뛰어난 예술가였다는 점을 강조했다.

기쿠치 칸菊地寬은 1944년 3월 1일부터 『전시판 마이니치 신문』에 미야모토 무사시 소설을 연재했다. 당시는 일본군이 연합군의 대대적인 반격 작전으로 수세에 몰리던 때였다. 영국은 인도에서 미얀마 쪽으로 진격했다. 미국은 일본군이 점령한 남태평양의 여러 섬을 차례로 탈환하면서 북상했다. 미국과 영국의 원조에 힘입은 중국은 대륙 각지에서 일본군을 밀어내고 있었다. 전시 중에 일본 국내 물자 결핍 현상이 심각했다. 이런 와중에도 비록 전시판이었지만 『마이니치 신문』이 주 1회 8쪽 지면으로 발행되었다. 어려서부터 미야모토 무사시를 좋아했던 기쿠치는 무사시 관련 서책을 널리 읽고, 유적지를 탐방하고, 사료를 수집하여 철저하게 검증했다. 그리고 무사시의 저서 『오륜서』, 「병법35개조」, 「독행도」 등에 초점을 맞춰서 글을 썼다. 기쿠치의 소설은 2003년 10월에 기쿠치칸현창회가 『검성무사시전剣聖武蔵伝』이라는 제목으로 간행했다.

기쿠치의 『검성무사시전』 후기에 문예평론가 군지 가쓰요시郡司勝義(1932~2007)가 쓴 고바야시 히데오小林秀雄(1902~83)의 무사시관에 대한 글이 첨부되었다. 고바야시는 무사시를 "철저한 현실주의자"였으며 "실용주의를 철저하게 추구했던" 인물이라고 정의했다. 그리고 무사시에 대하여 다음과 같이 말했다. "내가 무사시라고 하는 사람을 위대하다고 여기는 것은 통념화한 교양의 영향을 받지 않고, 오로지 청년기의 경험에서 매우 보편적인 사상을, 독특하게 궁구하여 체득했다고 하는 것이다. 전국시대라는 시대는, 말할 필요도 없이, 교양보다도 오로지 실제의 경험에 따르는 자가 성공하던 시대였다. 그러나 경험 존중의 생활에서 전혀 새로운 사상을 창조하는 데 눈을 돌린 사람은 거의 없었다. 그런데 무사시는 오히려 그것을 해냈던 사람이라고 나는 생각하고 있다. 그의 고독도, 불행도, 아마도 이런 상상할 수 없는 사상의 참신함에서 야기된 것이었다. 그가 일부러 세상 사람과의 관계를 멀리했다는 흔적이 전혀 없다. 이런 철저한 현실주의자에게 은둔의 취향이 있었을 리 없다. 그의 일상생활에는 호걸풍의 낭비도 은둔자와 같은 청빈함도 없다. 극히 합리적이었던 것 같다."

시바 료타로司馬遼太郎(1923~96)는 1962년에 『진설 미야모토 무사시 真説宮本武蔵』를 썼다. 시바는 요시카와 에이지가 창조한 무사시를 비롯한 등장인물의 이미지를 의식하지 않을 수 없었을 것이다. 그래서인지 시바는 사실에 근거하여 등장인물의 이미지를 재구성하려고 노력했다. 시바는 역사가의 관점에서 요시카와가 묘사한 등장인물이 얼마나 실태와 동떨어진 존재인지 설명했다. 예를 들면, 『미야모토 무사시』에 요시카와가 무사시의 스승으로 설정한 승려 다쿠안沢庵이 등장한다. 다쿠안은 무사시와 불교 수행을 연결하는 '도구'였다. 소설에서는 얼마든지 가공인물을 설정할 수 있다. 하지만 다쿠안은 무사시와 같은 시대에 생존한 인물이었다. 시바는 아무리 소설이라도 독자들에게 왜곡된 정보를 제공해서는 안 된다고 생각했을 것이다. 시바는 다쿠안과 무사시는 서로 접촉한 사실이 전혀 없다는 점을 강조했다.

요시카와의 소설에 등장하는 무사시는 일본 제일의 검객이며, 일본 최고의 예술가이며, 평생 수행의 끈을 놓지 않았던 구도자였다. 그러나 시바의 소설 속에 등장하는 무사시는 자기 현시욕이 강한 남자였고, 출세욕과 명예욕이 남달랐던 인물이었고, 자존심이 세고 오만했던 검객이었다. 무사시는 단지 무예를 연마하는 병법가가 아니었다. 원래 여론을 조성하고 전파하는 재능이 탁월했던 인물이었다. 무사시는 한 사람을 상대하는 검술과 다수를 상대하는 검술이 다르지 않다고 주장했다. 시바는 "무사시는 다이묘가 되고 싶었다."라고 말했다. 시바는 간류지마 결투 이전 무사시의 "사상은 다른 사람을 가르칠 만큼 여물었다고 생각할 수 없다." 하지만 "그 후 무사시는 많이 변했다. 검법이 무르익기 시작했다."라고 평가했다.

◐◐◐2

출생 논쟁

1. 출생 연도와 출생지

미야모토 무사시는 언제 태어났을까? 무사시 스스로 출생 연도를 밝힌 적이 없다. 그가 사망한 후 양자 미야모토 이오리가 규슈 고쿠라小倉의 다무케야마手向山(후쿠오카현 기타큐슈시 고쿠라키타쿠) 산정에 세운 미야모토 무사시 현창비(이하 고쿠라 비문)에도 언제 태어났다는 기록이 없다. 그런데 무사시가 1584년(天正 12)에 태어났다고 기록한 서책이 많다. 그것은 무사시가 구마모토의 레이간도 동굴에서 1643(寛永 20) 10월 상순에 집필하기 시작한 『오륜서』의 글머리에 "나이가 들어 예순 살이 되었다."라는 구절이 있었는데, 거기에서 역산한 것이었다.

1645년 5월 19일 무사시가 사망했다. 미야모토 가문에 전하는 「미야모토가계도宮本家系図」에 무사시가 1582년(天正 10)에 태어났고 1645년(正保 2) 5월 19일에 규슈의 구마모토熊本에서 향년 64세로 사망했다고 기록되어 있다. 그런데 「미야모토가계도」는 미야모토 이오리의 8대 후손 미야모토 사다아키宮本貞章가 1846

고쿠라 비문

년에 작성한 것이다. 거의 같은 시기에 사다아키가 작성한 『미야모토가유래서宮本家由来書』에 다음과 같은 내용이 있다. "예부터 가계도에서 전하기를 미야모토 무사시는 1582년에 태어났다. 64세 때 세상을 떠났다." 현재로서는 이것이 무사시의 출생 연도를 알 수 있는 유일한 자료라고 할 수 있다. 하지만 미야모토 가문에 전하는 자료는 무사시가 세상을 떠난 지 200년이 지난 후에 작성된 것이었다. 더구나 원본이 없는 자료로 사료적 가치가 없다.

2. 출생 논쟁 49

에도 시대 즉, 도쿠가와 이에야스德川家康(1543~1616)가 세운 막부의 본거지가 에도江戸(지금의 도쿄東京)에 있던 시대의 일본인은 만으로 나이를 셈하지 않았다. 100여 년 전까지만 해도 일본인은 우리나라의 관행과 같이 가조에도시数え年 즉, 태어나면 한 살로 하고, 다음 해 1월 1일이 되면 나이를 '먹어' 두 살이라고 하는 셈법을 따랐다. 예를 들면 무사시가 1584년 3월에 태어났다면 9개월 후인 1585년 1월 1일에 두 살이 되었다. 1643년 10월 당시 무사시는 예순 살이 넘었다거나 예순 살이 다 되었다고 말하지 않았다. 정확하게 "예순 살이 되었다."라고 말했다. 1612년 4월 13일 무사시가 간류지마巌流島에서 간류 고지로岩流小次郎(사사키 고지로佐々木小次郎)와 결투를 벌였다. 무사시는 훗날 그때를 회상하며 당시 자신이 "서른 살에 가까운 나이" 즉, 스물여덟이나 아홉 살이었다고 말했다. 무사시가 가조에도시 셈법을 따랐다는 것을 알 수 있다. 1755년에 구마모토번 무사가 저술한 『부코덴武公伝』, 1776년에 구마모토번 무사가 집필한 『니텐키二天記』 등에 무사시는 1584년에 태어났다고 기록되어 있다. 역시 가조에도시 셈법에 따른 것이었다. 필자는 에도 시대 일본인의 관습에 따라 1584년 출생설을 따르기로 하겠다.

미야모토 무사시는 『오륜서』의 글머리에서 자신은 "生国播磨之武士"라고 밝혔다. 위 문장의 "生国"을 태어난 곳으로 해석하면 무사시는 하리마播磨(효고현) 출신 무사가 될 것이다. 그러나 그것을 본관本貫 개념으로 해석하면 하리마 지역이 출생지가 아닐 수 있다. 실제로 무사시가 하리마에서 태어났다는 설에 반론을 제기하며 미마사카美作(오카야마현 북동부)의 미야모토무라宮本村에서 태어났다고 주장하는 연구자들이 많다. 오히려 하리마설보다 마마사카설이 에도 시대부터 일반적인 견해로 통용되었다.

에도 시대 무사들은 '生国'을 성씨의 발상지라는 뜻으로 사용했다. 조선 사회의 선비들이 사용하던 본관 개념이 일본에서도 통용되었다. 일본에 호적제도와 함께 본관이라는 개념이 들어온 것은 율령이 편찬된 8세기 초였다. 12세기 말에 가마쿠라 막부鎌倉幕府가 성립한 후에는 무사 가문의 묘지苗字가 생겨난 지역을 본관으로 사용했다. 참고로 일본 무사들은 10세기경부터 자기 가문이 지배하던 토지(본관지)의 지명을 묘지로 정했다. 묘지는 자손이 대대로 계승하면서 그 가문의 성씨가 되었다.

미야모토 이오리가 고쿠라에 세운 비문에 무사시를 "아카마쓰赤松 가문의 후손이며 신멘新免 가문의 후예"라고 소개했는데, 아카마쓰 가문의 발상지가 바로 하리마였다. 아카마쓰 가문의 시조는 아카마쓰 이에노리赤松家範였는데, 그가 13세기 초에 하리마 아카마쓰촌赤松村의 지토地頭에 임명되면서 아카마쓰씨를 칭했다고 전한다. 그 후 아카마쓰 가문이 대대로 하리마 일대를 지배했다. 신멘 가문은 아카마쓰 가문의 방계 혈족이었다. 그러면 무사시는 '生国'을 어떻게 인식하고 "生国播磨之武士"라고 자신을 소개했을까?

가장 대표적인 하리마 출생설은 미야모토 무사시와 그의 두 번째 양자 미야모토 이오리가 숙부·조카 사이이니 이오리의 고향 즉, 하리마의 인나미군印南郡 요네다무라米堕邑(효고현 다카사고시 요네다초米田町)가 무사시의 고향일 것이라고 믿는 주장이다. 하리마 출생설을 따르는 연구자들은 미야모토 이오리가 남긴 도마리 신사泊神社(효고현 가코가와시)의 용마루 표찰, 역시 이오리가 세운 고쿠라 비문, 그리고 「미야모토가 계도」 등의 기록을 제시한다. 그러나 도마리 신사의 용마루 표찰에는 무사시가 신멘 가문의 양자가 되어 그 집안의 대를 이었다는 것과 훗날 무사시가 자식을 두지 못해 이오리가 그의 양자가 되었다는 기록만 있다. 정작 무사시가 어디에서 태어났는지 어느 집안의 자식인지 알 수 있는 내용이 없다. 「미야모토가계도」에 첨부된 계통도에 처음으로 무사시가 이오리의 부친 다하라 히사미쓰田原久光의 동생으로 표시되었다. 그 자료를 보고 이오리가 무사시의 조카라고 추정할 수 있을 뿐이다.

미야모토 무사시가 하리마가 아닌 미마사카美作의 요시노고吉野郷 미야모토무라宮本村 즉, 오늘날 오카야마현岡山県 미마사카시美作市 오하라초大原町 미야모토 마을에서 히라타 무니平田武仁의 아들로 태어났다는 설이 있다. 1815년에 쓰다번津田藩의 무사 마사키 데루오正木輝雄가 탈고한 미마사카 동부 지역의 지리지 『도사쿠시東作誌』의 기록에서 비롯된 설이다. 참고로 『도사쿠시』는 마사키가 1685년에 성립된 『미야모토무라코지초宮本村古事帳』의 내용을 보완하고 수정한 것이다. 요시카와 에이지의 소설 『미야모토 무사시』, 시바 료타로의 소설 『진설 미야모토 무사시』 등이 대중의 인기를 끌면서 널리 퍼졌다. 요시카와와 시바는 1909년에 규슈의 미야모토 무사시 유적현창회(이하 유적현창회)가 편찬한 『미야모토 무사시』의 기록을 믿고 따랐던 것 같다. 유적현창회는 1790년에 오카야마번의 무사가 저술한 『겟켄소단擊劍叢談』, 『도사쿠시』 등 고문서를 면밀하게 검토하는 한편, 요네다초와 오하라초를 답사하고 다음과 같은 결론을 내렸다. "미야모토 무사시 출생지는 미마사카이며 다케야마성竹山城(오카야마현 미마사카시 시모마치) 성주 신멘 가문을 섬기던 무사 히라타 무니의 아들이었다."

그런데 유적현창회가 참조한 히라타 가문 소장 자료에 문제점이 있었다. 「히라타가계도平田家系図」와 가문의 묘비명에 따르면, 히라타 무니의 부친은 무니가 태어나기 26년 전에 사망했고, 무니 또한 무사시가 태어나기 전인 1580년에 사망했다. 히라타 무니의 동생 히라타 지로자에몬平田次郎左衛門은 다케야마성 전투 후에 농민 신분이 되었고, 마을 사람들이 미야모토도노宮本殿라고 불렀다고 전한다. 그러나 묘비명에는 지로자에몬이 다케야마성 전투 7년 전에 사망한 것으로 기록되어 있다. 그리고 무사시의 이름이 '政名' 또는 '無三四'라고 쓰여있는 부분이 있는데, '無三四'는 무사시가 사망하고 150년이 지난 18세기 말엽에 연극에서 사용하면서 널리 알려진 이름이었다. '政名'이라는 이름은 1716년에 간행된 『혼초부게이쇼덴本朝武芸小伝』에 보인다. 어느 것도 무사시 생전에 사용했거나 불린 이름이 아니었다. 이러한 문제점이 있음에도 불구하고 유적현창회는 오하라초에 남아 있는 미야모토 관련 유적, 묘소, 히라타 가문이 소장하고 있는 무사시의 유품 등을 조사한 후 미마사카시 오하라초 미야모토 마을을 무사시의 출생지로 확정했다.

유적현창회는 「미야모토가계도」를 비롯한 미야모토 가문에 전하는 자료는 무사시의 양자 미야모토 이오리가 날조한 것으로 판단했다. 결정적인 근거는 다음과 같다. 첫째, 미야모토 무사시가 자신이 다하라 가문 출신이라고 밝힌 적이 없었다. 둘째, 다하라 가문의 시조 모치사다持貞가 묘지苗字를 아카마쓰에서 다하라로 바꾸었다고 했으나 그것을 뒷받침할만한 자료가 아카마쓰 가문의 가계도에 없고, 다하라 가문도 묘지의 발상지를 밝히지 않았다. 셋째, 이오리가 무사시의 부친이라고 주장한 다하라 이에사다田原家貞는 1577년, 그의 부인은 1573년에 각각 사망했다. 이 기록에 따르면 무사시는 부친이 사망한 지 5년, 모친이 사망한 지 9년 후에 태어난 것이 된다. 넷째, 구로다黒田 가문이나 호소카와細川 가문의 문서에 따르면, 무사시의 부친 신멘 무니新免無二는 적어도 1613년경까지 생존해 있었다. 다섯째, 16세기 중엽에 미야모토 이오리가 작성한 고쿠라 비문을 비롯한 자료 어디에도 무사시와 다하라 가문의 관계를 적시한 기록이 없다. 이오리도 무사시가 숙부라고 밝힌 적이 없다. 19세기 중엽에 작성한 가계도에 첨부한 계통도에 처음으로 무사시가 다하라 이에사다의 차남으로 표시되었다. 여섯째, 유적현창회가 요네다무라를 답사하여 면밀하게 조사했으나 무사시가 그곳에서 출생했다는 증거를 찾을 수 없었다.

2. 무사시와 이오리

미야모토 이오리는 양부 무사시의 출신에 대하여 명확하게 밝히지 않았다. 1654년 이오리가 고쿠라에 세운 비문에 무사시의 "부친은 신멘 무니이고 줏테十手의 명수였다. 무사시는 무니의 가업을 계승했다."라고 쓰면서도 무사시의 생년, 출생지, 혈통 등을 밝히지 않았다. 이오리는 고쿠라 비문을 세우기 한 해 전인 1653년에 도마리 신사에 용마루를 봉납했는데, 거기에 자기 가문의 역사를 기록했다. 원문은 다음과 같다.

> 나(이오리)의 선조는 62대 무라카미 천황村上天皇의 일곱째 아들 도모히라具平 친왕 계열 아카마쓰赤松 가문의 후예이다. 선조 모치사다持貞 시대에 운이 기울었다. 그래서 아카마쓰에서 다하라田原로 성씨를 바꾸고 하리마의 인나미군印南郡 요네다무라米堕邑에 정착했다. 자손 대대로 그곳에서 태어났다. 증조부는 다하라 사다미쓰田原貞光, 조부는 이에사다家貞, 부친은 히사미쓰久光였다. 사다미쓰 때부터 대를 이어 고데라小寺 가문을 섬겼다. 그래서 지쿠젠筑前에 지금도 친족이 있다. 사쿠슈作州(미마사카美作)에 신멘 아무개가 있

없는데, 덴쇼天正(1573~92) 연간에 후사가 없이 지쿠젠의 아키즈키성秋月城에서 사망했다. 유언에 따라 무사시가 그 가문의 대를 이으며 武蔵掾玄信라 칭했다. 훗날 미야모토로 성씨를 바꾸었다. 또 자식이 없어서 내가 양자가 되었다. 그래서 내가 지금 그 성씨를 칭하고 있다.

위 문장 내용은 크게 두 단락으로 구성되었다. 이오리는 앞에서 자기 선조는 아카마쓰 가문의 후예였으나 피치 못할 사정으로 다하라로 성씨를 바꾸고 대대로 요네다무라에 살게 되었고, 조부는 다하라 이에사다, 부친은 히사미쓰라고 말했다. 이어서 미마사카의 무사 신멘 아무개가 있었는데 그가 규슈의 지쿠젠(후쿠오카현 서부)에 있는 아키즈키성에서 사망했고, 그의 유언에 따라 무사시가 그 집안의 양자로 들어가 대를 이었다고 말했다. 그리고 자신이 무사시의 양자가 되었다고 덧붙였다. 그런데 앞 단락과 뒤 단락 사이에 아무런 논리적 연관성이 없다. 필자는 이오리가 의도적으로 무사시가 다하라 가문과 연관성이 있는 것처럼 읽히게 하기 위한 '글쓰기'를 했다고 판단하고 있다.

한편 이오리 형제가 세운 조부 이에사다와 부친 히사미쓰의 묘비문에 이오리가 히사미쓰의 둘째 아들이라고 쓰여 있다. 무사시가 사망하고 약 200년이 지난 1846년에 이오리의 후손이 "옛 기록이 낡아서" 다시 작성했다고 하는 「미야모토가계도」에 첨부된 계통도에 무사시가 다하라 이에사다의 차남으로 표시되어 있다. 이러한 기록을 종합하면, 무사시는 이오리의 부친 다하라 히사미쓰의 동생이었고, 히사미쓰의 아들 이오리는 무사시의 조카였다. 요컨대 무사시는 하리마 지역의 다하라 가문 출신으로 훗날 형의 둘째 아들 이오리를 양자로 삼았다는 말이 된다.

그런데 독자들이 주의해야 할 것이 있다. 일본 무사의 가계도를 전적으로 신뢰하면 안 된다. 필자가 앞서 펴낸 『오다 노부나가』를 비롯한 여러 책에서 상세하게 설명했지만, 전국시대戰国時代 다이묘大名들은 누구라고 할 것도 없이 공공연하게 가계도를 위조했다. 일반 무사 중에는 더욱 노골적으로 가계도를 날조한 자들이 적지 않았다. 특히 하리마 지역에 뿌리를 둔 무사 중에 아카마쓰 가문의 후예라고 주장하는 자들이 많았다. 아카마쓰 가문의 종가는 융성하지 못하고 역사의 뒤안길로 사라졌다. 그래서 무사들이 아카마쓰 가문의 후예라고 주장해도 진위를 가리기 어려웠다. 미야모토 이오리 또한 다하라 가문의 시조가 되는 아카마쓰 모치사다가 어쩔 수 없는 사정으로 요네다무라로 피신하여 다하라씨를 칭했다고 적었다. 하지만 가계도에 모치사다의 아들과 손자의 기록이 없다. 이오리의 증조부 때부터 실명을 밝혔다. 다하라 가문 가계도가 날조되었을 가능성이 있다.

1762년경에 『하리마카가미播磨鑑』라는 지리지가 간행되었다. 저자는 하리마의 인나미군印南郡 히라즈무라平津村(효고현 가코가와시 요네다초 히라즈 마을)의 의사 히라노 요쇼平野庸脩였다. 히라노는 직접 보았거나 전해 들은 하리마 지역의 경승지, 지명, 성곽, 사원과 신사, 유적지, 인물, 풍속 등에 대한 정보를 서책에 기록했다. 그중에 무사시의 양자 미야모토 이오리에 관한 기록이 있다. 이오리는 하리마 지역에서 가장 출세한 인물이었던 것 같다. 히라노는 이오리를 다음과 같이 소개했다.

> 이오리는 미야모토 무사시의 양자이다. 요네다무라米田村에서 태어났다. 부친은 진베에甚兵衛였다. 원래 미키三木 마을에 살던 사무라이侍였는데 (도요토미 히데요시가) 미키성을 점령한 후에 요네다무라에 와서 이오리를 낳았다. 훗날 아카시번明石藩의 다이묘 오가사와라 타다자네小笠原忠眞가 미야모토 무사시라는 천하무쌍의 병술가를 초빙했다. 이오리는 열여섯 살 때부터 타다자네를 섬겼는데, 재능이 뛰어난 그는 무사시의 양자가 되었다. (중략) 이오리의 모친은 가토군加東郡 다루이쇼垂井莊 미야와키무라宮脇村(효고현 오노시 다루이초) 사람이다. 그래서 이오리도 오랫동안 미야와키무라에서 지냈다고 한다.

이오리가 남긴 자료나 「미야모토가계도」의 계통도에 이오리의 부친은 아카마쓰 가문의 혈통을 이은 다하라 이에사다라고 기록되어 있다. 그러나 이오리의 집안 사정을 잘 알던 히라노 요쇼는 이오리의 부친이 미키성이 낙성된 후에 요네다무라로 와서 살던 진베에였다고 기록했다.

사무라이侍는 즉 무사라고 알고 있는 사람들이 많으나 전국시대나 에도 시대 초기 사료에 나오는 "侍"는 정식 무사가 아니었다. 히데요시가 조선 침략 직전에 내린 신분법령身分法令에 정식 무사가 고용한 무가 봉공인武家奉公人으로 "사무라이侍, 주겐中間, 아라시코荒子"가 열거되었다. 와카토若党라고도 불렸던 사무라이侍는 주군의 짐을 들거나 허드렛일을 하던 "주겐, 아라시코"보다는 신분이 높았지만 시분士分으로 불렸던 정식 무사가 아니었다. 사무라이는 전투 시에 무기를 들고 출진할 수 있었다. 그런 의미에서 전투원=사무라이로 대우했지만, 그들은 성씨를 사용할 수 없었다. 조선 시대의 중인에 해당하는 신분이었다고 할 수 있다. 이오리의 부친이 성씨가 없이 그냥 진베에라고 불렸다는 점에 주목할 필요가 있다.

1776년에 구마모토번의 무사 도요타 카게히데豊田景英가 미야모토 무사시의 전기 『니텐키』를 저술했다. 무사시와 관련된 사적을 상세하게 소개한 책이었다. 그래서 에도 시대에 간행된 몇몇 미야모토 무사시 전기의 근본 자료로 사용되었다. 거기에 다음과 같은 내용이 있다. 미야모토 이오리의 고향은 오늘날 이와테현岩手県의 쇼보지무라正法寺村(이와테현 오슈시 미즈사와쿠로이시초)였다. 부친은 오늘날 야마가타현山形県 일대를 다스리던 모가미最上 가문을 섬기던 무사였다. 그런데 무슨 영문인지 알 수 없으나 낭인이 되었다. 그 후 고향으로 돌아와 농사를 짓다가 젊은 나이에 사망했다. 졸지에 고아가 된 이오리는 미꾸라지를 잡으며 생활했다. 어느 날 쇼보지무라를 여행하던 무사시가 우연히 이오리를 만났다. 무사시는 이오리의 성실한 태도가 마음에 들었다. 그는 이오리를 양자로 삼았다. 위의 내용은 적어도 18세기 말까지 무사시와 이오리가 친족이라고 여기는 사람이 없었다는 것을 알려주는 또 하나의 자료일 것이다.

후쿠오카번福岡藩의 무사 다치바나 미네히라立花峯均(1671~1746)가 무사시의 전기 『부슈덴라이키武州伝来記』를 남겼다. 다치바나는 미야모토 무사시의 검법을 익힌 후 후쿠오카번 무사들에게 검술을 지도했던 검객이었다. 부슈는 무사시의 별칭이었다. 『부슈덴라이키』에 무사시가 오가사와라 타다자네(1596~1667)에게 초빙되었을 무렵의 일화와 양자 이오리에 관한 이야기가 실려 있다. 거기에서 다치바나는 "상인의 아들이었던 이오리"가 고쿠라번小倉藩(후쿠오카현 기타큐슈시) 다이묘의 측근이 되었다고 밝혔다. 이 기록에 따르면, 『하리마카가미』에 등장하는 이오리의 부친 진베에가 고향으로 돌아와 상업에 종사했을 가능성이 있다. 이오리가 외갓집에서 지내던 시기에 부친 진베에가 행상에 나섰을 수도 있다. 그 무렵에 이오리가 오가사와라 타다자네의 측근으로 발탁되었다면 상인의 아들이라고 알려졌을 것이다.

히라노 요쇼가 살았던 히라즈무라는 무사시의 양자 이오리가 태어난 요네다무라와 인접해 있었다. 걸어서 10분도 걸리지 않는 거리였다. 히라노는 이오리가 어렸을 때 모친의 친정이 있던 미야와키무라에서 오랫동안 지냈던 것까지 알고 있었다. 하리마 지역의 유명 인사 이오리와 관련된 일화를 누구보다도 철저하게 조사했다고 할 수 있다. 실제로 히라노는 이오리가 도마리 신사 재건 때 거금을 희사했고 그 후에도 많은 물품을 봉납했다고 기록했다. 히라노가 도마리 신사를 방문하여 직접 검증하고 집필했을 것이다. '이웃 마을' 의사 히라노가 집필한 『하리마카가미』는 매우 신빙성이 높은 자료이다. 『하리마카가미』의 기록은 다음과 같이 이어졌다.

> 미야모토 무사시는 하리마 잇토군揖東郡 이카루가초斑鳩町 미야모토무라宮本村에서 출생했다. 젊어서부터 무술을 좋아하여 여러 지방을 떠돌며 수행하여 세상에 이름이 알려졌다. 그래서 무사시류武蔵流라고 하여 무사 사회에 제자가 많았다. 그러나 여러 다이묘의 가신이 되지 않았다. 어느 날 아카시번明石藩의 오가사와라 타다자네小笠原忠真를 알현했다. 그때 이오리를 양자로 삼았다. 오가사와라 가문이 부젠豊前으로 영지를 옮길 때 따라갔다. 그 후 양자 이오리는 5,000석의 영지를 보유한 중신이 되었다. 지금도 그 자손이 3,000석을 보유한 중신의 지위에 있다.

오가사와라 타다자네小笠原忠真는 부친 오가사와라 히데마사小笠原秀政(1569~1615)와 장형이 1615년 오사카 여름 전투에서 사망하면서 가문의 대를 이어 시나노信濃(나가노현) 마쓰모토번松本藩(8만 석)의 다이묘가 되었다. 1617년에 하리마 아카시번明石藩(10만 석)으로 영지를 옮기게 되었고, 다시 1632년에 부젠豊前(후쿠오카현 동부·오이타현 서북부) 고쿠라번(15만 석)의 다이묘가 되었다. 타다자네는 평생 미야모토 무사시를 믿고 의지했다. 무사시도 타다자네는 성의를 다해 섬겼다.

『하리마카가미』에 따르면, 이오리가 열여섯 살이 되었을 무렵에 아카시번 다이묘 오가사와라 타다자네가 무사시를 불러 이오리를 양자로 삼으라고 권유했던 것 같다. 다이묘의 권유는 명령의 완곡한 표현이라고 할 수 있다. 타다자네는 오랫동안 이곳저곳을 떠돌던 무사시를 예의를 갖추어 초빙하여 갸쿠분客分 즉, '손님'으로 특별히 대우했다. 검술을 수련하는 아카시번 무사들도 무사시를 존경하며 따랐다. 무사시는 타다자네의 요청을 거절할 수 없었을 것이다. 물론 다이묘의 뜻에 따름으로써 무사시가 얻을 수 있는 현실적인 이익이 많았다. 신분이 보장되었고 경제적으로도 안정되었다. 무사시가 타다자네의 요구를 거절할 이유가 없었다.

1846년에 성립된 「미야모토가계도」에는 이오리가 열다섯 살 무렵에 타다자네를 가까이에서 섬기는 시종이 되었다는 기록이 있다. 이오리가 어떤 경로를 통해 타다자네의 시종이 되었는지 알 수 있는 자료는 없지만, 타다자네는 자기보다 일곱 살 어린 이오리를 특별히 좋아하고 신뢰했던 것 같다. 다이묘가 자기를 가까이에서 받드는 어린 시종을 특별히 아꼈다면 두 사람의 관계가 동성애 관계였을 가능성이 있다.

전국시대 다이묘들은 대개 미소년을 옆에 두고 시중을 들게 했는데,

그 소년이 다이묘의 동성애 상대인 경우가 많았다. 당시 일본 무사 사회에서 동성애가 유행했다. 성격이 괴팍하다고 알려진 오다 노부나가織田信長(1534~82)도 모리 나리토시森成利(1565~82)라는 총명하고 빈틈이 없는 미소년을 시종으로 임명하여 자신을 받들도록 했는데, 나리토시 역시 노부나가의 동성애 상대였다고 알려졌다. 다이묘뿐만이 아니라 일반 무사 사회에서도 동성애 풍조가 만연했다. 전투가 잦아지면서 전국시대 다이묘와 무사는 많은 시간을 남성끼리 보내는 경우가 많았는데, 그런 환경과 조건 속에서 자연스럽게 동성애 풍조가 확산했을 것이다.

다이묘의 동성애 상대는 벼락출세하는 것이 상례였다. 타다자네는 이오리가 스무 살이 되었을 때 2,000여 석의 영지를 보유한 가로家老로 임명했다. 이오리는 오가사와라 타다자네가 고쿠라로 영지를 옮기면서 2,500석, 1638년 시마바라島原의 난 후에는 4,000석의 영지를 보유한 가로의 지위에 올랐다. 이오리의 벼락출세를 시기하는 무사들이 많았다. 무사들의 시기와 질투는 자칫 큰 싸움으로 이어져 이오리의 목숨이 위태로울 수 있었다. 오가사와라 타다자네는 자신이 진심으로 사랑하는 이오리에게 든든한 후원자가 필요하다고 판단했던 것 같다. 그래서 당시 일본 최고의 검객으로 명망이 높았던 무사시를 이오리의 양부로 삼았을 것이다.

에도 시대는 개인보다도 가문이 우선시되던 사회였다. 다이묘와 무사는 주종관계를 맺었다. 주종관계를 맺는 것은 예사로운 일이 아니었다. 그것은 권리와 의무를 동반하는 계약이었다. 무사는 주군에게 충성하고 주군은 무사를 보호해야 하는 의무를 졌다. 주군은 무사에게 영지와 봉록을 주었고, 무사는 목숨을 걸고 맡은바 직분에 충실할 것을 서약했다. 그런데 다이묘가 무사에게 준 영지와 봉록은 개인을 대상으로 한 것이 아니었다. 무사 가문에 하사하는 것이었다. 그래서 한 번 정해진 영지와 봉록은 무사 가문이 대대로 상속했다. 실제로 오가사와라 타다자네가 미야모토 이오리에게 준 4,000석의 영지는 대대로 미야모토 가문의 후손이 물려받았다.

『하리마카가미』의 저자 히라노 요쇼는 무사시가 미야모토무라에서 태어났다고 기록했다. 이오리가 태어난 다하라 가문 사람들은 요네다무라에 거주했다. 히라노는 무사시와 이오리가 친족 관계가 아니라고 명확하게 밝힌 것이다. 이 기록에 따르면, 적어도 『하리마카가미』가 간행된 1762년(宝暦 12)경까지 하리마 지방에서 미야모토 무사시와 그의 양자 이오리가 같은 다하라 가문 출신이라고 믿는 사람이 없었던 것 같다. 무사시가 이오리를 양자로 삼은 것은 오가사와라 타다자네의 요청에 따른 것이었다. 미야모토 가문의 후손이 주장하는 것처럼 두 사람이 숙부·조카 관계였기 때문이 아니었다.

우오즈미 다카시魚住孝至는 그의 저서 『미야모토 무사시 – 병법의 구도자』에서 다음과 같이 주장했다. 무사시가 "어째서 이오리를 양자로 삼았는지에 대해 「하리마카가미」의 전승은 그다지 설득력이 없어 보인다. 오히려 미야모토 가계도가 밝히고 있는 것처럼 조카였기 때문에 양자로 삼았다고 보는 편이 타당할 것이다."(47p) 그러나 『하리마카가미』는 연구자들이 인정하는 신빙성이 높은 자료이다. 그리고 미야모토 가문이 남긴 자료 어디에도 이오리가 무사시의 조카라고 적시한 기록이 없다. 1846년에 미야모토 이오리의 후손이 「미야모토가계도」를 작성하면서 첨부한 계통도에 무사시가 이오리의 부친 동생으로 표기한 자료가 있을 뿐이다. 필자는 「미야모토가계도」에 첨부된 계통도의 사료적 가치를 인정하지 않는다. 1909년 미야모토 가문의 자료를 면밀하게 검토한 규슈 미야모토 무사시 유적현창회의 연구자들도 필자와 같은 생각이었을 것이다.

3. 무사시와 신멘 무니

무사시는 『오륜서』의 글머리에서 자신의 묘지苗字는 신멘씨新免氏, 본성本姓은 후지와라씨藤原氏이고 이름은 하루노부玄信라고 밝혔다. 일본 무사는 관행적으로 묘지와 본성을 구별했다. 평상시에는 묘지를 사용했으나 공적인 문서를 작성할 때는 본성을 사용하는 것이 원칙이었다. 본성은 천황이 하사한 성씨이고 묘지는 가문의 본관지 또는 표식이었다. 무사시도 무사 사회의 관례에 따라 묘지와 본성을 나누어 표기했을 것이다.

무사시는 적어도 30대 중반부터 미야모토 무사시라는 이름으로 널리 알려진 검도의 달인이었다. 그런데 무사시는 왜 죽음을 앞두고 자신의 성씨가 미야모토宮本가 아니라 신멘新免이라고 밝혔을까? 두 가지 가능성이 있을 것이다. 첫째, 무사시가 신멘 무니新免無二의 아들이라는 점을 강조하기 위해서였을 것이다. 당시 무사들은 혈통과 가문을 중시했다. 신멘 가문은 아카마쓰 가문의 방계 혈족으로 알려진 명문 가문이었고, 특히 무사시의 부친 신멘 무니는 이름이 알려진 무술가였다. 오랜 세월 낭인 신분으로 일본 각지를 떠돌며 지낸 무사시는 자신이 뼈대 있는 가문 출신이라는 점을 강조하고 싶었을 것이다. 둘째, 만약에 무사시가 신멘 무니의 친아들이 아니라, 하리마 출생설을 따르는 연구자의 주장처럼, 양자로 들어갔다면 더더욱 신멘 가문의 후예라고 말하지 않을 수 없었을 것이다.

일본에서는 일찍부터 양자 제도가 발달했다. 양자 제도는 혈통보다도 가문의 존속을 중시하는 일본 사회의 특징이라고 할 수 있다. 오늘날에도 한국인은 양자를 친족 범위 내에서 맞아들이는 것이 당연하다고 여긴다. 민법에도 그렇게 규정되어 있다. 하지만 일본에서는 중세 시대부터 가문의 대를 잇기 위해 능력이 있는 자를 양자로 맞아들였다. 무사 사회뿐만 아니라 상인들도 가업을 잇기 위해 수완이 있는 자를 양자로 맞아들였다. 설령 아들을 두었어도 가업을 지킬 수 있는 능력이 없다고 판단하면 다른 집안에서 능력이 있는 자를 양자로 맞아들였다. 딸이 있다면 사위로 맞아들여 가산과 가명家名을 물려주는 것이 가장 바람직했지만, 그러한 경우에도 능력 있는 자를 양자로 들인다는 원칙에서 벗어나지 않았다.

양자 제도가 발달했던 만큼, 양자 또한 양부모에 대한 의무를 다했다. 양부모가 물려준 가업을 지키고 발전시키는 일에 온 힘을 기울였다. 이런 일본 사회에 복수의 관행이 살아있었다. 부모나 형제가 다른 사람에게 살해되었다면 복수하는 것이 당연한 일이었다. 서민들도 복수하지 않으면 안 되는 분위기였지만, 특히 무사가 복수하지 않으면 비난의 대상이 되었다. 살아있는 것이 죽는 것보다 괴로운 일이었다. 복수는 선택이 아닌 의무였다. 이런 일본 사회에 다음과 같은 문제에 직면하는 경우가 있었다. 친부모가 양부모를 죽였다면 어떻게 처신할 것인가? 답은 정해져 있었다. 양부모의 복수를 위해 친부모를 죽이는 것이 당연한 일이었다. 일본인은 왜 이리 가혹한 선택을 강요했을까? 그만큼 양자의 의무를 엄격하게 요구하는 사회였다.

1653년 미야모토 이오리가 도마리 신사에 봉납한 용마루에 미마사카 지역의 무사 신멘 아무개가 규슈의 아키즈키성에서 사망했고, 유언에 따라 무사시가 그 가문의 대를 이었다는 기록이 있다. 이에 따르면, 신멘 무니가 사망한 후에 그의 유언에 따라 무사시를 입양했다. 신멘 가문이 후손을 두지 못했기 때문에 무사시를 양자로 들여서 가산과 가명을 상속했다는 뜻이다. 입양된 무사시는 신멘 무니가 무사단에서 맡은 직책도 승계했을 것이다. 무사시가 아직 어린 나이라 맡은바 직분을 수행할 수 없었다면 그가 성장할 때까지 후견인을 두었을 것이다. 입양은 집안의 대를 잇는 막중한 일이었다. 입양되어 가명을 상속한 자는 원칙적으로 성씨를 바꿀 수 없었다. 무사시는 자신이 신멘 가문의 후예라고 밝혔다.

에도 시대 무사 사회에서 가문의 존속만큼 중요한 것이 없었다. 조선의 사대부 가문도 일본의 무사 가문과 크게 다르지 않았을 것이다. 장남이 다른 가문으로 입양되는 일은 없었다. 입양은 차남 이하에게 해당하는 제도였다. 「미야모토가계도」에도 무사시가 다하라 이에사다의 차남으로 되어 있고, 이오리도 다하라 히사미쓰의 차남으로 되어 있다. 그래서 무사시가 신멘 가문의 양자가 되었다고 주장할 수 있었고, 이오리가 무사시의 양자가 될 수 있었다. 그런데 차남이라도 일단 아들이 없는 가문에 양자로 들어가면 그때부터 그 가문의 장자가 되는 것이다. 다른 가문의 양자로 갈 수 없었다. 물론 성씨도 바꿀 수 없었다.

그런데 도마리 신사 용마루 기록과 「미야모토가계도」에 따르면, 무사시가 미마사카 지역의 신멘 아무개가 사망한 후 그 집안에 입양되어 가문의 대를 이었고, 그 후 무사시가 신멘에서 미야모토로 성씨를 바꾸었다. 에도 시대 무사 사회의 개성改姓 관행에 어긋나는 것이었다. 우오즈미 다카시는 그의 저서 『미야모토 무사시 - 병법의 구도자』에서 다음과 같이 주장했다. "신멘 무니가 아키즈키秋月에서 사망했을 가능성은 있지만 덴쇼天正 시대에 이미 죽었다는 용마루 표찰의 기록은 오류로 추정된다." "무사시가 가업을 이었던 것은 신멘 무니가 세상을 떠났기 때문이었을 것이라고 착각하고, 앞에 나왔던 것과 같은 잘못된 기록을 남긴 것으로 추정된다."(53p)

다하라 가문의 혈통을 이은 무사시가 어린 나이에 신멘 가문의 양자로 들어갔다는 이오리의 주장에 오류가 있다면 그가 남긴 다른 기록도 믿을 수 없다. 그런데 우오즈미는 다음과 같이 주장했다. "이오리는 무사시의 양자로 무사시와 가장 가까웠던 인물이다. 때문에 무사시 본인과 관련된 자료 이외에는 이오리 관련 자료에 의존하는 것이 가장 확실한 방법일 것이다. 하지만 이오리에게는 아카마쓰씨 출신이라는 점은 강조하고 싶지만, 신멘씨와의 관계에 대해서는 되도록 거론하고 싶지 않다는 의사가 있었던 것 같다."(53p) 우오즈미는 이오리가 남긴 자료를 믿을 수 없지만, 우오즈미 자신이 믿고 싶은 것은 선별적으로 믿어도 된다고 말하고 싶었던 것일까?

무사시가 신멘에서 미야모토로 성씨를 바꾸었다는 이오리의 주장을 사실로 받아들인다면, 무사시가 신멘 무니의 아들, 그것도 장남이 아니라 차남으로 태어났다고 볼 수밖에 없다. 신멘 무니가 무사시의 양부가 아니라 친부라는 주장은 마사키 데루오가 탈고한 『도사쿠시』의 미야모토 무사시 관련 자료에 근거하고 있다. 마사키는 하리마와 접한 미마사카 동부 지역을 직접 답사하며 전승과 사료를 채록했다. 내용이 매우 상세하고 논리적이다. 미야모토 무사시 유적현창회는 『도사쿠시』의 기록을 참조하여 1909년에 『미야모토 무사시』를 출간했다.

신멘 무니의 원래 성명은 히라타 무니平田武仁였다. 히라타 가문은 아카마쓰 가문의 방계 혈족 기누가사씨衣笠氏 후예라고 알려졌다. 무사시의 조부는 히라타 쇼겐平田将監이었다. 그는 미마사카 요시노군吉野郡의 다케야마성竹山城 성주 신멘 사다시게新免貞重를 섬겼다. 신멘 가문의 가로 지위에 있던 쇼겐은 문무를 겸비한 무사였다. 주군의 딸 마사코政子와 혼인하면서 시모쇼무라下庄村와 나카야마무라中山村를 다스렸다. 두 마을은 인접해 있었다. 그런데 시모쇼무라는 미마사카에 속해 있었고, 나카야마무라는 하리마 지역에 있었다. 시모쇼무라에서 가마사카釜坂 고개를 넘으면 나카야마무라였다.

히라타 쇼겐은 줏테十手를 잘 다루었다고 알려졌다. 줏테는 30센티에서 60센티 정도의 쇠막대로 주로 관리가 범인의 공격을 방어하고 제압하던 무기의 일종이었다. 유술을 비롯한 격투술과 함께 사용했다. 쇼겐은 검술의 달인이기도 했다. 그의 아들 히라타 무니도 부친의 줏테 사용 기술을 이어받았다. 무니의 검술도 상당한 경지에 이르렀다. 니토류二刀流의 달인이었다는 설도 있다. 그것이 사실이라면 무사시는 가문 전래의 니토류를 더욱 발전시켰다고 할 수 있을 것이다.

히라타 무니가 성인이 된 후에 정식으로 사용한 이름으로 서한문 등에서 확인되는 것은 마사이에正家, 가스마一眞, 노부쓰나信綱 등이었고, 호는 무니노스케無二助 또는 무니사이無二斎였다. 그는 천성이 강직했고 주군을 따라 여러 번 전투에 나아가 공을 세웠다. 주군 신멘 무네사다新免宗貞의 딸 오마사於政와 혼인했다. 히라타 가문이 2대에 걸쳐서 주군 가문의 딸을 아내로 맞아들이면서 두 가문의 혈연관계가 더욱 돈독해졌다.

그 무렵 히라타 무니는 무로마치 막부室町幕府의 15대 쇼군 아시카가 요시아키足利義昭(재위:1568~88)의 명령으로 쇼군 가문의 검술 사범 요시오카 나오카타吉岡直賢와 대결했다. 나오카타는 일본 제일의 검객으로 알려져 있었다. 무니는 그와 세 번 싸워 두 번 이겼다. 그러자 쇼군 요시아키는 히라타 무니에게 히노시타카이잔日下開山이라는 칭호를 내렸다. 일본에서 이길 자가 없다는 뜻이었다. 오늘날 일본 씨름 스모相撲의 최강자 요코즈나橫綱를 호칭하는 말이기도 하다. 당시 신멘 가문의 당주는 신멘 무네쓰라新免宗貫였는데, 그는 무니의 손위 동서이기도 했다. 무네쓰라는 무니의 쾌거를 기뻐하며 무니가 신멘씨를 칭하는 것을 허락했다. 이때부터 히라타 무니가 신멘 무니를 칭했다.

「히라타가계도」에 보이는 '무니武仁'가 '無二助' 또는 '無二斎'로 불리게 된 것은 무니가 요시오카 나오쓰나와 검술을 겨루어 승리한 이후였을 것으로 여겨진다. '无二助'로 기록된 문서도 있으나 '无'는 '無'의 다른 표기이다. 무니無二는 세상에서 검술을 겨룰 자가 둘도 없다는 뜻이었다. 어쨌든 무사시의 부친 신멘 무니는 당시 일본에서 가장 뛰어난 검객으로 알려져 있었다. 『니텐키』에 따르면, 무니가 도리류当理流라는 검술의 유파를 확립했을 것으로 추정된다. 하지만 무니가 제자들에게 면허장을 발급했다는 증거가 없다.

4. 요네다초와 오하라초

1984년 7월 효고현 다카사고시 요네다초에서 미야모토 무사시·이오리 현창회가 결성되었다. 무사시 연구자가 포함된 미야모토 무사시·이오리 현창회는 마을 사람들에게 요네다초가 무사시의 출생지라고 선전하기 시작했다. 무사시가 하리마의 요네다초에서 출생했다고 주장하는 연구자들을 초빙하여 강연회를 개최하기도 했다. 현창회는 미야모토 이오리가 세운 요네다텐 신사米田天神社(효고현 다카사고시 요네다초) 옆에 거대한 비석을 세웠다. 그것은 석재 상점을 경영하던 현창회 회장이 제공한 100톤이 넘는 석재를 다듬은 것이었다. 비석에는 「宮本武蔵·伊織生誕の地 平成元年秋」라고 쓰여 있다. 미야모토 가문의 후손들이 미야모토 무사시·이오리 현창회를 후원했다. 요네다초를 미야모토 무사시의 출생지로 만드는 사업이 곧 미야모토 이오리와 그 선조인 다하라 가문을 빛내는 일이었기 때문이다.

일찍부터 미야모토 무사시 출생지로 알려진 곳은 오카야마현 미마사카시 오하라초 미야모토 마을이었다. 1911년 (明治 44) 오하라초의 사노모 신사讃甘神社의 개울 건너편에「미야모토 무사시 생탄 기념비」를 세웠다. 무사시가 생애 마지막 시간을 보내며 『오륜서』를 집필한 규슈 구마모토현의 미야모토 무사시 유적현창회가 오하라초를 방문하여 그곳이 무사시 출생지라는 것을 공인한 후 그것을 기념하기 위해 지역 유지가 세운 비석이었다. 비석의 정면에는 구마모토번 번주를 지낸 호소카와 모리나리細川護成(1868~1914) 백작의 필체로「宮本武蔵生誕地」라고 새겨져 있다.

비석 뒤편에 무사시의 생가로 알려진 히라타平田 가문 저택이 있다. 저택 인근에 히라타 가문의 묘소를 비롯한 무사시의 숨결이 배어 있는 장소가 곳곳에 있다. 그래서 에도 시대부터 그 일대가 무사시의 고향으로 알려졌다. 그곳에서 왼쪽 도로를 따라 가면 가마사카釜坂 고개로 이어진다. 이 고개는 오카야마현과 효고현의 경계에 위치한다. 미야모토 마을에서 가마사카 고개를 넘으면 효고현의 가코가와시 요네다초와 간자키군神崎郡 이치카와초市川町로 이어지는 길이 있다.

가마사카 고개로 가는 길 왼쪽에 마당이 넓은 히라오平尾 가문의 저택이 있다. 무사시의 누이 오긴お吟이 히라오 가문으로 시집갔다. 1600년 열여섯 살이 된 무사시가 무예를 수련하기 위해 고향을 떠날 때 히라오 가문에 들러 소지하던 도구, 문서, 가계도, 부친으로부터 물려받

은 줏테十手, 창날 등을 누이와 매형에게 맡겼다고 전한다. 그 후 오긴의 차남 히라오 카게사다平尾景貞가 이 저택에 거주하며 무사시의 유품을 보관했다. 당시 조성한 정원의 연못과 갈대로 지붕을 얹은 건물이 여전히 남아 있다. 지금도 사람이 거주하고 있다. 저택 주변에 수령 450여 년의 천연기념물 다라수多羅樹, 수령 300년이 넘은 병꽃나무, 밤나무 등이 울타리처럼 에워싸고 있다.

1994년 12월 오카야마현·효고현·돗토리현을 관통하는 지즈智頭 급행열차가 운행하면서 오하라초에「미야모토 무사시 역」이 개설되었다. 역 건물 벽면에는 오른손에 긴 칼, 왼손에 짧은 칼을 들고 적을 노려보는 장년의 미야모토 무사시 모습이 생동감 있게 그려져 있다.「미야모토 무사시 역」앞 광장에는 무사시와 그의 유소년 시절의 친구 마타하치又八 그리고 연인 오쓰お通의 어린 시절 동상이 세워졌다.

「미야모토 무사시 역」에서 조금 떨어진 곳에 사노모 신사가 있다. 고대 일본 신화에 등장하는 오아나무치노미코토大己貴命를 받드는 이 신사의 입구에 세운 기둥인 도리이鳥居를 지나면 본전이 모습을 드러낸다. 신사의 본전은 1695년에 쓰야마번津山藩(오카야마현 쓰야마시)의 다이묘 모리 나가쓰구森長継(1610~98)가 개축한 건물이다. 소년 무사시가 사노모 신사 신관이 양손으로 북을 치는 모습을 보고 니토류二刀流라는 독특한 검법을 창시했다는 이야기가 전한다.

사노모 신사 건너편에 미야모토 무사시 자료관이 있다. 무사시는 검술의 달인이었을 뿐만이 아니라 탁월한 예술가였다. 자료관은 무사시가 남긴 작품 150여 점을 소장하고 있는데, 그중에서 40여 점을 선별하여 전시한다. 수묵화, 도자기, 조각품, 공예품 등 무사시가 직접 그리거나 제작한 작품을 관람할 수 있다. 자료관 주변에 미야모토 무사시 온천을 비롯한 숙박시설 고린보五輪坊가 들어섰다. 고린보의 정원에는 청년 시절의 미야모토 무사시 동상이 세워졌다. 1997년에 세워진 높이 6미터 정도의 동상은 일본 조각계의 거장 도미나가 나오키富永直樹 (1913~2006)의 작품이다. 동상 주변에는 옛 정취가 물씬 풍기는 무사시 도장武蔵道場이 있다. 그곳에서 검술 연습을 할 수 있다. 별관에는 다실이 마련되어 있다.

「미야모토 무사시 생탄 기념비」에서 가마사카 고개 쪽으로 200여 미터 올라가면 오른쪽 산등성이에 미야모토 신사가 있다. 본전 정면 위에 「武蔵神社」라는 간판이 걸려 있다. 신사 앞에는 커다란 비석이 있는데, 거기에는 「寒流帯月澄如鏡」이라고 새겨져 있다. '차가운 기운이 달빛에 어려 맑기가 거울과 같다.'라는 뜻이다. 무사시가 좋아했다는 당나라 시인 백낙천白樂天의 시구이다. 비석에는 생애 단 한 번도 싸움에서 진 적이 없다는 무사시의 기백이 깃들었다고 알려졌다. 많은 사람이 필승을 기원하기 위해 이곳을 찾아 참배한다.

미야모토 무사시 신사에서 가마사카 고개 쪽으로 800미터 정도 올라가면 조그만 약수터가 있다. 한 번도 마른 적이 없다고 전해지는 약수는 엽전 일관―貫(1,000냥)의 값어치가 있다고 하여 일관청수―貫淸水라는 이름이 붙여졌다. 예부터 고갯마루에 찻집이 있었는데, 이 약수에서 물을 길어 차를 달였다고 한다. 미야모토 무사시가 무술 수행을 위해 고향을 떠날 때 죽마고우와 이별을 아쉬워하며 약수를 나누어 마셨다는 이야기가 전한다.

미야모토 무사시가 하리마에서 출생했다는 설과 미마사카에서 출생했다는 설에는 각각 적지 않은 문제점이 있지만, 오카야마현 미마사카시 오하라초와 효고현 다카사고시 요네다초가 서로 자기 마을이 미야모토 무사시의 출생지라고 주장한다. 최근에는 미야모토 가문의 후손들이 나서서 다하라 이오리가 태어난 요네다초를 무사시의 고향으로 만드는 작업에 앞장서고 있다. 관광 사업과 지역 발전이 절실한 지자체가 그런 움직임을 적극적으로 후원하고 있다. 어느 설이 설득력이 있는지 독자 여러분이 판단하기 바란다.

❶❶❶3

유소년 시절

1. 시대 배경 – 난세에서 치세로

일본사에서 무로마치 막부 시대 후기를 특히 전국시대라고 한다. 일반적으로 오닌応仁의 난으로 막부의 권위가 무너진 1470년대부터 오다 노부나가가 교토京都로 진출하여 활약하던 1570년대까지 약 100년간을 말한다. 16세기 전반은 전국시대 중에서도 가장 변화가 심했던 전환기였다. 일본 각지에서 센고쿠다이묘戦国大名가 발흥했고, 그들이 영토를 확장하기 위해 치열하게 싸웠다. 전쟁으로 날이 새고 날이

지던 시기였다. 그런 격동의 시기에 오다 노부나가가 혜성처럼 등장했다. 1568년 9월 노부나가가 아시카가 요시아키를 받들고 상경한 후 교토·오사카 일대의 다이묘들을 잇달아 제압하며 세력을 확장했다.

오다 노부나가가 가장 두려워했던 다이묘는 다케다 신겐武田信玄(1521~73)이었다. 신겐은 1572년 9월 노부나가를 치기 위해 출진했다. 막부의 15대 쇼군 아시카가 요시아키에게 불충한 노부나가를 토벌한다는 명분을 내걸었다. 다케다군은 노부나가의 충실한 동맹자 도쿠가와 이에야스의 대군을 무찌르며 교토로 향했다. 그러나 1573년 4월 다케다 신겐이 병사하면서 다케다군이 회군했다. 가슴을 쓸어내린 노부나가는 그해 7월 18일 쇼군 요시아키를 추방했다. 무로마치 막부가 사실상 멸망했다. 1578년 3월에는 노부나가를 견제할 수 있는 유일한 다이묘라고 알려졌던 동북 지방의 강호 우에스기 겐신上杉玄信(1530~78)이 급사했다. 1582년 3월 다케다 가문을 멸망시킨 노부나가는 시코쿠四国 지방의 실력자 조소카베 모토치카長宗我部元親(1539~99)와 주고쿠中國 지방 대부분을 지배하던 모리毛利 가문 정벌에 나섰다. 그런데 6월 2일 노부나가가 가신 아케치 미쓰히데明智光秀(1510~82)의 기습으로 사망했다.

당시 도요토미 히데요시豊臣秀吉(1537~98)는 다카마쓰성高松城(카가와현 다카마쓰시)에서 모리 가문의 대군과 대치하고 있었다. 노부나가의 사망 소식을 들은 히데요시는 서둘러 강화를 맺고 회군했다. 그리고 교토 서쪽에 있는 덴노잔天王山(교토부 오토쿠니군 오야마자키초) 일대에서 벌어진 야마자키山崎 전투에서 아케치 미쓰히데를 무찔렀다. 1583년 4월 히데요시가 노부나가의 가신 중에서 서열이 가장 높았던 시바타 가쓰이에柴田勝家(1522~83)를 시즈가타케賤ヶ岳(시가현 나가하마시) 전투에서 물리치고 노부나가의 후계자 지위를 쟁취했다. 히데요시는 오사카성大坂城을 건설하고 전국 통일의 거점으로 삼았다.

히데요시는 동부 일본의 광대한 영지를 지배하던 도쿠가와 이에야스를 외교로 복속시키는 수완을 발휘했다. 1585년 7월 히데요시는 조소카베 모토치카를 굴복시켰다. 그러자 모리毛利・우에스기上杉 가문이 차례로 복속했다. 그 무렵 히데요시는 조정의 최고 관직인 간파쿠関白에 취임했고, 1586년 12월에는 다이조다이진太政大臣이 되었다. 오기마치 천황正親町天皇(재위:1557~86)이 히데요시에게 도요토미豊臣라는 성씨를 하사했다. 1591년 12월 도요토미 히데요시는 간파쿠의 지위를 조카인 도요토미 히데쓰구豊臣秀次(1568~95)에게 물려주고 스스로 다이코太閤라 칭했다.

1587년 4월 히데요시는 규슈의 강호 시마즈島津 가문을 공략했다. 시마즈 가문은 히데요시가 25만의 병력을 동원해 공격하자 순순히 항복했다. 1589년 11월 히데요시는 관동 지방을 지배하던 호조北条 가문의 정벌을 선언했다. 1590년에 들어서자 도쿠가와 이에야스를 비롯한 여러 다이묘의 대군이 호조 가문의 거성 오다와라성小田原城(가나가와현 오다와라시)을 포위했다. 도요토미군이 오다와라성을 겹겹이 포위하고 장기전 태세에 들어갔다. 바다에 함대를 배치하여 물샐틈없는 방어선을 구축했다. 도요토미군이 포위망을 좁혀오자, 1590년 7월 5일 호조 가문이 항복했다. 5대 100년간 관동 지방을 다스리던 호조 가문이 멸망했다.

동북 지방의 다이묘 중에서 다테 마사무네伊達政宗(1567~1636)가 두각을 나타냈다. 1586년 6월 히데요시는 천황의 대리인 자격으로 마사무네에게 사사로운 싸움을 금지하라는 명령을 내렸다. 그러나 마사무네는 히데요시의 전투금지령을 무시하고 인근 다이묘 가문을 멸망시켰다. 히데요시가 오다와라 정벌에 나서자, 1590년 6월 다테 마사무네가 오다와라로 와서 머리를 조아렸다. 히데요시는 그동안 마사무네가 빼앗은 다른 다이묘 가문의 영지를 몰수했다. 히데요시가 칼로 마사무네의 목을 치는 흉내를 내면서 말했다. "조금만 늦었으면 이 목이 달아났을 것이다." 그리고 히데요시는 다테 마사무네가 부친에게서 물려받은 영지의 지배권을 승인했다.

호조 가문을 멸망시킨 히데요시는 말머리를 북쪽으로 돌려 아이즈会津(후쿠시마현)로 갔다. 히데요시는 아이즈에 머물면서 동북 지방 다이묘들의 영지를 확정하고 교토로 돌아왔다. 그러자 10월부터 동북 지방 각지에서 토호들이 농민을 거느리고 반란을 일으켰다. 반란 세력은 각지에 배치된 다이묘의 가신들을 죽이고 관청을 점거했다. 히데요시는 다테 마사무네를 비롯한 여러 다이묘에게 반란을 진압하라고 명령했다. 1591년 6월부터 다이묘들이 반란 진압에 나섰다. 반란 세력은 정벌군의 공격을 견디지 못하고 항복했다. 동북 지방이 평정되면서 일본이 통일되었다.

1592년 3월 13일 15만 명이 넘는 일본군이 조선으로 향했다. 임진왜란이 시작되었다. 4월 13일 일본군이 부산진을 점령했다. 일본군은 부산에 상륙한 지 19일 만에 조선의 수도 한성을 점령했다. 승전보는 즉시 일본에 있는 도요토미 히데요시에게 전달되었다. 조선이 곧 멸망할 것이라고 믿었던 히데요시는 명나라로 진격할 계획을 세웠다. 그러나 일본군이 평양까지 진격한 후에 전황이 달라졌다. 조선 각지에서 의병이 봉기했다. 후퇴하기에 바빴던 조선군도 반격을 개시했다. 이순신이 이끄는 조선 수군이 연전연승했다. 평양에 주둔한 일본군에게 군량이 보급되지 않았다.

1592년 말 이여송이 이끄는 명군이 한반도로 진군했다. 조선군과 명군은 1593년 초에 평양을 탈환하고 후퇴하는 일본군을 추격했다. 그러나 한성 근교의 벽제관 전투에서 명군이 일본군에게 크게 패했다. 전선은 다시 교착 상태에 빠졌다. 추위·질병·기아에 시달리던 일본군의 사기가 저하되었다. 고니시 유키나가小西行長(1558~1600)와 명나라의 사신이 서둘러 정전 협정을 맺었다. 1596년 6월 명나라 사절이 도요토미 히데요시를 일본 국왕에 봉한다는 칙서와 금인을 갖고 도일했다. 히데요시는 자신의 요구가 관철되지 않았다는 것을 알고 분노했다. 1597년 2월 정유재란이 일어났다. 일본군이 다시 한반도에 상륙했다. 그러나 일본군은 북진하지 못하고 경상남도 해안 여러 곳과 전라남도 순천에 왜성을 쌓고 명군·조선군과 대치했다. 1598년 8월에 도요토미 히데요시가 사망했다. 도요토미 정권의 실권자 도쿠가와 이에야스가 히데요시의 사망 사실을 숨기고 한반도에서 일본군을 철수시켰다.

2. 무사시의 모친

앞에서 살펴보았듯이, 무사시의 부친 신멘 무니는 주군 신멘 무네사다新免宗貞의 딸 오마사於政와 혼인했다. 그렇다면 무사시의 모친은 당연히 오마사이어야 할 것이다. 그러나 무사시의 어린 시절 이야기에 자주 등장하는 모친은 오마사가 아니라 요시코率子였다. 그녀는 리칸성利神城(효고현 사요군 사요초)의 성주 벳쇼 시게하루別所林治의 딸이었다고 전한다. 그런데 지체 높은 성주의 딸이 어떻게 정처가 있는 신멘 무니와 맺어지게 되었을까?

벳쇼 시게하루는 아카마쓰 가문의 방계 혈족 벳쇼 아쓰노리別所敦範의 후손이었다. 아쓰노리 시대에 리칸성을 쌓고 히라후쿠平福(효고현 사요군 사요초) 일대를 다스렸다. 그런데 1578년 오다 노부나가를 섬기던 고즈키성上月城(효고현 사요군 사요초) 성주 아마고 가쓰히사尼子勝久가 리칸성을 빼앗았다. 벳쇼 시게하루가 요시코와 두 아들 지요마루千代丸·산주마루三寿丸를 데리고 도망하여 가마사카 고개 너머에 있던 신멘 가문에 몸을 의탁했다. 요시코를 히라타 가문, 어린 산주마루를 다케야마성竹山城(오카야마현 미마사카시) 인근의 농민에게 맡긴 시게하루는 장남 지요마루를 데리고 그곳을 벗어났다. 그 후 시게하루가 히라후쿠 인근의 다즈미田住 마을로 돌아와 정착하여 다즈미씨를 칭했다.

「다즈미가계도田住家系図」에 따르면, 요시코는 신멘 무니의 측실이 되었고 1584년 3월에 무사시를 낳았다. 당시 요시코의 나이는 열여섯 살 전후였고 신멘 무니는 쉰일곱 살 정도였을 것으로 추정된다. 무사시는 어릴 때부터 부친에 대한 반항심이 많았고, 남의 말에 잘 따르지 않았을 뿐만이 아니라 성격이 거칠고 도발적이었다. 그리고 친가에서 생활하지 않고 외가에서 보낸 시간이 많았다고 전한다. 무사시의 생모가 정실이 아니라 측실이었고, 더구나 부친과 생모가 마흔 살 차이가 난 것이 사실이라면, 그러한 불우한 환경이 어린 무사시의 성격 형성에 적지 않은 영향을 미쳤을 것이다.

신멘 무니의 정실 오마사는 무사시가 태어나던 1584년에 사망했다. 오마사가 오랫동안 병석에 누워있었을 수도 있다. 그래서 무니가 동거하던 어린 요시코와 관계를 맺었을 수도 있다. 당시 조선은 물론 일본에서도 여자 나이 열다섯 살이 넘으면 혼인하기에 이른 나이가 아니었다. 17세기 일본 사회에서 10대 후반에 아이 한두 명을 둔 여성이 적지 않았다. 그런데 요시코는 결코 미인이거나 순종적인 여성이 아니었던 것 같다. 성격이 급하고 오만했던 것 같다. 벳쇼 가문의 딸로 태어났으나 운이 기울어 졸지에 남의 집에 더부살이하게 된 자신의 처지를 비관하면서 성격이 더욱 거칠어졌을 것이다.

어린 나이에 무사시를 낳은 요시코는 매우 신경질적인 성격으로 변했다. 남편 신멘 무니를 공손하게 대하지 않았다. 무니는 주군을 가까이에서 보필하는 가로家老의 지위에 있었다. 체면을 지키지 않을 수 없었을 것이다. 더구나 이미 늙은 몸이었다. 어린 요시코가 난폭하게 굴어도 신중하게 처신하지 않을 수 없었다. 그런데 어느 날 갑자기 요시코가 젖먹이 무사시를 놓아두고 부친이 정착한 다즈미 마을로 돌아갔다. 아무리 어려도 자식을 낳은 어미였다. 요시코는 모성애가 강하지 않고 사사로운 인정에 얽매이지 않는 차가운 성품의 소유자였던 것 같다.

신멘 가문의 저택이 있는 미마사카의 미야모토 마을에서 가마사카 고개를 넘으면 하리마의 히라후쿠무라平福村가 있었다. 미야모토 마을의 신멘 가문 저택에서 가마사카 고개까지의 거리는 약 2킬로미터 정도였다. 고개 너머에 있는 하리마의 나카야마무라中山村도 신멘 가문이 다스리는 지역이었다. 나카야마무라와 히라후쿠무라는 인접해 있었는데, 두 지역의 접경에 무사시의 생모 요시코의 친정이 있는 다즈미 마을이 있었다. 가마사카 고개에서 다즈미 마을까지의 거리는 약 4킬로미터 정도였다.

무사시의 생모 요시코가 다시 미야모토 무라로 돌아왔다는 근거를 찾을 수 없다. 요시코는 신멘 무니와 헤어지고 얼마 지나지 않아서 사촌 언니의 남편이었던 다즈미 마사히사田住政久와 재혼했다. 마사히사의 젊은 아내가 사망한 직후였다. 요시코의 사촌 언니가 남겨놓고 죽은 어린애 두 명의 보육이 시급했던 탓이었는지 혼인을 서둘렀던 흔적이 역력하다. 재혼 후 남의 자식을 키우면서 요시코는 고개 너머에 남겨두고 온 친자식 무사시를 걱정하는 마음이 없지는 않았을 것이다. 하지만 요시코가 무사시를 그리워하지는 않았던 것 같다.

무사시는 어릴 때 벤노스케弁之助라고 불렸다. 무사시가 여느 갓난애보다 매우 크게 태어났기 때문에 벤케弁慶와 같은 훌륭한 무사가 되라는 염원을 담아 그렇게 불렀다고 전한다. 12세기 말 가마쿠라 막부 초창기에 활약한 벤케는 원래 엔랴쿠지延暦寺(시가현 오쓰시 사카모토혼마치)의 승려였으나 미나모토노 요시쓰네源義経(1159~89)를 섬기게 되었다. 힘이 장사였던 벤케는 곧잘 중국 한나라 유방의 장수 번쾌와 비교되던 일본의 영웅이었다. 요시쓰네가 가마쿠라 막부를 세운 미나모토노 요시토모源義朝(1123~60)가 보낸 군사들에게 포위되었을 때, 벤케는 수십 발의 화살을 맞고도 쓰러지지 않고 서서 죽었다고 전한다. 무사시는 어렸을 때부터 벤케를 닮아가고 있었다.

「다즈미가계도」에 "무사시가 소년 시절에 생모를 그리워하여 다즈미 가문을 찾아왔다."라는 기록이 있다. 어린 무사시가 가마사카 고개를 넘어 생모에게 달려가던 모습이 손에 잡힐 듯 그려진다. 소년 시절이라고 하기보다는 다섯 여섯 살 난 어린 시절이라고 표현하는 것이 타당할 것 같다. 어린 무사시가 미야모토 마을에서 가마사카 고개를 넘어 다즈미 저택이 있는 마을까지 가는 데 시간이 그리 오래 걸리지 않았을 것이다. 무사시는 어릴 때부터 열여섯 살이 되어 고향을 떠날 때까지 가마사카 고갯길을 수없이 왕래했을 것이다. 무사시에게 미마사카의 미야모토 마을과 하리마의 다즈미 마을은 결코 국경 너머의 마을이 아니었다. 무사시는 두 곳 모두 유소년 시절을 보낸 고향으로 여겼을 것이다.

하리마 지역에서 가마사카 고개를 넘으면 바로 무사시가 어린 시절을 보냈던 저택이 보인다. 약 54미터 사방이 담장으로 둘러싸인 광대한 저택이다. 저택 앞으로 가마사카 고개로 이어지는 넓이 2미터 정도의 길이 있었다. 대문 앞에는 부친인 신멘 무니가 무사들에게 검술을 가르치던 도장이 있었다. 검술 도장이 저택 내에 있었다고 전하는 기록도 있다. 무사시는 어린 시절부터 도장에서 검술을 수련하는 무사들의 모습을 엿보며 자연스럽게 검술 감각을 익혔을 것이다.

미야모토 저택 옆으로 미야카와宮川라는 냇물이 흘렀다. 그 건너편에 신사가 있었다. 『도사쿠시』에는 아라마키 신사荒牧神社라고 기록되어 있으나 오늘날에는 사노모 신사라고 불리고 있다. 『도사쿠시』에 다음과 같은 내용이 있다. "무사시는 어릴 때 아라마키 신사에서 놀았다. 신관이 큰북을 치는 모습을 보면서 두 개의 북채로 치는 좌우의 소리가 똑같이 들린다는 것을 깨닫고 줏테十手를 이도二刀로 바꾸어 사용할 생각을 했다. 그리고 빈방에 장대를 매달아 놓고 그것을 치면서 무술을 연마했다고 한다."

미야모토 저택의 인근에 무사시의 이복 누이 오긴お吟이 시집간 히라오 가문의 저택이 있었다. 이복 누이는 친모의 보살핌을 받지 못하고 유모의 손에서 자라는 무사시를 친절하게 돌보았다. 그러나 무사시는 시간이 지날수록 성격이 거칠어지고 반항심이 많은 아이가 되어가고 있었다. 친부 신멘 무니의 말에 따르지 않고 반항하는 일이 잦아졌다. 무사시가 미운 짓을 하면 할수록 무니는 장남을 편애했다. 그런 부친의 처신에 어린 무사시는 마음의 상처를 입었고 그것이 무사시를 더욱 난폭한 성격으로 변하게 했다.

그 무렵에 무사시가 생모 요시코를 보기 위해 자주 다즈미 가문을 찾아갔던 것 같다. 요시코와 재혼한 다즈미 마사히사는 인품이 온화한 사람이었다. 당시로서는 매우 드문 교양인이기도 했다. 무사시에게 책을 읽어주기도 하고 그림을 그리는 법을 가르쳐주기도 했다. 「다즈미가계도」에 무사시가 달마의 모습을 그렸다는 기록이 있다. 훗날 무사시는 많은 그림을 남겼는데, 그중에 달마의 상이 여러 점 있었다. 무사시는 평소에 "나에게 스승이 없었다."라고 말했지만, 다즈미 마사히사에게 그림 기법을 배웠을 수도 있다.

그러나 요시코는 어린 무사시가 자기를 찾아오는 것이 그다지 달갑지 않았다. 아무래도 재혼한 몸이니 다즈미 가문 사람들의 눈치가 보여서 무사시를 더욱 냉정하게 대했을 수도 있다. 요시코는 다즈미 가문을 찾아온 무사시를 언제나 서둘러 본가로 돌려보냈다. 생모에게 버려지고 부친의 사랑도 받지 못했던 무사시의 어린 시절은 매우 우울하고 고독했을 것이다. 그가 어릴 때부터 난폭하고 반항심이 많았던 데에는 그만한 이유가 있었을 것이다.

무사시가 일곱 살이 되었을 무렵 히라후쿠에 있는 쇼렌안正蓮庵에 맡겨졌다. 쇼렌안의 주지 도린보道林坊는 속명이 히라타 다카노부平田高信였다고 전한다. 그는 요시코의 동생 산주마루였을 가능성이 있다. 벳쇼 시게하루가 리칸성에서 도망하여 신멘 가문에 몸을 의탁했을 때 산주마루를 농민에게 맡긴 적이 있었다. 그때 산주마루를 맡아 키운 농민은 신멘 무니의 친족이었다. 그래서 도린보는 신멘 무니의 원래 성씨였던 히라타씨平田氏를 칭하게 되었고, 훗날 벳쇼 하루노부가 다즈미 마을에 정착하면서 승려가 되었을 것이다. 그렇다면 도린보와 무사시는 숙부·조카 사이가 되는 셈이다. 무사시는 아홉 살에서 열세 살까지 쇼렌안에서 도린보에게서 글을 배웠다고 전한다. 물론 이러한 이야기를 사실로 받아들이려면 더욱 믿을만한 자료가 있어야 할 것이다.

3. 신멘 무니의 불운

1588년 다케야마성의 차석 가로家老 혼이덴 마사시게本位田正重의 아들 혼이덴 게키노스케本位田外記之助(1562~88)가 사소한 일로 주군 신멘 무네쓰라의 미움을 사게 되었다. 혼이덴 마사시게와 신멘 무니는 신멘 가문의 무사단에서 가장 지위가 높았다. 무네쓰라가 홀대할 수 있는 가문이 아니었다. 그런데도 무네쓰라는 게키노스케를 미워했다. 무사단 내에서는 무네쓰라가 젊고 잘생긴 게키노스케를 미워한다는 소문이 돌았다. 무네쓰라의 아집은 결국 큰 사건으로 발전하는 불씨가 되었다. 이른바 혼이덴 사건이었다. 이 사건에 무사시의 부친 신멘 무니가 관여하게 되면서 불행이 시작되었다. 『도사쿠시』의 기록을 따라가 보기로 하겠다.

신멘 가문의 당주 신멘 무네쓰라는 원래 신멘 가문 출신이 아니었다. 하리마 조즈이성長水城(효고현 시소시 야마사키초) 성주 우노 마사요리宇野政頼의 셋째 아들로 태어나 신멘 무네사다의 양자가 되었다. 무네쓰라의 모친이 무네사다의 여동생이었으니 외숙부의 양자가 된 셈이었다. 무네사다에게 세 명의 딸이 있었다. 첫째 딸이 무네쓰라, 둘째 딸이 혼이덴 마사시게, 셋째 딸이 히라타 무니와 각각 혼인했다. 신멘 무네쓰라, 혼이덴 마사시게, 신멘 무니는 동서 관계이기도 했다. 그런데 신멘 무네쓰라는 매사 이기적이고 집념이 강한 사내였다. 게키노스케를 미워하는 마음을 거두지 않았다. 1588년 가을 무네쓰라가 무니를 불러 혼이덴 게키노스케를 죽이라고 명령했다.

　무사 정권 시대에는 주군이 가신의 생사여탈권을 쥐고 있었다. 주군이 가신을 죽여도 죄가 성립하지 않았다. 주군의 명령으로 자결했을 때도 마찬가지였다. 죽은 가신의 가족들은 시신을 찾아갈 수는 있었으나 주군에게 항의할 수 없었다. 주군에게 충성을 서약한 이상 무사의 목숨은 주군의 것이라고 여겼기 때문일 것이다. 주군은 가신에게 아무개를 죽이라고 명령할 수 있었다. 주군의 명령에 따른 살인을 조이우치上意討라고 했다. 주군의 명령은 절대적이었다. 가치판단의 대상이 되지 않았다. 가신은 설령 주군의 명령이 부당하다고 여겨도 '임무'를 수행하지 않으면 안 되었다.

　게키노스케는 신멘 무니가 가장 아끼는 제자이기도 했다. 무니는 게키노스케를 처단할 수 있는 적임자가 아니었다. 그러나 무네쓰라는 무니의 처지를 고려하지 않았다. 무니는 주군의 명령에 따랐다. 그는 게키노스케에게 무술 비법을 전수하겠으니 다음 날 은밀히 도장으로 오라는 서신을 보냈다. 그리고 평소 가깝게 지내던 승려이며 유술柔術의 고수 나카쓰카사보中務坊에게 도움을 요청했다. 다음 날 게키노스케가 도장으로 왔다. 무니는 게키노스케와 잡담하며 차를 마신 후 조르기 비법을 전수한다며 게키노스케의 목을 뒤에서 졸랐다. 무니가 큰 소리로 말했다. "조이우치다." 그러자 게키노스케가 맹렬하게 저항하기 시작했다. 그때 나카쓰카사보가 나타나 창으로 게키노스케의 가슴을 찔렀다. 게키노스케가 쓰러지자 신멘 무니가 그의 목을 베었다. 사건이 일어나자 게키노스케의 부친 혼이덴 마사시게가 가로의 지위에서 물러났다.

  사건 후 신멘 무니는 미야모토무라에서 멀리 떨어진 곳에 있는 숙소에 머물렀다. 그로부터 2년이 지난 후 무니가 본가로 돌아왔다. 그 무렵에 어린 무사시가 집에서 쫓겨났다. 다치바나 미네하라가 저술한 『부슈덴라이키』에 "무사시가 부친의 노여움을 사서 집에서 쫓겨났다."라는 기록이 있다. 미네하라는 무사시의 검법을 이어받은 직계 제자였다. 위와 같은 내용이 고쿠라 비문에도 있다. 그만큼 믿을만한 자료이다. 『부슈덴라이키』의 기록을 따라가 보기로 하겠다.

  어느 날 신멘 무니가 짧은 칼로 이쑤시개를 만들고 있었다. 일곱 살이 된 무사시가 2미터 정도 떨어진 곳에 앉아서 부친이 하는 일이 못마땅하다는 듯이 노려보고 있었다. 그렇지 않아도 평소에 무사시를 탐탁치 않게 여기던 무니였다. 무사시의 이글거리는 눈빛을 의식한 무니가 고개를 들고 화를 냈다. "아비를 빤히 쳐다보며 무슨 생각을 하는 거냐?" 그 말이 떨어지기가 무섭게 손에 들고 있던 짧은 칼을 무사시에게 던졌다. 무사시는 반사적으로 고개를 숙였다. 칼은 건너편 기둥에 꽂혔다. 놀란 무사시가 재빠르게 몸을 일으켰다. 무니가 다시 옆에 있던 칼을 향해 손을 뻗치면서 소리쳤다. "오늘부터 부모도 자식도 아니다. 당장 나가라." 무사시는 무니의 성난 목소리를 뒤로 하고 황급하게 집을 뛰쳐나왔다. 무사시는 가마사카 고개를 넘어 히라후쿠의 쇼렌안으로 가서 다시는 집으로 돌아오지 않았다.

그 무렵 신멘 무니는 혼이덴 사건으로 한껏 위축되어 있었다. 무사단 내에서 무니를 비난하는 자들이 많았다. 아무리 조이우치라고 해도 제자를 직접 처단한 것은 무사도에서 벗어난 행위였다는 것이다. 신멘 무네쓰라는 가신들의 인망을 모으지 못했다. 가신단이 양자로 들어온 무네쓰라를 탐탁치 않게 여겼기 때문일 수도 있다. 그러나 그보다도 무네쓰라의 성격이 원만하지 못했던 탓이 컸다. 『미마사카타이헤이키美作太平記』에 따르면, 1577년 봄 신멘씨 일족 두 명이 무네쓰라에 원한을 품고 이웃한 호족 세력을 끌어들여 골육상쟁의 싸움을 벌였다. 구사카리草刈의 난이었다. 난을 진압하면서 혼이덴 가문의 장남 겐타로源太郎와 차남 마타고로又五郎가 전사했다. 혼이덴 가문은 목숨을 걸고 주군 무네쓰라를 지켰다. 주군은 공훈을 세운 가문을 우대하는 것이 당연했다. 그런데도 사사로운 감정에 이끌려 혼이덴 가문을 멸망시켰다.

무사단이 동요했다. 가신들은 주군 무네쓰라가 가신단을 통합할 수 있는 지도력이 부족한 인물이라고 성토했다. 주군의 부당한 행동을 제지하지 못한 신멘 무니를 백안시하는 가신도 많았다. 신멘 무니는 집에서 칩거했다. 무술 지도도 할 수 없었다. 고민에 고민을 거듭한 무니는 1590년 어느 날 장남만 데리고 다른 곳으로 도망하여 자취를 감췄다.

무네쓰라가 어려서 신멘 가문의 양자로 들어올 때 우노宇野 가문에서 여섯 명의 부하가 따라왔다. 무네쓰라 가까이에서 시중들며 보호하는 임무를 띤 이른바 호위무사들이었다. 다케야마성에서 이들은 '여섯 명의 측근'으로 불렸다. 그중에 후나비키 모쿠자에몬船曳杢左衛門이라는 자가 있었다. 역전의 용사였던 그는 신멘 무니와도 흉금을 털어놓고 지내는 사이였다. 그런데 후나비키를 비롯한 '여섯 명의 측근'조차도 주군 무네쓰라의 거듭되는 횡포에 크게 실망했다. 신멘 무니가 고향을 등진 후 그들 모두 주군 신멘 무네쓰라의 곁을 떠났다.

고향을 떠난 신멘 무니 부자는 히메지姬路(효고현 히메지시) 일대를 전전하다가 부젠豊前의 나카쓰中津(오이타현 나카쓰시)에 이르렀다. 당시 지방의 일개 호족에 불과했던 구로다 요시타카黒田孝高(1546~1604)가 도요토미 히데요시를 섬기면서 넓은 영지를 다스리는 다이묘로 성장하고 있었다. 구로다 요시타카는 히데요시에게 중용되어 지쿠젠筑前(후쿠오카현) 일대를 다스리는 후쿠오카번福岡藩의 다이묘가 되었다. 영지가 늘어나면서 후쿠오카번의 가신단 규모가 나날이 커졌다. 구로다 가문은 수시로 무사들을 모집했다. 이때 신멘 무니도 후쿠오카번에 출사하여 100석의 봉록을 받았다고 전한다. 한편 후나비키 모쿠자에몬을 비롯한 여섯 명의 무사도 구로다 요시타카를 섬기게 되었다.

4. 첫 번째 결투

일본에서 검술의 유파가 등장하는 것은 16세기 말에 이르러서였다. 전국시대부터 무사들은 관습적으로 길고 짧은 두 자루의 도검을 허리에 차고 다녔다. 긴 칼은 가타나刀, 짧은 칼은 와키자시脇差라고 했다. 가타나의 칼날 길이는 70~80센티 정도, 와키자시는 40~50센티 정도가 표준형으로 정착되었다. 가타나는 주로 넓은 장소에서 싸울 때 사용했고, 와키자시는 좁은 장소나 실내에서 싸울 때 사용했다. 장소와 상대방과의 거리에 따라 도검을 선택했다. 무사 가문의 자제들은 어려서부터 항상 도검을 손에서 놓지 않았다. 아주 어릴 때는 목도를 만들어 허리에 채워주었다. 동무들과 놀 때는 등에 메었다. 일곱 살이 넘으면 아이의 신체 조건에 맞춰 칼을 제작하여 허리에 채워주었다. 무사가 항상 칼을 휴대하게 되면서 검술의 필요성이 대두되었다.

전국시대 무사 가문 중에 자제가 네 살이 되는 4월부터 검술 훈련을 시작했다는 기록이 있으나, 무사 가문 자제들은 대개 여섯 살이 되는 6월 6일부터 승마와 검술 훈련을 시작했다. 에도 시대에도 야규柳生 가문, 아이즈会津의 마쓰다이라松平 가문 등 검술의 명문가에서도 여섯 살이 되어서 훈련을 시작했다. 그러나 어린애의 신체 조건이 강도 높은 훈련을 받아들일 수 없었다. 훈련은 아이가 말과 친해지고 칼을 자연스럽게 접하며 시간을 보내는 것부터 시작했다. 미야모토 무사시는 어려서부터 또래 아이들보다 키가 컸다. 관습에 따라 다섯 여섯 살 무렵부터 무술을 익혔을 것이다.

미야모토 무사시는 누구에게 무술을 배웠다는 기록을 남기지 않았다. 고쿠라 비문은 물론 문하생들이 남긴 기록 어디에도 무사시의 스승에 관해 언급하지 않았다. 세상 사람들이 다음과 같이 상상할 뿐이었다. "무사시에게 체계적으로 검술을 지도한 스승은 없었지만, 그에게 초보적인 훈련이라도 시킨 사람이 있었을 것이다. 그렇지 않다면 그가 어떻게 일본 제일의 검객이 될 수 있었겠는가?" 그러나 천재는 배우는 것이 아니라 타고나는 법이다. 필자는 무사시가 부친에게서 정식으로 검술을 배운 적은 없지만, 어릴 때 부친이 검술을 지도하는 장면을 엿보면서 무술의 기예를 감각으로 받아들였을 가능성이 있다고 생각하고 있다.

『부슈덴라이키』에 다음과 같은 기록이 있다. "무사시의 키는 여섯 척 정도였고 뼈대가 굵고 힘이 다른 사람보다 세었다. 열세 살 때 처음으로 아리마 기혜에有馬喜兵衛와 결투할 때도 열여섯 일곱으로 보였다고 한다." 열세 살이라면 아직 애송이 티를 완전히 벗지 않은 나이였을 터인데, 기록에 보이는 무사시의 모습은 당당한 청년이었다. 열세 살 난 무사시가 열여섯 일곱 정도의 청년으로 보였다면 상당히 조숙한 편이었을 것이다. 성인이 된 무사시의 키는 180센티미터가 넘었고 뼈대가 굵고 힘이 다른 사람보다 세었다는 기록을 참조하면, 열세 살 무사시의 키는 적어도 170센티미터 이상이었고 건장한 어른의 체격을 갖추고 있었을 것이다. 당시 일본인의 평균 신장이 155센티미터 정도였다. 실제로 도요토미 히데요시의 키는 150센티미터에 미치지 못했고 도쿠가와 이에야스도 155센티미터 정도였다. 이에 비하면 무사시는 다른 사람에 비해 월등하게 키가 크고 기골이 장대했다.

하지만 무사시는 불행한 어린 시절을 보냈다. 뛰어난 무예가였던 부친의 유전자를 물려받았겠지만, 어려서 부친과 이별하는 바람에 가르침을 받지 못했다. 어린 나이에 절망을 경험한 무사시는 조숙했다. 자신을 일으킬 수 있는 것은 오로지 실력뿐이라는 것을 알았다. 그의 우울함은 자신의 재능이나 속마음을 숨기는 성향으로, 반항심은 이글거리는 승부 근성으로, 분노는 집요한 공격성으로 승화되었다. 여기에 선천적으로 타고난 운동 감각, 남보다 키가 크고 강한 체력, 임기응변에 능한 상황대처 능력 등이 더해져 일본에서 가장 강한 검객 미야모토 무사시가 탄생했을 것이다.

미야모토 무사시는 『오륜서』의 서장에 열세 살 때의 결투 장면을 다음과 같이 기록했다. "내가 젊었던 예전부터 병법의 길에 마음을 두고 열세 살 때 처음으로 승부를 겨뤘다. 그 상대는 신토류新当流의 아리마 기헤에有馬喜兵衛라는 병법가였다. 내가 그와 싸워 이겼다." 무사시는 자신이 언제 누구와 싸워서 이겼다고 간단하게 회상했다. 하지만 『부슈덴라이키』에는 결투의 전말이 매우 구체적으로 기록되어 있다.

하루는 신토류의 검객 아리마 기헤에가 하리마 지역에 와서 해변에 "시합을 원하는 대로 할 것이다."라고 쓴 게시판을 세웠다. 이것을 본 무사시가 게시판의 내용을 먹물로 지운 다음 그 아래에 "미야모토 벤노스케宮本弁之助 내일 시합을 요청한다."라고 써놓고 쇼렌안으로 돌아왔다. 저녁 무렵에 아리마 기헤에가 보낸 하인이 쇼렌안으로 찾아와서 말했다. "요청한 대로 내일 시합을 하자." 무사시가 시합에 나가기로 했다는 소식을 들은 도린보가 놀랐다. 그 하인과 함께 기헤에의 숙소로 가서 정중하게 사과하며 말했다. "어린애가 철없이 저지른 행동이다. 모쪼록 용서해 주기 바란다." 그러자 기헤에가 말했다. "하리마 지역에서 게시판의 내용이 먹물로 뭉개졌다는 소문이 돌면 나의 체면이 서지 않는다. 내일 시합 장소에 본인과 함께 와서 여러 사람 앞에서 말하라. 그러면 어린애가 장난삼아 한 일이라는 것이 알려져 나의 체면이 손상되지 않을 것이다."

다음 날 도린보는 무사시를 데리고 아리마 기헤에와 약속한 장소로 갔다. 그곳에는 벌써 구경꾼들이 모여 있었다. 기헤에는 이미 대나무를 성글게 얽어서 만든 경기장 안에 앉아서 기다리고 있었다. 도린보가 기헤에에게 머리를 숙이면서 큰 소리로 말했다. "어젯밤에도 말한 바와 같이 철없는 어린애가 저지른 일인 만큼 시합은 없던 일로 해달라." 그때 무사시가 사죄하는 도린보 앞으로 나서면서 큰 소리로 외쳤다. "기헤에가 그대인가? 승부를 겨루자." 그리고 2미터 정도의 장대를 휘두르며 기헤에에게 달려들었다. 기헤에가 반사적으로 일어나 칼을 뽑았다. 시합이 시작되었다. 두 사람이 싸우던 중 무사시가 갑자기 장대를 바닥에 던졌다. 그러자 기헤에도 칼을 거두고 무사시와 엉겨붙었다. 그 순간 무사시가 기헤에를 머리 위로 번쩍 들어 바윗돌에 내동댕이쳤다. 그리고 장대를 집어 기헤에를 10여 차례 내려쳤다. 기헤에가 숨을 거두었다.

그런데 무사시의 첫 싸움 상대 아리마 기헤에는 신토류 검술의 달인이 아니라 신토류 검술을 익힌 건달이었다는 설이 있다. 하리마의 『사요군지佐用郡誌』에 다음과 같은 내용이 있다. "어린 시절 무사시는 한때 생모가 재가한 히라후쿠平福의 다즈미 가문에서 지낸 적이 있었다. 그런데 히라후쿠에 도박과 폭행을 일삼는 아리마 기헤에라는 자가 있었다. 기헤에는 신토류 검술을 익힌 폭력배였다. 마을 사람들은 아리마를 뱀이나 전갈보다도 싫어했다. 이때부터 기헤에를 미워했던 소년 무사시는 어느 날 기헤에와 말다툼했고, 급기야 벌판에서 기헤에를 베어 죽였다. 그 후 무사시의 행방을 알 수 없었다."

○○○4

편력과 수행

1. 고향을 떠난 무사시

　전국시대 말기 무사 중에 무예를 수련하기 위해 일본 각지를 편력하는 자들이 적지 않았다. 교통도 불편했고 숙박시설도 갖추어져 있지 않았던 시대였다. 의지가 굳세지 않으면 고단한 편력 생활을 할 수 없었다. 옛 노인이 이야기하는 형식으로 써진 병법서 『고덴류부쿄시겐合伝流武教私言』에 무예 수련을 위해 고향을 떠나는 자는 일곱 가지 어려움을 극복할 수 있어야 한다고 기록되어 있다.

첫째, 험한 산과 높은 고개를 넘어 먼 길을 걸어가고, 추운 날에 냇물이나 호수를 건너고, 더운 날에 폭염에 시달리고, 비에 젖고, 바람을 견뎌야 한다.

둘째, 인가에서 멀리 떨어진 길을 걷고 들판에 몸을 눕히고 자야 한다.

셋째, 노잣돈이나 식량도 충분하지 않은 상황에서 굶주림을 견디고 옷을 입은 채로 추위를 견뎌야 한다.

넷째, 그 지역에 전쟁이 일어나면 본의 아니게 싸움에 휘말리게 된다. 또 부득이하게 다른 무예 수련자와 승부를 겨뤄야 하고, 길거리에서 사람을 습격하는 자나 도둑과 싸워 이겨야 한다.

다섯째, 악령이나 나쁜 기운이 머무는 음산한 곳 또는 요괴나 귀신이 무서워 아무도 접근하지 않는 곳을 홀로 지나야 한다.

여섯째, 혹시 죄수가 되어 옥에 감금되기라도 하면 남다른 용력과 언변력으로 위기에서 벗어나야 한다.

일곱째, 초라하고 천박한 행색을 하고, 농민에게 굽신거리며 짚신을 삼거나 낫이나 괭이를 들고 경작하며 생활해야 한다.

무사들은 왜 무예 수련을 위해 전국 각지를 떠돌았을까? 노인의 이야기는 다음과 같이 이어졌다. "무사가 무예를 닦기 위해 이곳저곳을 돌아다니며 몹시 힘들고 어려운 고비를 넘기다 보면 다른 사람의 심정을 이해하고 연민을 느끼게 되며 서민의 고된 생활을 속속들이 알게 되는 것이다. 이것이 무사가 고향을 떠나 무예를 수련하는 목적이다."

무사는 원래 전투원이었다. 전투에서 승리해야 주군 가문과 무사단이 존재할 수 있었다. 무사는 당연히 무술을 연마해야 했다. 그러나 뛰어난 무술 실력을 갖춘 무사가 전투에서 반드시 승리하는 것은 아니었다. 오히려 전투 현장에서 필요한 것은 어떠한 난관도 극복할 수 있는 용기와 인내심이었다. 무사의 무예 수련 편력은 바로 강인한 정신력을 기르기 위한 것이었다. 무사는 위정자이기도 했다. 서민의 노곤한 일상을 상세하게 알고 그들에게 연민의 정을 느끼는 자가 진정한 위정자일 것이다. 무예 수련을 명분으로 하는 편력은 전투원의 기질과 위정자의 자질을 함양하는 수단이었다고 할 수 있다.

무사시는 열여섯 살 때 무예 수련을 위한 여행길에 올랐다. 무사시가 객지를 떠돌며 침식을 해결하려면 어떤 일이든 해야 했을 것이다. 무사시의 행적을 추적해 보면 다른 무예 수련자와 다른 특징이 있었다. 그는 젊은 시절에 주로 교토, 오사카, 에도 등 대도시에서 생활했다. 30대 중반에 아카시번의 다이묘 오가사와라 타다자네와 인연을 맺은 후에는 주로 아카시明石, 고쿠라小倉, 구마모토熊本 등 다이묘의 거성이 있던 조카마치城下町에서 생활했다. 한때 나라奈良 인근에 있는 고야산高野山의 사원에서 수행한 적이 있었고, 에도 인근 농촌에서 경작하며 생활한 적도 있었으나 모두 도시에서 멀리 떨어지지 않은 곳이었다. 그리고 무사시는 평생 돈에 구애받지 않고 생활했던 것 같다. 무사시는 어떤 일을 하며 돈을 모을 수가 있었을까?

필자는 무사시가 무사 사회의 구조를 설명할 때 목수의 일을 예로 들고 있는 것에 주목하고 싶다. 단지 목수가 사용하는 전문 용어를 구사했을 뿐만 아니라 목수 세계의 일에도 정통했다. 무사시는 『오륜서』의 서장에서 병법의 길을 설명하면서 목수의 일을 예로 들었다. 그 내용을 인용해 보기로 하겠다.

대장大將은 목수의 동량棟樑과 같이 천하의 잣대 즉, 치세의 법칙을 잘 알아서 나라의 법도를 정하고, 가문의 법도를 아는 일 이것이 통솔자의 길이다. 목수의 동량은 탑과 사원의 치수를 재고, 궁전과 누각의 설계도를 숙지한 다음에 목수들을 부려 집을 짓는다. 목수의 동량이나 무가武家의 동량이나 다르지 않다. 집을 지을 나무를 고를 때 곧고 옹이나 흠집이 없이 매끈한 것을 바깥 기둥으로 쓰고, 조금 옹이나 흠집이 있어도 곧고 단단한 것은 안쪽 기둥으로 쓴다. 설령 단단하지 않아도 옹이나 흠집이 없는 나무로 때깔이 좋은 것을 문지방, 문틀, 장지문 등으로 각각 사용한다. 옹이나 흠집이 있거나 뒤틀렸어도 단단한 나무라면 그것을 장점으로 활용하여 적재적소에 사용한다. 그러면 집은 오랫동안 무너지지 않을 것이다. 재목 중에서 옹이나 흠집이 많고 뒤틀렸거나 약한 것은 발판으로 사용한 다음 나중에 장작으로 쓰면 되는 것이다. 동량이 목수를 부릴 때 상, 중, 하로 나누어 마루, 장지, 문지방, 문틀, 천장 등의 일을 시키고, 재주가 부족한 자는 마루 밑을 받치는 통나무 작업을 시키고, 재주가 아예 없는 자는 쐐기를 박는 일을 시킨다. 이같이 사람의 능력에 따라 활용하면 일이 착착 진행된다. 일이 잘 진행될 때도 매사 긴장감을 놓지 않으면 대용大勇을 안다고 하는 것이다. 이 모든 것이 동량의 마음 자세에 있다. 병법의 이치도 이와 같다.

위의 글을 읽으면 무사시가 목수 세계의 구조와 명령 체계를 잘 알고 있었다는 것을 알 수 있다. 무사시가 건축 현장을 면밀하게 관찰하거나 친분이 있는 동량에게 들은 말을 바탕으로 이야기했을 수도 있다. 그런데 무사시는 병법의 길이 곧 목수의 길이라고 단언했다. 이것은 경험하지 않은 사람이 남의 말을 듣거나 책을 읽고서 할 수 있는 말이 아니다. 실제로 건축 현장에서 목수로 일했던 무사시였기에 그런 경험을 살려서 현실감 있게 이야기할 수 있었을 것이다.

무사시는 검도의 달인이었을 뿐만이 아니라 목공에도 남다른 재능이 있었다. 미야모토 무사시 자료관(오카야마현 미마사카시 오하라초)에서 무사시가 제작한 공예품을 관람할 수 있지만, '목수' 무사시의 작품은 역시 그가 깎아 만든 목도木刀라고 할 수 있다. 그중에서도 오이타현에 있는 우사 신궁宇佐神宮(오이타현 우사시)이 소장하고 있는 목도가 있다. 북가시나무로 만든 목도는 매우 날렵하고 아름다운 곡선미를 자랑한다. 칼등 부분에 얇고 길게 파인 홈은 매우 정교하다. 칼날의 맨 앞부분이나 손잡이 뒷면의 절단면은 마치 칼로 단숨에 벤 듯이 예리하게 느껴진다. 무사시가 한때 목수 일에 종사했다면, 그는 분명히 세공이나 조각을 담당하는 일을 하며 적지 않은 임금을 받았을 것이다.

4. 편력과 수행

열여섯 살이 된 무사시가 무예 수련을 명목으로 고향을 떠난 이유 중에는 이미 9년 전에 이별한 부친 신멘 무니를 만나고 싶은 마음도 있었을 것이다. 그동안 무사시는 부친과 형이 구로다黑田 가문의 가신이 되었고, 부젠豊前 나카쓰中津에서 검술 도장을 열고 구로다 가문의 무사들을 지도하고 있다는 소문을 들었을 것이다. 서서히 자립할 준비를 해야 했던 무사시가 믿고 의지할 보증인이 필요했을 것이다. 어렸을 적부터 가슴속 깊숙이 간직하던 반항심이 모두 사라진 것은 아니었지만, 어엿한 성인이 된 무사시는 속마음을 감추고 다른 사람을 대할 수 있을 만큼 성숙해 있었다.

무사시가 고향을 떠날 준비를 하면서 집안의 살림살이를 정리하고, 도구, 가계도, 문서 등을 시집간 누이의 집에 맡겼다. 『도사쿠시』에 따르면, 무사시의 누이 오긴의 남편은 히라오 요에몬平尾与右衛門이었다. 그런데 요에몬 가족은 혼이덴 게키노스케 사건이 일어날 즈음에 신멘 무네쓰라의 미움을 사서 고향에서 추방된 적이 있었다. 무사시가 그의 집에 문서와 물건을 맡겼다는 기록이 사실이라면, 그 후 신멘 무네쓰라가 추방했던 요에몬 가족을 용서했고, 그동안 다른 곳으로 피신했던 요에몬 가족이 고향 미야모토 마을로 돌아와 살고 있었다는 것이 된다.

무사시가 먼 여행을 떠날 때 죽마고우 이와모리 히코베에岩森彦兵衛가 가마사카 고갯마루까지 전송했다. 고개를 넘어 하리마 지역으로 들어선 무사시는 사요쓰히메 신사佐用都比売神社(효고현 사요군 사요초)에 자신이 직접 다듬은 두 자루의 목도를 봉납하고 7일 동안 그곳에서 기도했다. 그리고 다시 신사에서 멀리 떨어지지 않은 바위산의 동굴에 머물며 수행했다. 그 후 무사시는 다지마但馬(효고현 서부) 지역으로 발걸음을 옮겼다.

무사시는 다지마 지역에서 아키야마秋山 아무개와 검술을 겨뤘다. 두 번째 결투였다. 그는 『오륜서』에서 다음과 같이 말했다. "열여섯 살 때 다지마국但馬国의 아키야마라는 강력한 병법가와 겨뤘다." 고쿠라 비문에 다음과 같은 내용이 있다. "열여섯 살이 되던 해 봄 다지마국에 이르니 그곳에 역량이 뛰어난 병술가로 아키야마 아무개라는 사람이 있었다. 순식간에 승부를 내어 그 사람을 때려죽였다. 명성이 저잣거리에 자자했다." 결투 장소가 아키야마 아무개의 도장이었다는 설도 있지만, 무사시의 제자들에게 전해진 일화를 기록한 『니텐키』에는 다음과 같이 기록되어 있다. "유파의 창시자께서 여러 지역을 편력하기 시작했을 무렵 아키야마 아무개라는 검객을 만나 겨뤘다. 열여섯의 나이에 아키야마를 물리쳤다. 그때 (二刀가 아니라) 한 자루의 긴 목도로 싸웠다."

2. 격변의 시대

1588년 8월 18일 도요토미 히데요시가 사망했다. 히데요시는 생전에 도쿠가와 이에야스와 마에다 도시이에前田利家(1539~99)에게 어린 아들 도요토미 히데요리豊臣秀頼(1593~1615)의 앞날을 부탁했다. 이에야스는 눈물을 흘리면서 히데요리를 보필하겠다고 맹세했다. 그러나 그 맹세가 지켜질 리 만무했다. 도쿠가와 이에야스는 음흉한 인물이었다. 유력한 다이묘와 혼인동맹을 맺으며 세력을 키웠다. 마에다 도시이에가 이에야스를 견제하는 역할을 했으나 그는 이에야스의 적수가 되지 못했다. 이에야스는 노골적으로 정권을 찬탈할 준비를 하기 시작했다. 도요토미 가문의 가신들이 이에야스의 폭정을 성토했다. 그러자 히데요시가 가장 믿었던 가신 이시다 미쓰나리石田三成(1560~1600)가 이에야스의 전횡에 맞섰다. 도요토미 가문에 충성하는 세력과 도쿠가와 가문을 따르는 세력 간의 대립이 본격화되었다.

그 무렵 도요토미 가문의 가신단이 분열되었다. 가토 기요마사加藤清正(1562~1611), 구로다 나가마사黒田長政(1568~1623), 후쿠시마 마사노리福島正則(1561~1624), 호소카와 타다오키細川忠興(1563~1646), 가토 요시아키加藤嘉明(1563~1631) 등 무단파 다이묘들이 이시다 미쓰나리, 고니시 유키나가, 오타니 요시쓰구大谷吉継(1565~1600) 등 문리파 다이묘들과 대립했다. 도쿠가와 이에야스는 무단파를 자기편으로 끌어들이고 문리파를 적대시하는 이간책을 썼다. 1600년 9월 드디어 무단파를

앞세운 도쿠가와 이에야스 편(동군)과 히데요시에게 은혜를 입은 다이묘들을 동원한 이시다 미쓰나리 편(서군)이 천하의 패권을 놓고 격돌했다. 세키가하라関ヶ原 전투였다. 이 전투는 오늘날 기후현岐阜県 후와군不破郡 세키가하라초가 주전장이었지만, 전국 각지에서도 동군과 서군이 세력을 다퉜다.

에도 시대에 집필된 무사시 관련 서적에 "무사시가 열일곱 살 때 세키가하라 전투에 참가하여 전공을 세웠다."라고 기록되어 있다. 하지만 무사시가 참전한 것은 세키가하라에서 벌어진 전투가 아니었다. 1600년 여름 무사시는 세키가하라가 있는 기후현 쪽으로 발걸음을 옮기지 않았다. 당시 무사시는 다지마 지역에서 규슈로 향했다. 오늘날 교토 북쪽에서 시마네현島根県으로 이어지는 간선 도로를 따라 서쪽으로 여행하고 있었다. 무사시는 그해 8월경에 시모노세키下関(야마구치현 시모노세키시)에서 바다를 건너 나카쓰中津(오이타현 나카쓰시)에 이르렀다. 나카쓰는 구로다 가문의 거성이 있는 곳이었다. 무사시의 부친 신멘 무니가 그곳에 거주하고 있었다.

분고豊後(오이타현)와 부젠豊前 지역은 오토모大友 가문이 오랫동안 다스리던 지역이었다. 오토모 가문의 22대 당주 오토모 요시무네大友義統(1558~1605)는 도요토미 히데요시를 섬겼고, 임진왜란 때는 구로다 나가마사와 함께 침략군 제3군에 속해 조선을 짓밟았다. 그런데 고니시군이 평양에서 후퇴할 때 지원하지 않은 죄로 영지가 몰수되었다.

그 후 요시무네는 이곳저곳을 떠도는 신세가 되었는데, 1599년 히데요시의 아들 도요토미 히데요리의 사면으로 유랑 생활에서 벗어났다. 1600년 세키가하라 전투가 벌어지자 요시무네는 서군 편에 섰다. 그는 히로시마에서 출진하여 원래 오토모 가문이 다스리던 분고 지역을 침공했다.

얼마 전에 도요토미 히데요리는 오토모 요시무네에게 군사를 일으켜 동군에 속한 구로다·호소카와 가문을 쳐서 승리하면 다시 분고 지역을 다스리도록 하겠다고 약속했다. 요시무네는 예부터 오토모 가문을 섬기던 무사들을 불러 모았다. 다하라田原·요시히로吉弘·무나카타宗像 가문을 비롯한 유력한 가문이 속속 합류했다. 일시적이나마 오토모 가문이 다시 일어났다. 고무된 요시무네는 분고의 중앙에 있는 벳푸만別府灣에 상륙하여 다테이시성立石城(오이타현 벳푸시)을 비롯한 여러 성을 차례로 공략했다.

당시 구로다 가문의 당주 구로다 나가마사는 5,000여 명의 대군을 이끌고 도쿠가와 이에야스를 따라 아이즈会津 정벌에 나섰다가 이시다 미쓰나리가 거병하자 말머리를 돌려 세키가하라 방면으로 진군하고 있었다. 나카쓰성에는 나가마사의 부친 구로다 요시타카黒田孝高와 성을 지키는 최소한의 병사들이 남아 있었다. 그런데 규슈는 구로다 가문이 다스리는 부젠豊前 일대와 호소카와細川 가문이 다스리는 히고肥後(구마모토현) 일대를 제외하고 모두 서군에 속한 다이묘들이 다스렸다. 그중에서 사쓰마薩摩(가고시마현)·휴가日向(미야기현) 일대를 다스리는 시마즈島津 가문의 군사력은 구로다·호소카와 가문의 그것을 압도했다.

구로다 요시타카가 적의 침략보다 더 두려워한 것은 민중 봉기였다. 구로다 가문이 다스리는 부젠 지역 농촌 지도자 중에는 예부터 오토모 가문을 섬기던 무사의 친족이 적지 않았다. 그들은 오토모 요시무네가 우세하면 언제든지 봉기할 가능성이 있었다. 일생일대의 위기에 처한 요시타카는 서군의 지휘관 이시다 미쓰나리에게 사자를 보내 규슈의 7개 구니国를 은상으로 준다면 구로다 가문이 도쿠가와 이에야스를 배반하고 서군 편에 서겠다는 뜻을 밝혔다. 이 협상은 구로다 요시타카가 서군 편에 선 오토모군의 진격을 늦추고 군사를 모집할 시간을 벌기 위한 거짓 책략이었다.

구로다 요시타카의 술책이 효과를 발휘했다. 오토모 요시무네는 구로다 가문의 영지를 공격하지 않았다. 그러는 동안 요시타카는 나카쓰 성에 보관하던 금·은의 일부를 농촌 지도자에게 나누어주고 나머지 자금을 풀어 군사를 모집했다. 요시타카는 기마 무사에게 은 300몸메匁 하급 무사에게는 동전 1,000냥을 우선 지급한다고 선언했다. 그러자 규슈는 물론 바다 건너 주고쿠中国·시코쿠四国 지방의 낭인과 농민 3,500여 명이 몰려들었다. 요시타카는 모집병이 9,000명이라고 선전했다. 이때 낭인 신분이었던 미야모토 무사시도 후쿠오카번(구로다번)

의 무사로 임시 채용되었다.

　이시다 미쓰나리가 구로다 요시타카의 술책에 말려든 것을 안 것은 8월 말이었다. 미쓰나리는 서군의 총대장 모리 데루모토毛利輝元(1553~1625)에게 오토모 요시무네를 지원해 달라고 요청했다. 9월 9일 모리 가문의 군사·경제적 지원을 받은 오토모 요시무네가 동군에 속한 호소카와 타다오키가 지배하는 기쓰키성杵築城(오이타현 기쓰키시)을 포위했다. 그러자 기쓰키성을 지키던 장수가 구로다 다카요시에게 지원을 요청했다. 참고로 구로다 가문과 호소카와 가문은 친족이었다. 다카요시가 대군을 이끌고 출진하여 기쓰키성을 탈환한 후, 9월 13일 이시가키바라石垣原(오이타현 벳푸시)에서 오토모군과 싸워 이겼다. 이때 무사시와 그의 부친 신멘 무니가 구로다군에 속해 이시가키바라 전투에 나아갔다. 무사시는 전장에서 적의 창을 빼앗아 용감하게 싸웠다고 전한다.

　세키가하라 전투에서 승리한 도쿠가와 이에야스는 구로다 가문을 부젠의 나카쓰에서 지쿠젠筑前(후쿠오카현 서부)으로 옮기라고 명령했다. 논공행상할 때 이에야스는 구로다 요시타카·나가마사 부자에게 지쿠젠이나 주고쿠 지방의 2개 구니国 중 택일하라고 했다고 전한다. 요시타카는 지쿠젠을 선택했다. 지쿠젠은 조선·유구·동남아시아로 통하는 해상교통의 요지였다. 요시타카는 해외 무역을 염두에 두었던 것 같다. 한편 이에야스는 단고丹後(교토부 북부)에 11만 석, 분고豊後 지역에 6

만 석의 영지를 보유하던 호소카와 타다오키를 부젠豊前과 분고의 2개 군을 지배하는 고쿠라번 39만 석의 다이묘로 임명했다.

구로다 가문이 지쿠젠으로 영지를 옮길 무렵 이미 나이가 많았던 신멘 무니는 현역에서 물러났다. 그 이유는 알 수 없지만, 예전에 무니가 주군으로 섬기던 신멘 무네쓰라新免宗貫가 구로다 가문에 출사하여 2,200석의 영지를 보유한 상급 무사로 부임했기 때문이었을 것이다. 신멘 무니는 후쿠오카번(구로다번)에서 다시 무네쓰라와 대면하는 것이 싫었을 것이다. 그 후 무니는 호소카와 가문이 다스리게 된 부젠의 고쿠라에 거주하면서 검술 도장을 열었다. 그의 제자 중에는 훗날 고쿠라번 · 구마모토번의 가로家老의 지위에 오르는 나가오카 오키나가長岡興長(1582~1661)가 있었다.

오키나가는 원래 마쓰이 야스유키松井康之(1550~1612)의 차남으로 태어났다. 모친은 호소카와 후지타카細川藤孝(1534~1610)의 양녀였다. 1554년에 고쿠라번의 초대 당주가 되는 호소카와 타다오키細川忠興의 이름 중 '興'자를 물려받아 오키나가興長라 칭했다. 1595년 도요토미 히데쓰구豊臣秀次 사건 때 호소카와 타다오키가 도요토미 히데요시에게 미움을 받아 위기에 처했을 때 마쓰이 야스유키의 도움으로 목숨을 구할 수 있었다. 야스유키의 은혜를 입은 타다오키는 오키나가를 사위로 삼으면서 호소카와 일족의 성씨인 나가오카씨를 칭하게 했다. 나가오카 오키나가는 무사시보다 2년 연상이었다.

3. 수행자 무사시

미야모토 무사시는 부젠의 고쿠라小倉에서 오랜만에 부친 신멘 무니와 2년 정도 함께 지냈다. 그리고 열아홉 살 여름에 다시 무예 수련을 위해 길을 떠났다. 무사시는 일단 고쿠라에서 남쪽으로 50여 킬로미터 떨어진 곳에 있는 히코산英彦山으로 갔다. 히코산은 오늘날 후쿠오카현 다가와군田川郡 소에다마치添田町와 오이타현 나카쓰시 야마쿠니마치山国町에 걸쳐 있는 표고 약 1,200미터의 산이다. 국립공원으로 지정된 이 산은 예부터 신통력을 얻기 위해 산속에서 수행하던 야마부시山伏가 많이 찾던 명산이었다.

히코산의 한자 표기는 원래 '日子山'이었다. 일본인이 건국신으로 받드는 태양신 아마테라스오미카미天照大御神의 자손이 이 산에 강림했다는 전설에 따라 그런 이름이 붙여졌을 것이다. '日子山'은 오랫동안 '彦山'으로 칭해지다가 1729년에 레이겐 법황靈元天皇(1654~1732)이 이 세상에서 가장 영험한 산이라는 뜻으로 '英' 자를 하사한 이래 '英彦山'으로 표기하게 되었다. 글자는 바뀌었어도 발음은 언제나 히코산이었다. 무사시는 히코산에 1년 반 정도 머물렀다. 지금도 산기슭에 50여 개소의 동굴이 있다. 아마도 무사시는 여러 동굴 중 한 곳에 기거하며 몸과 정신을 단련했을 것이다.

무사시는 히코산에 머무는 동안 무슨 수행을 어떻게 했을까? 『오륜서』의 서장에 "하늘을 공경하고, 관음보살에 예배하고, 불전을 향하다."라는 내용이 있다. 노년의 무사시는 하늘과 부처에 운명을 맡기는 경건한 마음 자세를 취했다고 할 수 있다. 그런데 무사시가 지난날을 돌아보며 자신을 경계하기 위해 남긴 「독행도独行道」에서 "불신仏神은 존귀하지만 그렇다고 불신에 의지하지 않는다."라고 말했다. 젊은 무사시는 히코산에 머무는 동안 야마부시와 같이 어떤 목적을 이루기 위해 기도하지 않았을 것이다. 오로지 자신의 검술을 단련하고 정신력을 극한으로 끌어올리는 수행을 했을 것이다.

산에서 홀로 숙식을 해결하며 수행하던 무사시의 모습은 그야말로 자연인 그대로였을 것이다. 목욕도 제대로 할 수 없었을 것이고, 철에 따라 옷도 갈아입지 못했을 것이다. 수염을 다듬거나 머리를 단정히 빗는 일은 엄두도 내지 못했을 것이다. 수행하던 무사시가 마을에 나타나면 그의 초라하고 더러운 행색에 놀라지 않는 사람이 없었을 것이다. 필자가 상상으로 수행자 무사시의 모습을 떠올린 것이 아니다. 『부슈덴라이키』에 다음과 같은 내용이 있다. "무사시는 일생 머리를 빗지 않았다. 목욕도 하지 않았다. 출사할 뜻이 없었다. 단지 한 통의 물로 몸의 때를 씻었을 뿐이다. 그러면서 마음속의 때를 씻을 틈도 없다고 말했다."

위에서 묘사한 무사시의 풍모는 결코 지어낸 것이 아니었다. 실제로 무사시를 만나본 사람의 증언에 따른 것이다. 18세기 초에 에도의 고코쿠지護国寺(도쿄도 분교쿠 오쓰카) 정문 앞에 암자를 짓고 사는 와타나베 고안渡辺幸庵(1582~1711)이라는 노인이 있었다. 그는 도쿠가와 이에야스가 신임했던 상급 무사였으나 17세기 중엽에 어쩔 수 없는 사건에 휘말려 낭인 신분이 된 후 고코쿠지 근처에서 살았다. 와타나베 고안은 무사시보다 두 살 연상이다. 무사시가 사망한 후 60여 년을 더 살았는데, 그는 무사시를 직접 본 적이 있었다. 그가 1711년 130살의 나이로 사망하기 직전에 가가번加賀藩(이시카와현·도야마현)의 무사에게 그가 살아온 이야기를 구술했다. 그 기록이 『고안다이와幸庵対話』였다. 시바 료타로의 소설 『진설 미야모토 무사시』는 와타나베 고안의 이야기로 시작된다.

와타나베 고안은 『고안다이와』에서 무사시가 "손발을 씻거나 욕조에 들어가 씻는 것을 좋아하지 않았다. 일생 목욕을 한 적이 없다."라고 말했다. 무사시가 몸을 잘 씻지 않았다는 것은 이외에도 많은 자료가 있다. 무사시는 가끔 수건에 물을 묻혀 몸을 씻었을 뿐이다. 의복은 여름이나 겨울이나 항상 베옷을 입었다. 노년이 되어서도 새로 지은 옷을 입지 않았다. 옷이 항상 때에 절어 있어도 신경을 쓰지 않았다. 바지는 주름진 얇은 가죽으로 지은 것이었다. 빨지 않고 오래 입기 위해서라고 알려졌다. 그리고 무사시는 항상 저고리 위에 소매가 없는 기장이 짧은 겉옷을 걸쳤다.

무사시는 어릴 때 이마 위쪽 머리에 종기를 앓아서 제법 큰 흉터가

미야모토 무사시 초상, 島田美術館 소장

남아 있었다고 한다. 일본 무사들은 대개 열다섯 살 무렵에 성인식을 올렸다. 그때 이마에서 정수리 부분까지 머리털을 밀고 좀마게丁髷라는 일본식 상투를 틀었다. 그러나 흉터를 드러내기 싫었던 무사시는 머리털을 밀지 않고 묶고 다녔다. 노년의 무사시는 아예 머리를 묶지 않고 지냈다. 그 무렵부터 머리 빗는 것도 좋아하지 않았다.『부슈덴라이키』에 따르면, 무사시는 장년이 되었을 때 머리털이 허리띠까지 늘어졌고, 노년이 되어서는 어깨 주변까지 늘어뜨린 채로 지냈다. 그의 눈동자는 노란색을 띠었고 수염이 매우 적었다. 보통 일본인과 다른 체질이었던 것 같다. 와타나베 고안은 무사시의 외모나 행색이 남달랐기 때문에 지체가 높은 무사 저택에 드나들지 않았다고 진술했다.

1604년 봄 무사시는 히코산에서 수행을 마치고 교토京都로 올라갔다. 일본의 오랜 수도이며 가장 번영했던 교토에 나타난 무사시의 모습은 히코산에서 수행하던 때와 같은 행색이었다. 머리를 빗어 올려 끈으로 질끈 동여매고, 때로 찌든 옷을 걸치고 태연하게 교토 거리를 활보했다. 그가 왜 교토에 나타났는지 그 이유를 알 수 없지만, 아마 대를 이어 교토에 거주하던 일본에서 가장 이름난 검술 가문 사람들과 겨루어보고 싶은 충동을 이기지 못해서였을 것이다.

●●●5

도전의 나날

1. 요시오카 가문

미야모토 무사시는 『오륜서』에서 다음과 같이 말했다. "스물한 살 때 교토로 올라가 천하의 병법가를 만나 여러 번 승부를 겨뤘다. 승리하지 않은 적이 없었다." 무사시는 1604년에 교토로 올라가서 요시오카吉岡 가문 사람들과 승부를 겨룬 것을 떠올리며 이 글을 썼을 것이다. 무사시는 자신이 평생 60여 번의 결투를 했다고 말했는데, 그중에서 요시오카 가문 사람들과의 결투에서 승리하면서 무사시의 이름이 세상에 널리 알려지게 되었다.

요시오카 가문은 대대로 무로마치 막부 쇼군將軍 가문의 검술 사범을 맡았다. 전국시대 말기부터 검술이 발전하기 시작하면서 유파가 형성되었다. 그중에서 요시오카 가문에 전해지는 요시오카류吉岡流 검법이 일본 제일이라고 일컬어졌다. 이미 앞에서 살펴보았듯이, 무사시의 부친 신멘 무니는 막부의 15대 쇼군 아시카가 요시아키의 명령으로 요시오카 나오카타吉岡直賢와 검술을 겨룬 적이 있었다. 그때 신멘 무니가 나오카타와 세 번 싸워서 두 번 이겼다.

요시오카 가문이 일본 제일의 검술 가문으로 알려진 것은 요시오카 나오모토吉岡直元가 무로마치 막부의 12대 쇼군 아시카가 요시하루足利義晴(재위:1521~46)를 섬기면서부터였다. 이때부터 요시오카 가문의 당주는 대대로 겐포憲法라는 호를 사용했다. 나오모토의 동생 나오미쓰直光가 쇼군 가문의 검술 사범이 되면서 교토의 이마데가와今出川에 검술 도장을 열고 병법소兵法所라 칭했다. 나오미쓰의 동생 나오카타는 막부의 15대 쇼군 아시카가 요시아키의 검술 사범이 되었다. 나오카타는 세 명의 아들을 두었는데, 장남이 나오쓰나直綱, 차남이 나오시게直重, 삼남이 시게카타重賢였다. 무사시 측 기록에 따르면, 요시오카 나오쓰나와 그 동생 나오시게가 무사시와 겨뤘던 것 같다.

전국시대 말기에 무예 수련 명목으로 편력하던 낭인은 누구나 쇼군이나 다이묘 가문에 출사하여 정식 무사가 되기를 희망했다. 그러려면 무술에 뛰어나다는 평판을 얻을 필요가 있었다. 무사시도 예외가 아니었다. 20대 초반의 무사시는 야망이 불타는 청년이었다. 무사시는 임기응변에 능했을 뿐만이 아니라 여론을 형성하고 전파하는 데 남다른 재능을 가지고 있었다. 그러나 당시 무사시는 지방을 전전하던 떠돌이 낭인에 불과했다. 그가 결투했던 상대 또한 이름도 알려지지 않은 검객이었다. 무사시라는 이름을 세상에 널리 알리기 위해서는 교토로 올라갈 필요가 있었다. 교토에는 서부 일본의 검술 명문가로 많은 제자를 거느리던 요시오카 가문이 있었다. 무사시는 운명을 걸고 그 가문의 사범에게 도전하겠다고 결심했다.

무사시는 사전 준비를 철저하게 했다. 규슈의 고쿠라에서 교토로 올라온 무사시는 벌써 여러 번 결투에서 승리한 경험이 있었다. 소문이 나면서 이미 몇몇 젊은이들이 무사시를 따랐다. 그렇다고 검술 명문가 요시오카 가문의 사범이 행색이 초라한 미야모토 무사시의 결투 신청을 수락할 리 없었다. 요시오카 가문의 사범이 무사시의 결투 신청을 받아들이지 않을 수 없는 술책이 필요했다. 아마도 무사시는 이전에 부친 신멘 무니와 요시오카 나오카타의 어전 시합을 상기시키며 신멘 무니의 아들이 다시 요시오카류 사범에게 결투를 신청했다는 소문을 냈을 것이다.

일본은 복수의 전통이 있는 사회였다. 일본 제일의 검객이라고 알려진 요시오카 나오카타가 신멘 무니에게 패했다. 그렇다면 나오카타의 자손은 선조의 패배를 설욕하는 것이 마땅했다. 만약에 설욕하지 않는다면 가문의 명예가 실추될 것이다. 설욕할 의지가 없거나 이길 자신이 없어서 결투를 회피했다는 소문이 돌 것이다. 무사가 싸울 의지가 없다면 비겁한 것이고 이길 자신이 없다면 나약한 것이다. 무사 사회에서 비겁하거나 나약하다는 소문이 나면 그 무사는 살아 있으되 이미 죽은 목숨이었다. 수치심을 견디지 못한 무사는 자결하거나 다른 지역으로 도망하여 숨어지내는 수밖에 없었다.

신멘 무니의 아들이 요시오카 나오카타의 자손과 결투하기를 원한다는 소문이 퍼지자, 나오카타의 아들로 요시오카 가문의 4대 당주이며 요시오카류 검법의 정통 후계자인 요시오카 나오쓰나가 나서지 않을 수 없었을 것이다. 무사시와 나오쓰나는 교토의 교외 렌타이노蓮台野(교토시 기타쿠 후나오카노니시)에서 겨루기로 합의했다. 무사시의 양자 미야모토 이오리가 세운 고쿠라 비문이나 이것을 자료로 한 『니텐키』, 『부슈덴라이키』, 『부코덴』 등에 나오는 요시오카 세이주로吉岡淸十郎가 나오쓰나였을 것이다. 나오쓰나는 겐자에몬源左衛門 또는 세이지로淸次郎라고 불렸는데, 그중에서 훗날 세이지로가 와전되어 세이주로로 표기되었을 것으로 여겨진다.

이 결투에서 요시오카 세이주로(나오쓰나)는 진검을 사용했다. 하지만 무사시는 목도로 세이주로를 일격에 쓰러뜨렸다. 세이주로가 기절했다. 결투 전에 타격은 한 번에 그친다고 약속했기 때문에 세이주로가 목숨을 보전할 수 있었다. 세이주로의 제자들이 그를 널판에 실어 저택으로 옮겼고, 의원의 치료를 받은 세이주로는 다행히 기력을 회복했다. 그러나 무사시에게 맥없이 패배한 그는 더 이상 제자들에게 검술을 지도할 수 없었다. 결국 그는 머리를 깎고 출가하여 승려가 되었다.

요시오카 나오쓰나의 동생 나오시게가 있었다. 그는 고쿠라 비문, 『니텐키』, 『부코덴』 등에 덴시치로伝七郎라고 기록된 인물이었다. 그는 부친과 형이 잇달아 신멘 가문의 부자에게 패배하자 수치심에 치를 떨었다. 요시오카 가문의 명예를 위해서라도 무사시를 죽이지 않으면 안 된다고 생각했다. 그는 무사시에게 결투를 신청했다. 두 사람은 교토 교외에서 승부를 내자고 합의했다. 결투 당일 요시오카 덴시치로(나오시게)는 길이가 약 150센티미터나 되는 목도로 무사시와 맞섰다. 그러나 결과는 형 세이주로보다도 비참했다. 무사시는 덴시치로의 목도를 빼앗아 그것으로 덴시치로를 내리쳤다. 덴시치로는 그 자리에서 즉사했다.

되풀이되는 참사에 요시오카 도장의 문하생들은 모멸감과 절망감을 이겨낼 수 없었다. 그래서 서로 은밀히 다음과 같이 상의했다. "검술로 대적할 수 있는 상대가 아니다. 책략을 써서 무찌르자." 그들은 세이주로의 장남 마타시치로又七郎의 이름으로 무사시에게 결투를 신청했다. 물론 어린 마타시치로가 홀로 무사시와 맞설 수 없었다. 그래서 교토의

동쪽에 있는 이치조지一乘寺 인근 사가리마쓰下り松(교토시 사쿄쿠 이치조지 하나노키초)에서 싸우기로 정하고 그 일대에 많은 사람을 매복시켰다가 활을 쏴서 무사시를 죽인다는 계획을 세웠다. 사가리마쓰는 예부터 교통의 요지였다. 커다란 소나무 숲 앞으로 길이 두 갈래로 나 있었다. 매복하기에 좋은 장소였다.

무사시는 매우 의심이 많았을 뿐만이 아니라 상대방의 마음을 꿰뚫어 보는 능력이 있었다. 그는 요시오카 도장의 문하생들이 모략으로 자신을 위기에 빠뜨리려고 한다는 것을 직감했다. 무사시는 만약의 사태에 철저하게 대비했다. 무사시의 제자들이 무사시를 돕겠다고 나섰다. 그러나 무사시는 걱정하는 제자들에게 말했다. "그대들은 이 싸움과 관련이 없다. 어떤 일이 있어도 이 싸움에 개입해서는 안 된다. 그쪽에서 원한을 갚으려고 무리를 이루어 공격하더라도 나는 이미 뜬구름과 같은 사람이다. 어찌 두려움이 있을 것인가?"

무사시는 상대방의 마음을 혼란스럽게 하는 술책을 능수능란하게 쓰는 사람이었다. 이전에 요시오카 세이주로, 덴시치로 등과 싸울 때 무사시는 약속 장소에 늦게 나타났다. 그러나 이번에는 상대의 의표를 찔러 해가 뜨기 전에 약속 장소에 도착했다. 이윽고 요시오카 마타시치로가 문하생들에 둘러싸여 현장에 도착했다. 무사시는 적들이 전열을 갖추기 전에 질풍노도와 같이 달려들어 먼저 마타시치로를 단칼에 베고 이어서 달려드는 문하생들과 싸웠다. 당시의 싸움 장면이 고쿠라 비문에 다음과 같이 기록되었다. "여러 적을 베어버리는 기세가 마치 맹수를 쫓는 사냥개와 같았다." 허둥대는 적들 사이를 누비며 사납게 칼을 휘두르는 무사시의 모습이 손에 잡힐 듯 선명하게 묘사되었다.『니텐키』는 이 싸움에서 무사시가 어린 요시오카 마타시치로를 죽였기 때문에 요시오카 가문의 혈통이 단절되었다고 기록했다.

그러나 고쿠라 비문 내용을 액면 그대로 믿어서는 안 될 것이다. 고쿠라 비문 작성에는 무사시의 양자 미야모토 이오리와 함께 무사시의 고제 데라오 가쓰노부寺尾勝信(1611~72)가 깊숙이 관여했다. 1645년 5월 12일 무사시는 사망하기 일주일 전에 자신의 저서『오륜서』와「독행도」를 가쓰노부에게 물려주었다. 무사시가 직접 데라오 가쓰노부를 후계자로 지명한 것이다. 데라오는 무사시를 천하제일의 검술 달인으로 떠받들고 싶었다. 그래서 무사시가 승부를 겨룬 상대가 지방의 이름 없는 검객이 아니라 교토에서 명망이 높은 요시오카 도장의 사범이라는 것을 강조할 필요가 있었다.

무사시와 요시오카 가문 사람들의 결투 이야기는 1684년에 후쿠즈미 도유福住道祐가 저술한『요시오카덴吉岡伝』에도 상세하게 기록되어 있다. 이에 따르면, 무사시와 요시오카 나오쓰나는 교토쇼시다이京都所司代 이타쿠라 가쓰시게板倉勝重(1545~624)의 허락하에 이타쿠라 저택에서 결투를 벌였는데, 나오쓰나의 공격을 막아내지 못한 무사시가 크게 다쳐서 승부가 나지 않았다. 여러 유파 검술 명인의 전기를 수록한

『혼초부게이쇼덴』에도 무사시와 요시오카 세이주로의 싸움은 승부가 나지 않았다고 기록되어 있다. 무사시는 요시오카 나오쓰나와 승부를 겨룬 후에 다시 요시오카 나오시게(덴시치로)에게 결투를 신청했다. 그런데 정작 약속한 날에 무사시가 현장에 나타나지 않았다. 무사시의 패배였다. 결투가 성립하지 않으면 현장에 나타나지 않은 자가 패배한 것으로 간주하는 것이 당시의 관행이었다. 그렇다면 무사시가 나오쓰나의 아들 마타시치로를 죽여서 요시오카 가문의 혈통이 단절되었다는 기록도 신뢰할 수 없을 것이다. 물론 『요시오카덴』은 사료적 가치가 낮은 자료이다. 하지만 여러 책에 무사시의 비겁함을 전하는 이야기가 있는 것을 보면, 고쿠라 비문 내용에 과장하거나 꾸며낸 이야기가 없다고 단언할 수 없다.

무사시 측과 요시오카 가문 측의 주장이 정반대에 가까울 정도로 달랐다면, 둘 중의 하나가 거짓이라는 말이 된다. 어느 쪽의 주장이 거짓인지 오사카大阪 전투에서 그 실마리를 찾을 수 있을 것이다. 도쿠가와 이에야스는 오사카성에 근거하면서 에도 막부에 맞섰던 도요토미 히데요시의 아들 히데요리를 1614년 겨울과 1615년 여름 두 번에 걸쳐서 공격했다. 그때 10만 명이 넘는 도요토미 가문 추종 세력이 오사카성에 들어가 농성하면서 도쿠가와군에 맞섰다. 하지만 도요토미 가문은 여러 다이묘의 군대를 동원한 막부의 군사력 앞에 무릎을 꿇을 수밖에 없었다. 히데요리가 사망하면서 도요토미 가문이 멸망했다.

1614년 오사카 겨울 전투가 벌어지기 직전에 도쿠가와 이에야스는 교토쇼시다이 이타쿠라 가쓰시게에게 요시오카 가문의 사범과 문하생들이 도요토미 가문 편을 들어 오사카성으로 들어가 농성하지 않도록 타이르라고 명령했다. 그러나 요시오카 가문 사람들은 무리를 지어 오사카성으로 들어가 싸웠다. 전쟁이 끝난 후 도쿠가와 이에야스는 오사카성에 들어가 농성한 자들을 모조리 잡아 죽이라고 명령했다. 에도 막부의 수색이 10여 년간 이어졌다. 요시오카 가문 사람들은 에도 막부의 수색을 피하여 숨어지내지 않을 수 없었다.

　요시오카 나오쓰나의 아들이 가까스로 살아남아 교토의 니시노도인 西洞院 부근에서 염색업에 종사하는 상공인이 되었다고 전한다. 그 후 교토에서 흑갈색으로 염색한 직물을 겐포소메憲法染 즉, 요시오카 가문의 당주가 개발한 염색법으로 불렸다. 요시오카 가문의 당주조차도 상공인이 되어 생계를 유지할 수밖에 없었다. 이런 상황에서 요시오카 가문 사람들은 무사시 측의 과장된 선전술에 효과적으로 대응할 수 없었을 것이다. 그로부터 70여 년이 지난 후에 저술된 『요시오카덴』이 요시오카 가문 사람들의 억울한 이야기를 전할 뿐이었다.

2. 결투와 복수 사이

일본인들은 복수를 가타키우치敵討 또는 아다우치仇討라고 한다. 복수는 일반적으로 자기에게 가슴 아픈 일을 겪게 한 상대에게 앙갚음하는 행위를 말한다. 그러나 일본인이 말하는 복수는 사람을 죽인 자를 같은 방식으로 죽이는 것이었다. 부친이나 주군이 살해되었을 경우 그 자식이나 가신이 가해자를 죽여서 원수를 갚는 것에 한정되어 있었다. 물론 복수가 일본 특유의 문화는 아니었다. 동서고금을 막론하고 어느 시대 어느 지역에서나 복수가 행해졌다. '눈에는 눈'이라는 방식으로 되갚아주기도 했고, 갖은 방법을 동원하여 상대를 궁지로 몰거나 몰락하게 해서 원한을 갚기도 했다. 일본의 복수는 전자에 해당했다고 할 수 있다.

미야모토 무사시의 삶의 궤적을 추적하려면 에도 시대 일본인이 열광했던 결투와 복수를 이해해야 한다. 결투와 복수는 엄연히 달랐다. 두 사람이 처음으로 승부를 겨루는 것이 결투라면 부모·형제나 주군의 원수를 갚는 것이 복수였다. 결투와 복수는 불가분의 관계가 있었다. 하지만 결투가 모두 복수로 이어진 것은 아니었다. 그런데 무사 사회에서 복수는 의무로 인식되었다. 복수하지 않으면 나약하거나 비겁한 사람으로 여겨졌다. 본래 전투원인 무사가 나약하거나 비겁하면 이미 쓸모없는 존재였다. 무사 사회에서 쓸모없는 존재는 철저하게 배제되었다. 그래서 무사들은 복수에 나서지 않을 수 없었다.

무사도의 꽃은 결투라는 말이 있다. 그만큼 무사 사회에서 결투는 자주 일어나는 일이었다. 무사가 결투를 결심하면 직접 상대방을 찾아가 방법과 장소를 합의하는 것이 가장 당당했다. 그러나 대개 서신을 보내 결투를 신청했다. 서신에는 장소와 일시 등이 적혀 있었다. 물론 결투 신청을 받아들이느냐 거부하느냐는 상대방이 결정했다. 그러나 받아들이지 않으면 겁쟁이라는 소문이 났다. 그것은 무사로서 죽는 것보다 치욕스러운 일이었다. 그래서 결투는 대부분 성사되었다. 그런데 결투는 원칙적으로 무사 상호 간에 맺은 신사협정이었다. 그렇다면 복수로 연결되지 않아야 마땅했다. 하지만 결투 중에 죽은 자의 자손이나 형제는 부친이나 형이 억울하게 죽었다고 생각했다. 그래서 결투는 자연스럽게 복수로 이어졌다.

복수는 일정한 조건이 갖춰져야 허용되었다. 복수하는 사람은 피해자의 아랫사람이어야 했다. 아비의 원수를 아들, 형의 원수를 동생, 주군의 원수를 가신이 갚을 수 있었다. 하지만 아비가 아들, 형이 동생, 주군이 가신을 위해 복수할 수 없는 것이 불문율이었다. 복수는 1회에 한한다는 것 또한 불문율이었다. 복수한 자에 대한 보복은 인정하지 않았다. 첫 번째 복수에서 피해자 측의 복수 의무자가 가해자를 죽이면 목적이 달성되었다. 싸움 당사자 모두 사망하면 이 단계에서 쌍방의 분쟁이 공평하게 해결되었다고 생각했기 때문일 것이다.

무사 사회에 예부터 전해지는 불문율이 있었다. 싸우다가 중상을 입

없어도 살아있다면 복수의 조건이 성립하지 않았다. 물론 그 자리에서 죽지 않았어도 며칠 후에 결투할 때의 상처가 원인이 되어 죽었다면 복수의 조건이 성립했다. 결투 현장에서 자결해도 복수의 조건이 성립했다. 극단적인 경우, 싸움 중에 중상을 입은 자가 현장으로 달려온 가족에게 복수를 부탁하고 그 자리에서 자결하는 일도 있었다. 한 사람이 죽어야 비로소 복수의 조건이 성립하기 때문이었다.

결투는 개인 대 개인의 싸움이었지만, 복수는 반드시 그럴 이유가 없었다. 복수 의무자는 언제 어느 때 어느 곳에서 어떤 방법으로든지 상대를 기습할 수 있었다. 복수 의무자가 경제력이 있는 가문의 자제라면 스케다치助太刀라는 복수를 돕는 자를 많이 거느릴 수 있었다. 물론 가해자도 스케다치를 거느리고 방어할 수 있었다. 무사시가 규슈의 고쿠라小倉에 머물던 1634년 11월에 일어난 이가고에伊賀越 복수 사건을 보면, 복수 의무자 와타나베 가즈마渡辺数馬는 아라키 마타에몬荒木又右衛門(1599~1638)을 비롯한 스케다치 여러 명을 동원했고, 가해자 가와이 마타고로河合又五郎(1615~34)도 20여 명의 스케다치를 동원했다. 그중에는 창을 쓰는 무사 세 명, 활로 무장한 무사 한 명, 화승총으로 무장한 무사 한 명이 포함되어 있었다. 복수는 '쫓는 자'나 '쫓기는 자' 모두 항상 싸울 준비를 하고 지내지 않을 수 없었다. 사람을 죽인 결과는 그만큼 고단했다.

젊은 시절에 이미 수십 번이나 싸운 미야모토 무사시도 때에 따라서 복수의 대상이 되었을 것이다. 그러나 무사시가 남긴 『오륜서』를 비롯한 저서, 고쿠라 비문, 무사시의 제자들이 저술한 서책 등 어디에도 무사시가 피해자의 가족이나 부하에게 쫓겼다는 기록이 없다. 그래서 무사시의 복수가 결투로 이어진 사례를 찾을 수 없다. 그러나 위에서 살펴본 무사시와 요시오카 가문 사람들과의 결투는 복수의 논리로 설명할 수 있다.

첫째, 미야모토 무사시와 요시오카 나오쓰나의 결투. 나오쓰나는 무사시의 일격에 쓰러졌으나 죽지 않고 제자들이 저택으로 옮겨 치료한 후 기력을 회복했다. 복수의 요건이 성립되지 않는다. 둘째, 무사시와 요시오카 나오시게의 결투. 무사시는 나오시게의 목도를 빼앗아 그것으로 나오시게를 가격했다. 나오시게가 그 자리에서 즉사했다. 그것도 목도를 빼앗기는 수모를 당했다. 나오시게의 가족이나 문하생은 수치심을 견딜 수 없었을 것이다. 복수의 요건이 충분히 성립되었다. 그래서 요시오카 가문의 문하생들이 많은 인원을 동원하고 활과 같은 원거리 무기까지 준비하여 무사시를 죽이려고 했다. 무사시의 제자도 스케다치助太刀를 자처했으나 무사시가 만류했다. 복수할 때 가해자나 피해자가 많은 인원을 동원하는 것도 스케다치를 거느리는 것도 가능했다. 셋째, 무사시가 요시오카 마타시치로를 기습하여 죽인 일. 마타시치로는 아직 어린애였다. 하지만 그는 요시오카 나오쓰나의 아들이며 요시오카 가문의 당주였다. 아무리 어려도 복수 의무자였다. 요시오카 가문의 문하생들은 스케다치에 불과했다. 무사시가 마타시치로를 죽여서 복수를 방어했다고 할 수 있다. 그다음에 벌어진 문하생들과의 싸움은 무사시가 현장에서 물러나는 과정에 불과했다. 복수 당사자가 죽은 이상 문하생들도 더 이상 싸울 명분이 없었다. 무사시의 완승이었다.

그리고 뒤에서 조명할 간류지마 결투도 복수로 이어질 수 있는 조건을 갖추고 있었다. 간류지마 결투에서 눈여겨보아야 할 장면은 무사시의 목도에 일격을 당한 간류 고지로(사사키 고지로)가 쓰러진 후의 일이다. 전기 작가에 따라 첫째, 고지로가 기절했으나 잠시 후에 깨어났다는 설, 둘째, 고지로가 깨어났으나 은밀히 간류지마에 숨어 있던 무사시의 제자들이 달려들어 때려죽였다는 설, 셋째, 고지로가 깨어났을 때 그의 문하생들이 달려들어 목숨을 거두었다는 설 등이 있다. 첫 번째의 경우는 복수로 이어질 수 없었다. 고지로가 숨을 거두지 않았기 때문이다. 다만 고지로가 집으로 돌아가 치료하다가 며칠 후에 사망했다면 복수의 요건이 성립되었을 것이다. 두 번째의 경우는 복수의 논리로 보았을 때 이해가 되지 않는다. 무사시의 제자들이 고지로의 제자들에게 복수할 수 있는 명분을 제공하는 우를 범한 일이었기 때문이다. 오히려 세 번째의 경우가 설득력이 있다. 무사시의 일격으로 기절했던 고지로가 잠시 후에 의식을 회복했지만, 이미 정신이 혼미하여 몸을 움직일 수 없었을 것이다. 견디기 힘든 고통이 밀려오자, 고지로는 자결하는 모양을 취하면서 제자에게 가이샤쿠介錯 즉, 뒤에서 목을 쳐달라고 부탁했을 것이다. 그때 고지로는 제자들에게 복수를 당부했을 것이다. 비록 편법이기는 하지만, 고지로가 위와 같은 절차를 거쳐서 현장에서 사망했다면 복수의 요건을 갖췄다고 해야 할 것이다.

3. 이어지는 결투

무사시는 교토에서 나라奈良에 있는 고후쿠지興福寺(나라현 나라시 노보리오지초)로 발걸음을 옮겼다. 그 사원의 호조인宝蔵院에 창술로 이름이 알려진 승려 도에이道栄가 있었다. 짧은 목도를 쥔 무사시와 십자형 창을 든 도에이가 겨뤘다. 하지만 무사시가 한 번의 동작으로 창을 든 도에이를 제압하면서 승부가 났다.

무사시의 검술에 감복한 도에이는 그날 밤 무사시를 극진하게 대접했다. 두 사람은 날이 새는 줄도 모르고 밤새 이야기를 나누었다고 전한다. 고후쿠지의 호조인에서 잠시 머문 무사시는 하리마의 다쓰노龍野에 있는 엔코지円光寺(효고현 다쓰노시 다쓰노초)로 향했다. 엔코지는 정토진종 제8대 종주 렌뇨蓮如(1415~99)의 제자가 건립한 사원이었다. 많은 말사를 거느린 엔코지는 그 위세가 10만 석의 다이묘에 버금간다고 알려졌는데, 경내에 도장을 두고 승려들에게 무술을 지도했다. 무예를 수련하기 위해 편력하는 검객들도 그곳에 들러 무술을 겨뤘다고 전한다.

무사시가 엔코지를 방문하자, 엔코지 주지는 무사시에게 그곳에 머물며 검술을 지도해 달라고 청했다. 스물두 살이 된 무사시는 이미 여러 번 치른 결투에서 매번 승리한 강자였다. 하지만 무사시는 정신면에서 아직 미숙하다는 것을 자각하고 있었다. 그는 수련을 넘어 수행에 대하여 생각하기 시작했던 것 같다. 그 무렵부터 무사시는 자신의 검법을 체계화하여 엔메이류円明流라 칭하기 시작했다. 무사시는 자신의 검법뿐만 아니라 마음 자세를 다잡았다. 무사시가 자신을 경계하기 위해 쓴 글이라고 할 수 있는 「독행도」에 "내가 한 일을 후회하지 않는다."라는 문구가 있다. 무사시가 엔코지에 머물 때 정립한 행동 철학이라고 여겨진다.

『니텐키』에 다음과 같은 내용이 있다. "무사시가 이가국伊賀国에서 시시도宍戸 아무개라는 구사리가마鎖鎌를 잘 다루는 고수와 들판에서 승부를 겨뤘다. 시시도가 구사리가마를 휘두르면서 달려들 때 무사시가 단도를 빼서 시시도의 가슴에 던졌다. 시시도가 그 자리에서 죽었다. 시시도의 문하생이 한꺼번에 달려들었다. 무사시가 순식간에 여러 명을 베자 그들이 사방으로 흩어졌다. 무사시가 의연하게 그 자리에서 물러났다."

이가국은 오늘날 미에현 서부 지역이다. 무사시는 그 지역에서 구사리가마를 잘 쓰는 시시도 아무개와 겨뤄서 이겼다. 구사리가마는 풀을 베는 낫에 쇠로 만든 자루를 달고 거기에 쇠사슬을 연결하여 돌려서 적을 공격할 수 있게 만든 무기였는데, 시시도가 구사리가마의 쇠사슬을 머리 위로 돌리며 접근했기에 무사시가 가까이 다가갈 수 없었다. 그래서 무사시는 시시도와 어느 정도 거리가 있는 곳에서 단도를 던졌다. 단도는 시시도의 가슴에 박혔다. 시시도가 그 자리에 쓰러졌다. 무사시는 한꺼번에 달려드는 시시도의 문하생들도 물리치고 유유하게 그 자리를 떴다는 이야기이다.

시시도 아무개와 싸워 이긴 무사시는 에도江戶로 향했다. 에도성과 시가지 건설이 한창이던 시기였다. 도쿠가와 이에야스가 에도에 처음 입성한 것은 1590년 8월이었다. 그러나 이에야스는 에도성에 머물면서 성곽과 시가지 건설에 힘쓸 시간이 없었다. 1591년 겨울 도요토미 히데요시가 조선 침략을 위한 동원령을 내렸다. 이에야스는 주로 교토와 규슈의 나고야名護屋(사가현 가라쓰시) 기지에 머물면서 침략군을 후방에서 지원하느라 에도성 건설이 지연되었다. 1598년 8월 히데요시가 사망한 후 침략군이 조선에서 철수하고, 1603년 2월 이에야스가 정이대장군에 취임하면서 에도성 건설이 재개되었다. 1606년부터 성곽 확장공사와 시가지 건설이 동시에 진행되었다. 1614년 에도성 해자가 건설되면서 물길을 내는 토목공사가 벌어졌다. 에도성과 시가지 건설은 이에야스가 사망한 후에도 계속되었다.

에도 사람들은 이미 무사시가 요시오카 가문 사람들과 싸워 이긴 것을 알고 있었다. 무사시가 에도에 왔다는 소문이 돌자, 무사시와 겨뤄보기를 원하는 자들이 나타났다. 『니텐키』에 따르면, 그중에서 가장 먼저 결투를 신청한 것은 에도 막부의 검술 사범 야규柳生 가문의 가신 오세토 하야토大瀬戸隼人와 쓰지카제 사마노스케辻風左馬助였다. 무사시는 기꺼이 그들의 도전에 응했다. 에도 시내에서 멀리 떨어지지 않은 공터에서 대결이 이루어졌다. 무사시는 먼저 오세토와 싸웠다. 무사시는 오세토의 검을 정면에서 받으면서 상대를 내리쳤다. 오세토가 그 자리에서 쓰러졌다. 쓰지카제 또한 무사시의 적수가 되지 못했다. 무사시의 일격에 뒤로 넘어져 기절했다. 그런데 위 이야기는『니텐키』의 저자가 참고한『부코덴』에는 없는 내용이다. 그것을 뒷받침할만한 자료도 없다.

『니텐키』에 무사시가 에도에 체류할 때 무소 곤노스케夢想権之助와 결투했다는 이야기가 전한다. 1666년에 성립된『가이쇼모노가타리海上物語』에 무사시가 아카시번의 번주 오가사와라 타다자네를 섬길 때 무소가 아카시明石(효고현 아카시시)까지 찾아와서 대결했다는 기록이 있다. 하지만 그 무렵 무사시의 나이는 40대 중반이었다.『오륜서』에 따르면, 무사시는 스물아홉 살 때 간류지마에서 고지로와 대결한 이후 다이묘의 요청으로 몇 번 시합한 적은 있으나 사적으로 결투를 한 적이 없었다.『니텐키』의 기록을 따르는 것이 합리적일 것이다.

봉술의 달인이었다고 알려진 무소는 키가 무사시보다 컸고 힘이 장사였다. 그는 항상 화려한 붉은색 문장이 새겨진 하오리羽織를 입었다고 한다. 그는 무예에 상당히 자신이 있었던 것 같다. 그는 금색으로

"兵法天下一 日下開山 無双権之助"라고 써진 겉옷을 입었다. 옷에 써진 "덴카이치天下一" "히노시타가이잔日下開山" "무소無双"라는 말은 모두 일본에서 제일이라는 뜻이다. 무소는 항상 여덟 명 정도의 제자를 거느리고 다녔다고 한다. 무소 곤노스케의 옷치레와 행동을 보았을 때 당시 일본에서 유행하던 전형적인 가부키모노歌舞伎者였다.

가부키모노는 에도 막부의 통제정책에 따르지 않았던 무뢰한이었다. 그들은 1590년대에서 1640년대까지 주로 교토, 에도 등 대도시의 번화가를 무리를 지어 활보했다. 그들의 대부분이 남의 눈에 띄는 화려한 옷치레를 하고, 허리에는 매우 크고 긴 칼을 찼다. 칼집은 붉은색으로 칠해서 남의 눈에 띄기 쉬웠다. 칼자루도 유난히 길었고 날밑 즉, 칼날과 칼자루 사이에 끼워서 칼자루를 쥐는 한계를 삼고 손을 보호하는 테두리도 매우 크고 이상한 모양이었다. 그들은 주로 남의 이목을 끌고 자신의 존재를 과시하기 위해서 그런 행색을 했다고 여겨진다.

가부키모노는 동지 상호 간에 약속을 중히 여기고, 동지가 위기에 처하면 목숨을 걸고 돕고, 남이 어떤 일이든 부탁하면 반드시 그 소원을 들어주는 등 보통 사람과 다른 판단 기준에 따라 행동했다. 가부키모노의 행장과 행동에는 세상의 상식과 권력·질서에 맞서는 심리가 깃들어 있었다. 1612년 도쿠가와 이에야스가 에도에서 가장 이름이 알려진 가부키모노 오토리 잇페에大鳥逸平(1588~1612)를 체포하여 참수형에 처했다. 그런데 그는 모진 고문을 당하면서도 끝내 동지들의 이름을 불

지 않았다. 그 대신에 전국의 다이묘 이름을 써서 제출했다. 그가 평소에 차고 다니던 칼집에는 "廿五まで 生き過ぎたりや 一兵衛"라는 글귀가 선명했다. "스물다섯 살까지 너무 오래 살았다. 잇페이"라는 뜻이었다. 당장 죽어도 여한이 없다고 선언한 것이었다.

가부키모노 중에는 주겐中間, 고모노小者 등으로 불리는 무가봉공인들이 많았다. 그들은 무사 신분이 아니었다. 다이묘나 중·상급 무사에 고용되어 그들의 무기나 짐을 들고 수행하는 자들이었다. 언제 해고될지 모르는 그들의 생활은 불안정했다. 항상 빈곤에 시달렸다. 전국시대에는 전투에 나아가 멋대로 약탈하는 삶을 이어갔지만, 전란의 시대가 종언을 고하자 운신의 폭이 좁아졌다. 그들에게 평화는 곧 실업을 의미했다. 시대의 변화가 가져온 절망감이 그들을 매우 반골적이고 충동적인 삶으로 내몰았다. 그들의 대부분은 무리를 지어 행동하고 금품을 강탈하고 폭력을 일삼았다. 자신이 용감하다는 것을 드러내고자 했다. 무소 곤노스케가 "덴카이치" "히노시타카이잔" "무소"라고 써진 겉옷을 입고 다닌 것도 가부키모노와 같은 심리 표현이었을 것이다.

에도는 가부키모노의 소굴이었다. 싸움이 그칠 날이 없었다. 무소 곤노스케가 무사시를 찾아왔을 때 마침 무사시는 나무를 깎아서 요큐楊弓를 만드는 작업을 하고 있었다. 요큐는 무사가 무기로 사용하던 활이 아니라 연습용 활이었다. 활의 길이는 약 90센티미터 정도였다. 무사시는 요큐를 만들기 위해 잘라 둔 버드나무를 들고 무소와 대결했다.

무사시는 버드나무로 칼을 휘두르며 달려드는 무소의 이마를 가격했다. 『니텐키』에는 무소가 "패배를 인정하고 말없이 물러갔다."라고 기록되어 있다. 다른 기록에는 무사시에게 패배한 무소가 지쿠젠筑前의 호만잔宝満山(후쿠오카현 지쿠시노시와 다자이후시 경계에 있는 산)에 들어가 수련을 거듭하여 무소류夢想流라는 장술杖術을 창시했다고 한다. 참고로 장술은 길이 약 130센티미터 직경 2~3센티미터 정도의 지팡이를 사용하여 적을 제압하는 무술이다.

에도 시내에서 약 4년 동안 머물던 무사시는 갑자기 거처를 에도 근교인 시모사下総의 호텐가하라法典ヵ原(지바현 후나바시시 후지와라초)로 옮겼다. 그곳에서 황무지를 개간하고 농사를 지으며 생활했다는 이야기가 전한다. 무사시는 왜 갑자기 그곳으로 거처를 옮겼을까? 작가 후지와라 신지藤原審爾(1921~84)는 당시 영양실조에 시달리던 무사시가 폐결핵에 걸려서 호텐가하라에서 요양했다고 추정했다. 하지만 당시 무사시는 간류지마 결투를 1년 앞둔 시기였다. 무사시의 건강 상태에 문제가 없었고, 오히려 일생일대의 결투를 앞두고 정신을 가다듬고 무예를 연마하기 위해서 인적이 드문 곳으로 거처를 이전했다고 보는 것이 타당할 것이다.

4. 간류지마 결투

무사시의 일생에서 가장 중요했던 싸움은 역시 간류지마巖流島(간몬關門 해협에 있는 무인도: 야마구치현 시모노세키시) 결투라고 할 수 있다. 그런데 정작 『오륜서』에는 간류지마 결투에 관한 이야기가 한마디도 없다. 하지만 1654년에 세워진 고쿠라 비문, 1672년에 편집된 『누마타카키沼田家記』, 1716년에 집필된 『혼초부게쇼덴』, 1755년에 집필된 『부코덴』, 1776년에 집필된 『니텐키』 등에 그 내용이 상세하게 기재되어 있다. 이런 자료를 모두 읽고 내용을 종합하면 미야모토 무사시 담론이 형성되고 전파되는 과정을 추적할 수 있다. 어느 내용이 사실인지 아니면 허구인지도 가려낼 수 있을 것이다.

무사시의 간류지마 결투 상대가 사사키 고지로佐々木小次郎라고 아는 사람이 많다. 그런데 사사키 고지로라는 이름이 처음 등장하는 것은

간류지마

18세기 말에 성립한 『니텐키』였다. 그 전에 집필된 서책에서는 간류 고지로巖流小次郎 또는 그냥 고지로라고 일컬어졌다. 아마도 간류지마 결투에 관한 최초 기록이라고 할 수 있는 고쿠라 비문에 고지로가 "간류岩流라고 하는 검술의 달인"으로 소개되었기 때문일 것이다. 그 후 미야모토 무사시 전기 작가들이 간류 고지로로 칭했다. 지금까지 고지로의 성씨가 무엇이었는지 알 수 없다. 『니텐키』의 작가가 사사키 고지로라고 칭한 근거도 확실하지 않다. 필자는 간류 고지로라고 칭하기로 하겠다.

간류 고지로는 한때 짧은 칼을 쓰는 것으로 유명한 주조류中条流의 검법을 이은 전국시대의 검호 도다 세이겐冨田勢源의 제자였으나 세이겐의 동생과 다툰 후 주조류와 인연을 끊었다고 전한다. 그는 스스로 길이가 긴 칼을 쓰는 비법을 터득한 후 유파를 창시하고 호를 간류巖流라 칭했다. 그의 나이는 20살 전후라고 알려졌으나 30대 초반 또는 이미 60이 넘은 노인이라고 알려지기도 했다. 고지로는 고쿠라번 번주 호소카와 타다오키에게 실력을 인정받아 고쿠라성 조카마치에 도장을 열고 고쿠라번 무사들에게 검술을 지도하고 있었다.

무사시와 간류 고지로의 결투를 기록한 가장 오래된 사료는 고쿠라 비문이다. 그 내용은 대략 다음과 같다.

고쿠라小倉에 간류岩流라고 칭하는 검술의 달인이 있었다. 무사시는 그에게 결투를 신청했다. 간류는 진검으로 싸우자고 했으나 무사시는 "그대는 진검을 사용해도 좋으나 나는 목도를 사용할 것이다."라고 대답했다. 결투 장소와 시간이 정해졌다. 나가토長門와 부젠豊前의 국경이 접하는 바다에 후나지마舟嶋라는 섬이 있었다. 그곳에서 두 사람이 만났다. 간류는 세 척尺 정도의 진검을 사용했다. 온 힘을 다하여 비술을 사용했다. 무사시는 목도 일격으로 상대를 죽였다. 번갯불보다도 빠른 동작이었다. 이후 세상 사람들은 후나지마를 간류지마岩流嶋라고 부르게 되었다.

『니텐키』에는 결투에 이르는 과정과 결투 장면이 매우 상세하게 기록되어 있다. 그 이야기의 대부분이 소설 수준으로 창작되었다는 것을 의미한다. 하지만 세상 사람들은 흥미진진한 『니텐키』의 기록을 사실로 받아들이면서 미야모토 무사시 '신화'가 탄생했다고 할 수 있다.

『니텐키』에 "慶長 17년(1612) 4월 무사시가 교토에서 고쿠라로 왔다."라는 기록이 있다. 1612년은 무사시가 스물아홉 살이 되던 해였다. 그해 4월에 무사시는 그의 인생에서 가장 중요한 간류지마 결투를 치렀다. 그 무렵에 무사시가 교토에서 규슈에 있는 고쿠라小倉(기타규슈시 고쿠라키타쿠와 고쿠라미나미쿠)로 왔다는 것이다. 그렇다면 무사시는 적어도 1612년 4월 이전에 에도에서 교토로 거처를 옮겼을 것이다.

당시는 여행이 자유로운 시절이 아니었다. 걸어서 이동해야 했고, 도로의 곳곳에 설치된 검문소의 검색을 통과해야 했다. 다른 지역 사람이 도시에 거주하려면 그곳의 상공인 대표에게 신원을 증명하는 서류를 제출해야 했다. 범법자나 도망자가 도시로 유입하는 것을 막기 위한 행정 절차였다. 신원을 보증하는 사람이 있으면 숙소를 구할 수 있었다. 다행히 무사시는 몇 년 전에 교토에서 거주했던 적이 있었다. 그때 거느렸던 제자 중 한 사람이 무사시의 신원을 보증하고 숙소를 마련하는 데 앞장섰을 것이다. 그렇더라도 그 기간이 2개월 이상 걸렸을 것이다. 그렇다면 무사시는 적어도 1월이나 2월부터 교토에서 살기 시작했고, 그 기간에 무사시가 예전에 거느렸던 제자들이 모여들었을 것이다.

교토에서 규슈의 고쿠라까지 500여 킬로미터 떨어져 있었을 뿐만 아니라 혼슈本州의 서단 시모노세키에서 배를 타고 규슈로 건너가야 했다. 그런데 무사시는 왜 고쿠라로 갔을까? 고쿠라번의 가로家老 나가오카 오키나가長岡興長를 만나기 위해서였다. 무사시가 나가오카 오키나가에게 말했다. "간류 고지로가 지금 이곳에 거주하고 있습니다. 그의 검술 실력이 뛰어나다고 들었습니다. 바라옵건대 고지로와 실력을 겨루고 싶습니다. 공께서는 제 부친과 인연이 있으니 부디 제 부탁을 들어주시기 바랍니다." 나가오카는 무사시의 요청을 받아들였다. 나가오카는 무사시를 자신의 저택에 머물게 하고, 무사시의 뜻을 주군 호소카와 타다오키에게 전했다. 타다오키는 흔쾌히 무사시와 고지로의 결투를 허락했다.

결투는 두 사람만 참가하여 승부를 겨루는 방식이었다. 무사나 서민이 결투를 구경하는 것도 금지했다. 그래서 결투 장소가 바다 가운데 있는 섬 무코지마向島로 정해졌다. 후나지마舟嶋라고도 불렸던 무코지마는 규슈의 고쿠라에서 1킬로미터 정도, 혼슈의 시모노세키에서 400여 미터 떨어진 곳에 있었다. 나가오카 오키나가는 무사시를 불러 다음과 같이 말했다. "4월 13일 아침 8시경에 고지로와 겨루기로 한다. 고지로는 번주 호소카와 타다오키가 제공한 배를 타고 섬으로 갈 것이다. 그대는 내가 보내는 배를 타고 오도록 하라." 무사시는 매우 기뻐하며 자리에서 물러났다.

그런데 그날 밤 무사시가 슬그머니 모습을 감추었다. 무사시가 간류 고지로와 싸우는 것이 두려워서 도망했다는 소문이 돌았다. 결투를 주선한 나가오카의 처지가 곤란하게 되었다. 그러나 나가오카는 무사시가 결투 장소에 반드시 나타날 것이라고 믿었다. 나가오카는 가신을 불러 명령했다. "곰곰이 생각해 보니 무사시가 두려워서 자취를 감췄다면 어째서 오늘까지 기다렸겠는가? 그에게 다른 생각이 있는 것 같다. 어제 시모노세키에서 다음날 이곳 고쿠라로 왔다. 아마도 무사시는 시모노세키로 돌아가 그곳에서 배를 타고 무코지마로 올 심산일 것이다. 서둘러 전령을 보내라." 나가오카가 보낸 전령이 시모노세키에 이르러 무사시를 수배했다. 과연 무사시는 그곳의 상인 고바야시 타로자에몬 小林太郎左衛門의 집에 머물고 있었다.

전령이 무사시에게 나가오카 오키나가의 말을 전했다. 무사시가 나가오카에게 서신을 보냈다. 그 내용은 다음과 같았다.

내일 아침 시합에 관하여 말씀 올립니다. 저는 공께서 마련한 배로 무코지마로 가라는 말씀을 들었습니다. 두루두루 신경을 써 주셔서 무어라 감사의 말씀을 드려야 할지 모르겠습니다. 하지만 이번 싸움은 고지로와 저의 대결입니다. 그런데 고지로는 호소카와 타다오키 공의 배를 타고 온다고 하고, 저는 공께서 마련한 배를 타고 가기로 되어 있습니다. 그러나 그것은 자칫 공께서 주군 호소카와 가문에 맞서는 모양이 된다고 생각하는 사람이 있을 수도 있다는 생각이 들었습니다. 이번 일에 대해서는 저에게 신경을 쓰시지 않는 것이 좋을 것 같습니다. 이 일은 그 자리에서 말씀드려야 마땅했을 것입니다. 그러나 공께서 받아들이지 않으시면 어쩌나 하여 짐짓 말씀드리지 않고 이쪽으로 왔습니다. 공께서 마련하신다는 배는 정중하게 사양하겠습니다. 내일 아침 제가 마련한 배로 무코지마로 가겠습니다. 조금도 염려하지 마시기 바랍니다. 적당한 시간에 가겠습니다. 너그럽게 헤아려 주시기 바랍니다.

4월 13일 아침 나가오카 오키나가를 비롯한 고쿠라번 무사들이 후나지마로 건너가 장막을 치고 결투 장소 주변의 경비를 강화했다. 이어서 고지로가 도착했다. 그러나 약속 시간이 지나도 무사시가 모습을 드러내지 않았다. 그 무렵 무사시는 시모노세키 숙소에서 자고 있었다.

해가 높이 올라오자 집주인 고바야시 타로자에몬이 걱정하며 말했다. "진시辰時가 되었습니다." 마침 그때 고쿠라에서 전령이 와서 무사시에게 배를 타라고 말했다. 무사시는 "곧 가겠다."라고 말한 후 세수하고 밥을 먹었다. 그리고 집주인에게 부탁하여 마련한 배를 저을 때 쓰는 노[櫂]를 다듬어 120여 센티미터나 되는 목도를 깎기 시작했다. 그때 전령이 다시 와서 빨리 배를 타라고 재촉했다. 무사시는 비단옷을 입고 손수건을 허리띠에 지르고 그 위에 겉옷을 걸치고 작은 배에 올랐다. 고바야시의 하인이 배를 저었다. 무사시는 배 위에서 옷소매를 걷어 매고, 끈으로 양어깨에서 양 겨드랑이에 걸쳐 열십자 모양으로 엇매었다. 칼을 쓸 때 걸리지 않게 하기 위해서였다.

무사시는 오전 10시경에 후나지마에 도착했다. 무사시는 백사장이 길쭉하게 바다로 이어진 곳에 배를 댔다. 긴 칼은 배에 놓아두고 짧은 칼만 허리에 찼다. 그리고 조금 전에 손수 깎은 목도를 손에 들고 맨발로 배에서 내렸다. 그는 물가를 10여 걸음 걸으면서 허리띠에 지르고 있던 손수건으로 머리띠를 만들어 동여매고 매듭이 이마 앞으로 가도록 돌려놓았다. 고지로는 검은빛을 띤 진홍색 옷 위에 가죽 겉옷을 걸치고 칼날이 90여 센티미터나 되는 긴 칼을 들고 있었다.

고지로는 해가 높이 떴는데도 무사시가 나타나지 않자 매우 화가 나 있었다. 무사시가 멀리서 걸어오는 것을 본 고지로가 물가로 나아가며 외쳤다. "나는 여기에 먼저 왔다. 너는 어째서 늦었는가? 내가 그렇게 두려웠더냐?" 무사시는 아무런 대꾸도 하지 않았다. 고지로는 칼집에서 칼을 뽑았다. 그리고 칼집을 물속에 버리고 물가에 서서 무사시가 다가오기만을 기다렸다. 그때 무사시가 물속에 발을 담근 채 서서 웃으면서 말했다. "고지로 그대는 이미 졌다." 고지로가 말했다. "무슨 소리인가?" 무사시가 말했다. "이긴 자가 어째서 칼집을 버리겠는가?" 예기치 않은 무사시의 도발이 고지로의 화를 더욱 돋웠다. 고지로는 칼을 높이 들어 무사시의 미간을 찔렀다. 동시에 무사시가 목도를 높이 들어 고지로를 내리쳤다. 고지로가 쓰러졌다.

무사시의 일격에 머리를 다치고 어깨뼈가 부러진 고지로는 입과 코에서 피를 흘리며 기절했다. 순간 반으로 잘린 무사시의 머리띠가 땅으로 떨어졌다. 무사시가 다시 고지로를 치려고 목도를 높이 들었다. 그 순간 잠시 정신이 든 고지로가 쓰러진 채 칼을 옆으로 휘둘렀다. 무사시의 무릎 위로 쳐진 옷이 10센티미터 정도 찢어졌다. 무사시가 내리친 목도가 고지로의 옆구리를 강타했다. 무사시는 목도를 던지고 고지로의 코끝에 손을 대어보고 숨을 쉬는지 확인했다. 그리고 멀리 떨어져서 결투 장면을 지켜보던 나가오카 오키나가에게 가볍게 고개를 숙여 인사한 후 목도를 집어 들고 대기하던 배에 올라탔다. 무사시는 노군과 함께 배를 저어 시모노세키로 향했다.

고쿠라 비문보다 약간 늦은 시기에 성립된 『누마타카키沼田家記』에는 고쿠라 비문과 다른 내용이 있다. 『누마타카키』는 간류지마 결투 당시

모지門司(기타큐슈시 모지쿠)의 조다이城代였던 누마타 엔겐沼田延元의 자손이 1672년에 편집한 것이다. 그 내용은 대략 다음과 같다.

>미야모토 무사시는 부젠국豊前国으로 와서 니토류二刀流 검법의 사범이 되었다. 그 무렵 이미 고지로小次郎라는 자가 간류岩流 검법의 사범으로 활약하고 있었다. 두 유파의 문하생들이 서로 다투게 되었다. 그것이 원인이 되어 무사시와 고지로가 결투하게 되었다. 두 사람은 서로 제자들을 데리고 오지 않겠다고 약속했다. 결투 결과 고지로가 졌다. 고지로의 제자들은 약속을 지켜서 한 사람도 결투 현장에 오지 않았다. 하지만 무사시의 제자들은 은밀히 섬에 들어와서 숨어 있었다. 고지로가 패배한 후 잠시 기절했던 고지로가 소생했다. 무사시의 제자들이 고지로에게 달려들어 때려죽였다. 그 소식을 들은 고지로의 제자들이 섬으로 건너가 무사시에게 복수하려고 했다. 그러자 무사시는 모지門司로 도망하여 조다이城代 누마타 엔겐에게 구원을 요청했다. 엔겐은 가신들과 상의한 후 무사시를 모지성에 머물도록 허락하고 보호했다. 그래서 무사시가 화를 입지 않았다. 그 후에 무사시를 화승총 부대가 경호하게 하여 분고국豊後国에 거주하는 부친 신멘 무니가 있는 곳으로 무사하게 돌려보냈다.

부젠豊前은 오늘날 후쿠오카현 동부와 오이타현 서북부에 해당하는 지역이었고, 분고豊後는 오이타현의 서북부 일부를 제외한 지역이었다. 『누마타카키』의 저자는 무사시의 부친 신멘 무니가 분고의 어디에 살고 있었는지 밝히지 않았다. 당시 분고의 사쓰키杵築(오이타현 사쓰키시)는 호소카와 가문이 다스렸고, 1607년에 미야모토 무니노스케宮本無二助가 고쿠라번의 가신에게 도리류当理流라는 검술의 면허장을 발급했다. 미야모토 무니노스케가 무사시의 부친이라면 무사시는 사쓰키로 호송되었을 것이다. 그리고 당시 히지번日出藩(오이타현 하야미군 히지마치)의 번주는 호소카와 타다오키의 친족이던 기노시타 노부토시木下延俊(1577~1642)였는데, 그가 남긴 1613년도 일기에 가신 중에 무니無二라는 인물이 있었다는 기록이 있다. 이 무니가 무사시의 부친이라면 히지로 호송되었을 것이다.

❶❶❶6

성숙의 시간

1. 검술 체계 확립

1604년 무사시는 요시오카 가문 사람들과 싸워 이긴 후 자신만의 검술 이론을 체계화하여 엔메이류円明流라는 유파를 확립했고, 이어서 1605년에 『병도경兵道鏡』이라는 제목을 붙인 28개조 비전서를 집필했다. 이 책은 1607년에 2개조를 추가하여 상하 2권으로 정리되었다. 저자는 후지와라 요시쓰네藤原義経였다. 무사시는 후지와라 하루노부藤原玄信라는 본명을 칭했지만, 젊은 시절에는 '義経'라고 서명했다. 미야모토 가문에 전하는 무사시의 수묵화에도 '義経'라는 서명이 보인다. 무사시는 젊었을 때 '義経'라고 칭했다는 것을 알 수 있다. 따라서 『병도경』은 무사시가 젊었을 때 저술한 것이다.

『병도경』 28조는 다시 4절로 나누었다. (1) 칼을 들고 적과 마주했을 때의 마음가짐(6개조), (2) 검법의 기본 형태(6개조), (3) 칼을 쓰는 자가 상대를 관찰하고 승산을 가늠하는 법(7개조), (4) 실전에 임했을 때 지켜야 하는 원칙(8개조) 등으로 나누고 마지막으로 발문을 두는 구성이었다. 특히 무사시는 검객이 실전에서 마주친 적을 효과적으로 공격하여 승리하는 방법을 매우 상세하게 제시했다. 그 내용을 인용하는 방식으로 서술해 보겠다.

제1절에서 적과 겨룰 때 평소의 마음보다 더욱 고요하게 하여 적의 마음속을 꿰뚫어 보라고 말했다. 적의 목소리가 크고 얼굴이 상기되어 칼을 뻣뻣하게 들고 있으면 하수이다. 여유 있게 웃으며 자세를 취하고 적의 공격을 슬슬 피하다가 적이 방심할 때 쳐야 한다. 반대로 적이 침착하고, 눈이 가늘고, 힘도 주지 않고 칼을 높이 들고 있으면 고수다. 먼저 빨리 공격해야 한다. 적의 얼굴에서 눈을 떼지 말아야 한다. 마음이 얼굴에 나타나기 때문이다. 적의 얼굴을 볼 때는 "10리나 떨어진 먼 섬에 엷은 안개가 낀 나무를 보는 것 같이"해야 한다. 얼굴은 살짝 수그리고 어깨를 쫙 펴고, 허리는 펴고 무릎은 살짝 굽히고, 뒤꿈치에 무게를 두고 발끝의 힘을 빼야 한다. 발동작은 적에 다가서기 어려우면

오른쪽으로 돌고, 적이 왼쪽으로 돌 때는 나도 왼쪽으로 돌면서 갑자기 공격해야 한다. 공격할 때는 발끝으로 땅을 박차며 왼발을 앞으로 내밀며 쳐야 한다. 치고 나서도 방심하지 말고 노려보다가 적이 머리를 들면 다시 쳐야 한다.

제2절에서는 오른손에 가타나(긴 칼), 왼손에 와키자시(짧은 칼)를 쥐고 적과 맞서는 자세에 대하여 설명했다. (1) 왼손의 와키자시를 앞으로 내밀어 적의 왼쪽 눈을 겨누고, 오른손의 가타나를 상단으로 겨누고 와키자시 위쪽에서 가타나를 뻗어서 적의 손을 치는 방법 (2) 왼손의 와키자시와 오른손의 가타나를 열십자 형으로 포갠 자세에서 가타나로 적의 왼쪽 옆구리를 비스듬히 올려 치는 방법 (3) 왼손의 와키자시와 오른손의 가타나를 밑으로 내린 자세에서 적을 올려 친 후 다시 가타나로 순식간에 적의 목을 치는 방법 등에 대하여 설명했다. 어느 자세도 가까운 거리에서 한발 내디디며 적의 손, 팔, 옆구리, 목 등을 치는 매우 실전적인 방법이었다.

제3절에서는 적에 맞서 이기는 검술의 구체적인 방법에 대하여 설명했다. 자세는 二刀 중단 자세를 취하고 불시에 공격으로 전환하는 것이 일반적이지만, 적이 상단 자세를 취하면 二刀를 하단 자세로 맞서 금방 달려들 것처럼 행동해야 한다. 적이 전혀 예상하지 못한 행동으로 적의 마음을 혼란스럽게 하여 싸움의 주도권을 잡아야 한다. 나의 겨눔세가 적의 어떤 자세에 대응하기 유리한지 또는 불리한지는 상황에 따라

다른 것이다. 적의 발이 나와 있으면 발을 노리고 손이 나와 있으면 손을 노려야 한다. 슈리켄手裏劍의 사용법도 적과의 거리에 따라서 다르다. 다수의 적과 싸울 때는 한 번에 모든 적을 시야에 넣고 적이 달려들면 내가 먼저 달려들어 쳐야 한다. 가타나를 마구 휘두르는 것은 금물이다. 기선을 잡는 것이 중요하다. 적이 강력하여 승산이 없어 보일 때는 가타나를 뒤로 비스듬히 내린 자세를 취하다가 적이 공격할 때 와키자시로 막으면서 가타나로 베어야 한다. 젊은 날의 무사시는 이미 적의 행동과 자세의 변화에 따라 그에 맞설 수 있는 검법을 깊이 연구했다는 것을 알 수 있다.

제4절에서는 필승의 자세와 방법에 대하여 설명했다. 적을 마주했을 때 유리한 자세를 취하고 마음속으로 어디를 어느 때 공격할 것인지 생각해 두어야 한다. 공격 순간을 포착하면 정신을 모아서 적의 급소를 한 치의 어긋남도 없이, 설령 땅은 빗나간다 해도 내 칼은 절대로 빗나가지 않을 것이라는 믿음으로, 두려움을 버리고, 여기야말로 직통으로 일격을 가할 곳이라 여기고 온 힘을 다하여 쳐야 한다. 온 정신을 공격 목표에 집중하고 필살의 일격으로 한 번에 끝내야 한다. 무사시는 칼 쓰는 법을 두루 통달한 사람이라도 단칼에 끝장을 내겠다는 정신이 없다면 그의 검술은 아직 완성된 것이 아니라고 말하는 것 같다.

무사시는 스스로『병도경』을 전례가 없이 탁월한 비전서라고 평가했다. 이 책은 당시 간행된 다른 병법서에 비해 매우 독특했다. 검술의 마음가짐, 기본자세, 공격과 방어 자세 등을 중시했을 뿐만 아니라 적을 언제 어느 때 공격하는 것이 좋을지 그 방법을 상세하게 분석하고 설명했다. 『병도경』을 읽어 보면, 무사시가 무예 수련을 위해 편력할 때 치른 여러 번의 결투는 결코 그의 타고난 재능이 뛰어났기 때문에 승리한 것이 아니었다. 그는 싸운 후에 반드시 자신의 약점과 장점은 물론 기교와 전술을 분석하고, 상황에 따라 어떻게 대응하는 것이 효과적인지 연구했다는 것을 알 수 있다. 더구나 무사시는 적의 마음을 혼란스럽게 하는 심리전에 능했고, 독자적인 검술 이론을 체계화할 수 있는 능력을 갖추고 있었다. 20대 초반의 무사시는 이미 여느 검객과는 차원이 다른 존재였다고 할 수 있다.

엔메이류는 미야모토 무사시가 니텐이치류二天一流를 창시하기 이전의 실전 무술이라고 할 수 있다. 니텐이치류와 달리 멀리서 상대방에게 짧은 칼을 던져서 적을 살상하는 소위 슈리켄의 던지기 기술을 응용한 검술을 비롯하여 검술 이외의 무술도 많이 포함되어 있다. 엔메이류는 다쓰노번龍野藩(효고현 다쓰노시), 돗토리번鳥取藩(돗토리현), 오카자키번岡崎藩(아이치현 동부), 오와리번尾張藩(아이치현 서부) 등의 무사들에게 전해졌다.

그중에서 다쓰노번의 엔메이류는 무사시가 다쓰노성 인근에 있던 엔코지円光寺에서 검술을 지도하면서 시작되었다. 이때 엔코지 주지의 동생 타다 요리스케多田賴祐와 다쓰노번의 가로家老 와키자카 겐바脇坂玄

蕃가 무사시에게 엔메이류를 배웠다. 그 후 다쓰노번 무사들은 에도 시대 말기까지 엔메이류의 실전 무술을 익혔다. 타다 요리스케의 양자 타다 스케히사多田祐久는 엔메이류, 미즈노류水野流, 니텐이치류 등 검술을 두루 익히고 히로시마번広島藩(히로시마현)에 출사했다. 그 후 타다 스케히사의 자손들이 대대로 히로시마번 무사들에게 검술을 지도했다.

2. 오사카 전투

1603년 2월 도쿠가와 이에야스가 에도 막부를 세우고 정이대장군에 취임했다. 일본인들은 정이대장군을 쇼군将軍으로 불렀다. 그해 7월 이에야스는 손녀 센히메千姫를 도요토미 히데요시의 아들 히데요리秀頼에게 시집보냈다. 이에야스가 생전의 도요토미 히데요시와 한 약속을 지켰다고 도요토미 가문 추종 세력에게 과시하기 위해서였다. 어린 손녀를 희생양으로 삼아 잠시나마 시간을 벌어보려는 노회한 이에야스의 술책이었다. 당시 정국은 매우 불안했다. 이에야스는 세키가하라 전투에서 승리하고, 이어서 에도 막부의 쇼군이 되어 권력을 장악했지만, 히데요리가 건재한 한 결코 안심할 수 없었다.

히데요리는 그의 어머니 요도도노淀殿와 함께 난공불락의 오사카성에 근거하면서 여전히 쇼군을 정점으로 하는 정치 질서에 편입하기를 거부했다. 조정의 귀족들이 오사카성으로 히데요리를 예방하여 신년 하례를 올렸다. 생전의 히데요시에게 은혜를 입은 다이묘들은 오사카 성에 먼저 들러 히데요리에게 하례를 올린 뒤 이에야스가 있는 후시미 성伏見城(교토시 후시미쿠)으로 갔다. 조정은 도쿠가와 쇼군 가문과 나란 히 도요토미 가문을 우대했다. 1603년 조정은 히데요리가 열 살이 되 었을 때 내대신內大臣, 1605년 열두 살이 되었을 때 우대신右大臣으로 승진시켜 쇼군 이에야스와 같은 지위에 오르게 했다. 히데요시의 은혜 를 입은 다이묘들은 여전히 건재했다. 낭인 또한 일단 유사시에 군사력 으로 결집할 수 있는 세력이었다. 히데요리는 결코 만만한 상대가 아니 었다. 시정에서는 히데요리가 쇼군보다 높은 관백關白의 지위에 오른다 는 풍문이 돌았다. 이에야스는 매우 초조했다.

1605년 4월 이에야스는 돌연 아들 도쿠가와 히데타다德川秀忠 (1579~1632)에게 쇼군의 지위를 물려주었다. 쇼군의 지위는 도쿠가와 가문이 세습한다고 선언한 것이었다. 이에야스는 슨푸성駿府城(시즈오 카현 시즈오카시)으로 물러나 오고쇼大御所라 칭했다. 하지만 정치 전반은 이에야스가 직접 관장했다. 이에야스가 소위 양두정치의 형태를 취한 것은 정국이 불안했기 때문이다. 에도의 쇼군 히데타다를 중심으로 하 는 집단은 막부의 행정기구를 정비하고, 슨푸의 오고쇼 이에야스를 중 심으로 하는 집단은 유력한 다이묘들을 감시하는 역할을 했다.

이에야스는 도요토미 가문을 무력으로 제압하기로 결심했다. 1614

년 8월 도요토미 히데요리가 부친 히데요시를 기리기 위해 재건한 교토의 호코지方広寺(교토시 히가시야마쿠) 대불전이 6년간의 공사 끝에 완공되어 점안식을 올릴 준비를 하고 있었다. 그런데 이에야스가 돌연히 점안식을 연기하라고 명령했다. 사원에 설치할 범종에 새겨진 '국가안강國家安康 · 군신풍락君臣豐樂'이라는 문구를 문제 삼았다. '國家安康'이라는 문구는 자신의 이름인 '家康'을 의도적으로 떼어 놓은 것이며 그것은 자신을 저주하려는 음모라고 말했다. 이에야스는 오사카 정벌을 명령했다.

1614년 10월 이에야스는 20만이 넘는 대군을 이끌고 오사카성을 공격했다. 히데요리는 히데요시에게 은혜를 입었던 다이묘들에게 지원을 요청했다. 하지만 히데요리의 요청에 응하는 다이묘는 없었다. 히데요리의 요청에 응한 것은 사나다 유키무라真田幸村(1567~1615), 조소카베 모리치카長宗我部盛親(1575~1615), 고토 모토쓰구後藤基次(1560~1615), 모리 가쓰나가毛利勝永(1578~1615) 등 몰락한 다이묘, 기무라 시게나리木村重成(?~1615), 오노 하루나가大野治長(1569~1615) 등 도요토미 가문의 가신이나 그 후예들이었다. 그리고 당시 전국에 넘쳐나던 낭인들이 오사카성으로 들어갔다. 그들의 대부분이 세키가하라 전투에서 멸망한 다이묘를 주군으로 섬기던 자들이었다. 무사 사회에서 신망이 높았던 사나다 유키무라, 고토 모토쓰구, 기무라 시게나리 등이 낭인 부대를 지휘했다.

이에야스는 오사카성을 집요하게 공격했다. 하지만 오사카성은 함락되지 않았다. 오사카성이 넓고 견고하여 단시간 내에 점령하기 어렵다고 판단한 이에야스는 잠시 물러나서 군사들을 쉬게 해야겠다고 생각했다. 당시 오사카성 안에 오다 노부나가의 동생 오다 나가마스織田長益(우라쿠有樂 : 1547~1622)가 있었다. 이에야스는 나가마스를 통해 히데요리에게 강화를 요청했다. 이에야스와 히데요리는 오사카성의 바깥쪽에 있는 해자를 메우는 조건으로 강화에 합의했다. 오사카 겨울 전투였다.

일단 물러난 이에야스는 히데요리에게 오사카성을 떠나 다른 곳으로 이주하든지, 오사카성에 농성하는 무사들을 모두 추방하든지 둘 중에 하나를 선택하라고 요구했다. 히데요리는 이에야스의 요구에 응하지 않았다. 그러자 이에야스는 1615년 4월에 다시 대군을 동원하여 오사카성을 공격했다. 이미 해자가 메워지고 정치적으로도 고립된 오사카성은 불과 수일 만에 함락되었다. 도요토미 히데요리와 그의 모친 요도도노가 자살하면서 도요토미 가문이 멸망했다. 오사카 여름 전투였다.

미야모토 무사시는 대를 이어 도쿠가와 가문을 섬기던 후다이다이묘譜代大名 부대에 소속되어 오사카 여름 전투에 참전했다. 미카와三河의 가리야번刈谷藩(아이치현 가리야시) 번주 미즈노 가쓰나리水野勝成(1564~1651) 부대의 출전 명부에 미야모토 무사시의 이름이 있었다.

1608년 12월 무사시가 가쓰나리에게 보냈을 것으로 추정되는 『병도경』의 필사본이 전해진다. 무사시가 어떤 경로를 통해서 자신의 저서를 가쓰나리에게 보냈는지 알 수 없지만, 적어도 가쓰나리는 검술로 이름을 떨치던 무사시의 존재를 알고 있었을 가능성이 있다. 무사시는 오사카 여름 전투에서 가쓰나리의 장남 미즈노 가쓰토시水野勝俊(1598~1655)를 옆에서 지키며 전투하는 임무를 수행했다.

18세기 중엽에 오와리번尾張藩의 무사 마쓰다이라 군잔松平君山(1697~1783)이 편집한 『고코자쓰로쿠黃耆雜錄』의 제1권 「오사카 전투 견문」 중에 미야모토 무사시에 관한 기록이 있다. 그 내용은 다음과 같다.

> 미야모토 무사시는 병법의 명인이다. 열네다섯 살 무렵에 검술을 터득했다. 부친은 무니無二이다. 그 또한 검술의 명인이었다. (중략) 오사카 전투 때 미즈노 가쓰나리 진영에 있었다. 3간三間 정도의 시나이노사시모노志ないの指物에 큰 글씨로 '釈迦者仏法之知者 我者兵法之知者'라고 썼다. 큰 공은 세우지 못했다. 그러나 어느 다리 위에서 매우 긴 목도를 들고 잡병들을 다리의 좌우로 때려 쓰러뜨리는 모습이 대단했다고 칭찬하지 않는 사람이 없었다.

사시모노란 전국시대 이후 무사가 전장에서 자신의 소속이나 소재를 알리기 위해 사용하던 깃발이었다. 12세기 중엽에 미나모토源·다이라平 가문이 세력을 다툴 때 미나모토 가문은 백기, 다이라 가문은 홍기를 세웠고, 무사들은 각기 같은 편의 깃발을 등에 붙들어 매고 싸운 데서 유래했다. 무사들은 여러 개의 고리에 깃대를 꿴 깃발을 등에 지고 싸웠지만, 대장이나 지휘관의 옆에는 항상 긴 깃대에 매달아 휘날리는 깃발을 든 기수가 있었다. 3간三間은 5미터가 넘는 길이였다. 시나이노사시모노는 일반 무사가 등에 붙들어 매는 것이 아닌 대장이나 지휘관의 소재를 알리기 위한 깃발이었다. 더구나 무사시는 그 깃발에 큰 글씨로 '석가는 불법을 아는 자이고 나는 병법을 아는 자이다.'라고 썼다. 그러나 에도 시대의 전장에서 일개 낭인이 그런 깃발을 들 수 없었다. 다이묘가 가장 신뢰하는 측근만이 기수가 될 수 있었다. 저자가 무사시를 '돋보이게'하기 위해서 그런 '창작'을 했을 것이다.

중세 시대 무사는 공훈을 세우기 위해 전쟁터를 누볐다. 주군에게 은상을 받으면 자신은 물론 가문의 명예를 높이는 일이었다. 가장 큰 공은 전투의 실마리를 열어 승리하는 것이었다. 그것을 이치방노리一番乘り라고 했다. 또 무사는 가장 먼저 적의 수급을 올리고 싶어 했다. 그것을 이치반구비一番首라고 했다. 무사는 가능하면 신분이 높은 적의 수급을 올리고 싶어 했다. 그것을 요키구비良首라고 했다. 그런데 전국시대 말기에 기마 무사의 전술이나 백병전이 거의 자취를 감췄다. 지휘관의 명령에 따라 부대 단위로 움직였다. 무사의 개별 행동은 용납되지 않았다. 일개 낭인 신분으로 전투에 나아간 무사시가 큰 공을 세울 수 있는 기회는 없었다. 그래서 무사시는 잡병들을 무자비하게 물리치는 것으로 만족해야 했을 것이다.

오사카 여름 전투에서 도쿠가와군이 승리한 후, 미즈노 가쓰나리는 야마토大和 고리야마번郡山藩(나라현 야마토고리야마시) 6만 석의 다이묘가 되었다. 이때 무사시와 같이 낭인 신분으로 참전했던 두 명이 고리야마번의 정식 무사로 채용되었다. 하지만 무사시가 출사했다는 근거가 없다. 미즈노 가문이 무사시에게 출사를 권유했을 가능성은 있다. 당시 무사 사회에서 검술의 달인은 물론 복수에 성공한 자, 심지어 복수 의 무자를 물리치고 살아남은 자는 존경의 대상이었다. 다이묘들은 그런 자를 거느리고 싶어 했다. 그것은 다이묘 사회에서 큰 자랑거리였다. 무사시는 미즈노 가쓰나리가 탐낼만한 인물이었다. 그는 무사시에게 적절한 봉록을 제시했을 수도 있다. 그러나 그것은 무사시가 원하는 수준에 미치지 못했을 것이다.

3. 히메지번과 무사시

1600년 9월 세키가하라 전투에서 승리한 도쿠가와 이에야스가 대대적인 논공행상을 했다. 도요토미 가문 편에서 싸웠던 다이묘大名 가문을 멸망시키고 그들이 다스리던 영지를 빼앗아 자기 편에서 싸운 다이묘들에게 나누어 주었다. 그들을 도자마다이묘外様大名라고 했다. 논공행상으로 대대로 도쿠가와 가문을 섬겼던 가신들이 다이묘 대열에 합류했다. 그들을 후다이다이묘譜代大名라고 했다. 당시의 관례로 생산량 1만 석 이상의 영지를 보유한 가문을 다이묘라 칭했다.

이에야스는 도자마다이묘들을 막부의 본거지 에도江戶에서 멀리 떨어진 혼슈의 서쪽이나 규슈 또는 동북 지방에 배치했다. 이에야스는 그들을 믿지 않았다. 그들은 정치 상황이 변하면 언제라도 배반할 수 있는 존재로 생각했다. 그래서 도자마다이묘 주변에 후다이다이묘를 배치하여 감시하게 했다. 그 무렵에 미카와三河 지역 요시다번吉田藩(아이치현 도요하시시) 15만 석 다이묘였던 이케다 데루마사池田輝政(1565~1613)가 하리마播磨 히메지번姬路藩(효고현 히메지시) 52만 석 다이묘로 임명되었다. 데루마사는 이에야스의 사위였다. 히메지에서 멀지 않은 곳에 도자마다이묘 후쿠시마 마사노리福島正則가 다스리는 히로시마번廣島藩(히로시마현 히로시마시)이 있었다. 특히 히메지는 서부 일본에서 교토·오사카 방향으로 나아가는 길목이었다.

이에야스는 이케다 데루마사에게 후쿠시마 마사노리를 견제하면서 서부 일본과 규슈를 다스리는 도자마다이묘들의 동향을 감시하는 임무를 부여했다. 그런데 데루마사의 뒤를 이은 이케다 도시타카池田利隆(1584~1616)가 1616년 6월에 사망하고 당시 아홉 살이었던 이케다 미쓰마사池田光政(1609~82)가 대를 이었다. 그러자 막부는 어린 미쓰마사가 요충지를 지키는 임무를 수행하기 어렵다고 판단했다. 1617년 3월 이케다 가문을 해안 지역인 돗토리번鳥取藩(돗토리현)으로 옮기고, 이케다 가문이 다스리던 영지는 혼다 타다마사本多忠政(1575~1631)와 그의 아들 혼다 타다토키本多忠刻(1596~1626), 오가사와라 타다자네 등 후다이다이묘가 나누어 다스리게 했다.

혼다 타다마사가 처음으로 히메지로 들어왔을 무렵, 무사시는 히메지성 주변에 형성된 상공인 거주지에 도장을 열고 검술을 지도하고 있었다. 그 소문을 들은 타다마사가 검술의 달인으로 여러 번 전쟁터를 누비며 싸운 경험이 풍부했던 미야케 군베에三宅軍兵衛에게 무사시와 실력을 겨뤄보라고 명령했다. 군베에가 무사시를 만나 타다마사의 뜻을 전했다. 무사시는 군베에의 도전을 흔쾌히 수락했다. 무사시의 도장에서 두 사람이 대결했다. 하지만 군베에는 무사시의 적수가 되지 못했다. 무사시가 칼을 들고 모습을 드러내는 순간 군베에는 두려움에 떨었다. 싸우기도 전에 패배한 군베에는 타다마사에게 무사시야말로 일본 제일의 검객이라고 아뢰었다. 타다마사는 무사시를 가신으로 삼아 곁에 두고자 했다. 하지만 무사시는 고사했다. 타다마사는 무사시에게 지도료 명목으로 200여 석을 지급하면서 히메지번의 검술 교관으로 위촉했다.

무사시는 히메지번의 번주 혼다 타다마사와 인연을 맺을 무렵에 양자를 맞아들였다. 그가 미야모토 미키노스케宮本三木之助(1604~26)였다. 미키노스케는 어릴 때부터 히메지번 번주 혼다 타다마사의 아들이며 신덴번新田藩 10만 석의 다이묘였던 혼다 타다토키를 가까이에서 모시고 받들던 시종이었다. 혼다 타다토키는 막부의 2대 쇼군 도쿠가와 히데타다의 사위였다. 1516년 9월 쇼군 히데타다는 딸 센히메千姬를 당시 구와나번桑名藩(미에현 구와나시)의 다이묘였던 혼다 타다마사의 아들 타다토키에게 시집보냈다. 이때 막부는 타다토키에게 지참금 명목으로 10만 석의 영지를 하사했다.

쇼군 히데타다는 센히메를 각별하게 생각했다. 그녀는 정략결혼의 희생자였다. 1603년 7월 도쿠가와 이에야스는 센히메를 도요토미 히데요시의 아들 히데요리에게 시집보냈다. 에도 막부를 연 이에야스가 도요토미 가문을 멸망시키려 한다는 풍문을 잠재우기 위해서였다. 당시 이에야스는 이미 도쿠가와 가문의 지배 체제를 강화한 후에 도요토미 가문을 멸망시키겠다고 결심하고 있었다. 1615년 5월 이에야스는 기어이 전쟁을 일으켰다. 오사카성이 낙성되기 직전에 센히메가 탈출하여 조부 이에야스에게 도요토미 히데요리의 목숨을 살려달라고 애원했다. 하지만 이에야스는 센히메의 청을 들어주지 않았다. 당시 이에야스 옆에 히데타다가 있었다. 쇼군 히데타다는 센히메에게 "왜 히데요리와 함께 자결하지 않았느냐?"라고 다그쳤다. 하지만 센히메의 처지를 안쓰러워했던 쇼군 히데타다는 인물이 출중한 혼다 타다토키를 골라서 사위로 삼았다.

1617년 3월 혼다 타다마사·타다토키 부자가 구와나에서 히메지로 영지를 옮겼다. 이때 쇼군 히데타다는 혼다 타다마사와 별도로 혼다 타다토키를 신덴번 10만 석의 초대 번주로 임명했다. 혼다 부자가 히메지번으로 이전하여 지배 질서를 확립했다. 8월 28일 센히메가 구와나성을 출발하여 히메지성으로 거처를 옮겼다. 이때부터 센히메는 하리마히메키미播磨姬君로 불렸다. 혼다 타다토키와 센히메 사이에서 1618년에 장녀 가쓰히메勝姬, 1519년에 장남 유키치요幸千代가 태어났다. 가쓰히메는 훗날 이케다 미쓰마사의 정실이 되었다. 혼다 타다토키가 히메지 지역으로 영지를 옮긴 시기에 무사시의 양자 미키노스케가 타다토키를 주군으로 섬기게 되었다.

『부슈덴라이키』의 저자 다치바나 미네히라는 무사시의 양자 미키노스케에 대하여 다음과 같이 말했다. 무사시가 아마가사키尼ヵ崎(효고현 아마가사키시) 가도를 지날 때 말을 끌고 가는 소년을 만났다. 열네 살 정도 되어 보이는 인물이 출중한 소년이었다. 무사시가 그 소년에게 말을 걸었다. "내 아들이 되지 않겠는가? 무사로 출사할 수 있도록 해 주겠다." 소년이 대답했다. "말씀은 고맙지만, 제게는 늙으신 부모가 있습니다. 이렇게 말을 끌고 있는 것도 부모를 공양하기 위해서입니다. 제가 무사 가문의 양자가 된다면 부모는 어려움에 봉착할 것입니다." 무사시가 말했다. "하여튼 네 집으로 가보자." 무사시가 소년의 집으로 갔다. 무사시는 부모를 설득하여 소년을 양자로 삼았다. 소년의 부모에게 넉넉한 생활비를 건네주었다. 무사시는 소년을 히메지姬路로 데리고 왔다. 무사시는 한동안 소년을 교육한 다음 혼다 타다토키에게 추천했다.

  그 후 어떤 사정이 있었는지 알 수 없으나 미키노스케가 사직하고 에도로 갔다. 그런데 1626년 6월 30일 혼다 타다토키가 결핵으로 세상을 떠났다. 향년 31세였다. 그 무렵 무사시는 오사카에 있었다. 혼다 타다토키의 부고를 접한 무사시가 제자들에게 말했다. "가까운 시일 내에 미키노스케가 여기로 올 것이다. 그와 영원히 이별하기 위해 뜻있는 시간을 보내야 할 것 같다." 과연 얼마 지나지 않아서 미키노스케가 무사시를 찾아왔다. 무사시는 기뻐하며 성대한 연회를 베풀었다. 그 후 미키노스케는 히메지로 가서 혼다 타다토키의 묘소 앞에서 할복해 죽었다.

  『부슈덴라이키』에 전하는 위와 같은 이야기는 다치바나 미네히라가 창작한 것이다. 무사시의 양자 미키노스케의 출신에 대하여 여러 설이 있는데, 위의 이야기도 그중에 하나이다. 가장 그럴듯한 것이 미키노스케가 신멘 무네쓰라新免宗貫의 손자라는 설이다. 무네쓰라는 무사시의 부친 신멘 무니의 주군이었다. 무네쓰라와 무니는 사적으로 동서지간이기도 했다. 그렇다면 무네쓰라의 손자는 무사시의 이종 5촌 조카가 되는 셈이었다. 일본인 중에 양자의 체면을 세우기 위해 이런 이야기를 꾸며내는 사람이 많았다. 앞에서 살펴보았지만, 필자는 무사시의 두 번째 양자 미야모토 이오리가 무사시의 조카라는 설도 다하라 가문의 체면을 세우기 위해 꾸며낸 이야기라고 믿고 있다.

필자는 무사시의 양자 미키노스케가 이세伊勢 출신으로, 오사카 전투에서 공을 세워 고리야마번郡山藩 번주로 영지를 옮긴 미즈노 가쓰나리의 가신 나카가와 시마노스케中川志摩之助의 3남이라는 설을 따르고 있다. 미야모토 무사시는 1615년 오사카의 여름 전투 때 미즈노 가쓰나리의 군대에 편성되어 출진했는데, 그 무렵에 미키노스케를 만났을 것으로 여겨지나 확실한 자료가 없다. 그러나 미키노스케가 오사카 전투 2년 후인 1617년경부터 혼다 타다토키를 섬기며 700석의 봉록을 받았다는 기록이 있다. 그 무렵에 미키노스케가 무사시의 양자가 되었을 것으로 추정된다. 그런데 미키노스케는 1626년 6월 30일 주군 혼다 타다토키가 병사하자 순사했다.

히메지번과 무사시의 관계를 알 수 있는 흥미로운 자료가 있는데, 바로 에도 막부의 문교 정책을 담당했던 유학자 하야시 라잔林羅山(1583~1657)의 「신멘하루노부조산新免玄信像賛」이다. 이 자료는 1662년에 편집된 『라잔분슈羅山文集』 47권에 수록되어 있다. 신멘 하루노부는 미야모토 무사시였다. '像賛'은 초상화에 그 인물에 대하여 설명한 글이다. 이에 따르면, 히메지번의 2대 번주 혼다 마사토모本多政朝(1599~38)의 가신 이시카와 사쿄石川左京가 하야시 라잔에게 의뢰한 것이다. 또 1662년에 쓴 이시카와 사쿄의 이름이 써진 서신이 있는데, 그 내용은 히메지번의 초대 번주 혼다 타다마사가 사망한 후 마사토모가 가문의 대를 이어 번주의 지위를 승계했다는 것을 히메지번 중신에게 통보한 것이었다. 이 서신과 「新免玄信像賛」의 내용을 보면 미야모토 무사시와 이시카와 사쿄는 사제관계였을 가능성이 있다. 당시 일본에는 수제자가 사망한 스승의 초상화를 제작하여 보관하는 관습이 있었다. 그렇다면 미키노스케가 사망한 후에도 무사시는 계속 히메지번과 돈독한 유대관계를 맺고 있었다고 할 수 있다.

4. 아카시번과 무사시

오사카 전투에서 승리한 도쿠가와 이에야스는 다이묘를 철저하게 통제하는 정책을 추진했다. 1615년 7월 이에야스는 전국 다이묘들에게 일국일성령一国一城令을 내렸다. 다이묘의 거성 이외에 영내에 있는 다른 성을 모두 파괴하라고 명령했다. 새로운 성을 축조하는 것도 금지했다. 심지어 성을 수리할 때도 사전에 막부의 허락을 얻도록 했다. 넓은 영지를 보유한 도자마다이묘의 군사력과 전투력을 약화하기 위해서였다. 이때 히메지번은 히메지성만 남겨두고 아카호성赤穂城(효고현 아카호시)을 파괴하면서 여러 곳에 있던 요새도 헐어버렸다.

전국 다이묘들이 거성 이외의 성을 파괴한 것을 확인한 막부는 도자마다이묘들의 반란에 대비하는 방책을 세우기 시작했다. 막부는 서부 일본 도자마다이묘들이 동쪽으로 진군하는 것을 저지할 수 있는 가장 중요한 요충지로 아카시성을 선정했다. 1617년 11월 막부는 아카시번 번주 오가사와라 타다자네에게 아카시성 확장 건설을 명령했다. 막부는 에도에서 공사를 총괄하는 장관까지 파견하는 한편, 히메지번의 다이묘 혼다 타다마사에게도 아카시성 공사에 협력하라고 명령했다.

아카시성 건설공사는 1619년 8월에 완공되었는데, 당시 미야모토 무사시가 아카시성 조카마치를 구획하고 정비하는 공사를 지휘했다고 전한다. 17세기 말 아카시의 상공인 거주지 자치 책임자가 남긴 일지 『아카시시추키明石市中記』에 다음과 같은 기록이 있다. "1618년(元和 4) 오가사와라 타다자네님의 가신 미야모토 무사시라는 사람이 조카마치 시가지를 구획하고 정비했다. 시가지 약 16間이었다." 참고로 16間은 약 29미터였다. 오가사와라 타다자네의 가신이라는 표현은 정확하지 않지만, 상공인의 눈에는 현장을 지휘하는 무사시가 그렇게 보였을 것이다. 무사시의 활약은 하리마 지역의 지리지 『아카시키明石記』, 『하리마카가미播磨鑑』 등에도 기록되어 있다. 무사시가 아카시성 조카마치 정비 사업에 깊이 관여했다고 보아도 무방할 것이다.

미야모토 무사시는 양자 미키노스케가 순사한 후 이오리를 양자로 맞아들였다. 이오리의 출신지와 실부 다하라 히사미쓰田原久光에 대해서는 「미야모토가계도」에 상세하게 기록되어 있다. 앞에서 설명한 바와 같다. 그런데 무사시의 첫 번째 양자 미키노스케가 1626년에 사망할 당시 두 번째 양자가 될 이오리는 히메지번과 인접한 아카시번 번주 오가사와라 타다자네를 가까이에서 섬기는 시종이었다. 무사시는 그 무렵에 오가사와라 타다자네와 인연을 맺었던 것 같다. 무사시는 이미 일본 제일의 검객으로 알려졌을 뿐만이 아니라 아카시번 조카마치 정비 사업을 성공적으로 마무리한 인물이었다. 검술 수련에 힘을 기울이던 타다자네가 무사시를 자신의 옆에 두고 싶었을 것이다.

무사시와 오가사와라 타다자네의 관계를 설명할 때 주목되는 인물이 바로 이오리였다. 앞에서 살펴보았듯이, 이오리는 1612년에 하리마의 인나미군 요네다무라(효고현 다카사고시 요네다초)에서 다하라 히사미쓰의 차남으로 태어났다. 히사미쓰는 요네다무라의 농민이 되었다. 그런데 17세기 전기 일본 사회는 무사와 서민의 신분 차별이 그다지 심하지 않았다. 서민의 자제도 능력이 있으면 무사가 될 수 있는 기회가 열려 있었다. 농민 집안의 아들이라도 친족 중에 다이묘의 중신이 있다면, 그의 추천으로 다이묘를 섬기는 시종으로 발탁될 수 있는 길이 있었다. 이오리도 누군가의 추천으로 오가사와라 타다자네를 섬기게 되었을 것이다.

우오즈미 다카시는 『미야모토 무사시 - 병법의 구도자』에서 다음과 같이 말했다. "무사시가 이오리를 양자로 삼았던 것은 본가인 다하라 집안이 하리마 전투에서 패한 이후 더 이상 무사 집안으로 존속할 수 없었기 때문이다. 양자로 삼으면 다하라 집안 출신을 무사로 남길 수 있었던 것이다. 이오리는 무사시의 양자가 되었기 때문에 번주를 가까이서 돌보는 시종 직책으로 출사할 수 있었을 것이다."(109p) 이오리가 무사시의 양자가 됨으로써 무사로 신분 상승할 수 있었고, 또 아카시번 번주를 가까이에서 섬기는 시종으로 발탁될 수 있었다는 주장이다. 그러나 필자는 우오즈미의 설명에 선뜻 동의할 수 없다. 당시 무사시는 일본 제일의 검객으로 알려진 명사였으나 정식 무사가 아니라 낭인 신분에 불과했다. 낭인의 양자를 무사라고 할 수 있었을까? 무사의 신분 부여 방식에 대한 설명이 필요할 것이다.

전근대 사회의 개인은 가문에 속한 존재로서 파악하는 것이 원칙이었다. 신분은 가문에 부여하는 사회적 지위였다. 일본 무사의 신분 부여 방식은 조선 시대 양반의 그것과 달랐다. 양반의 신분은 혈통에 따라 자연스럽게 부여되었지만, 무사의 신분은 직분職分과 혈통이라는 조건을 동시에 갖추어야 비로소 부여되었다. 무사 신분은 가문에 부여하는 직분과 불가분의 관계가 있었다. 직분은 무사 조직 내에서 맡은 직무였다. 그것은 무사 가문이 후손에게 대대로 상속하는 것이 원칙이었다. 그런데 직분의 '자리'는 하나였다. 그래서 무사의 자식 중에서 '한 사람'만이 부친의 직분을 물려받을 수 있었다.

에도 시대 무사는 장남에게 직분을 상속하는 것이 관례였다. 장남에게 특별한 결격 사유가 있다면 다른 자식 중에서 적임자를 선정할 수도 있었다. 그러나 그런 경우는 매우 드물었다. 그런데 부친의 직분을 상속할 수 없었던 다른 자식들의 처지는 어떠했을까? 그들은 부친이 주군을 섬기면서 직분을 수행하는 한 무사 신분을 유지했다. 그러나 부친이 장남에게 직분을 물려주면 나머지 자식은 독립하지 않으면 안 되었다. 직분의 '자리'가 하나였기 때문이다. 다행히 다른 무사 가문의 양자로 들어가면 무사 신분을 유지할 수 있었다. 하지만 상공업이나 농업에 종사하면 서민 신분으로 등록되었다. 직업이 신분을 결정하는 중요한 요소였다.

에도 시대 일본 무사 사회에서 신분을 결정하는 가장 중요한 요소는 직분이었다. 조선 시대 양반의 자식이 다른 가문의 양자로 들어가는 가장 중요한 목적은 그 가문의 대를 잇기 위해서였다. 일본 무사 가문에서도 혈통이 단절되었을 때 양자를 들였다. 가문의 대를 잇기 위해서이기도 했지만, 가장 중요한 목적은 주군이 무사 가문에 부여한 직분을 상속하기 위해서였다. 직분 상속은 부친의 뒤를 이어 주군과 새로운 주종관계를 맺기 위한 전제 조건이었다. 그런데 무사시는 낭인 신분이었다. 주종관계를 맺지 않았다. 주군이 부여한 직분이 있을 리 만무했다.

이오리가 무사시의 양자가 된 것은 매우 영예로운 일이었을 것이다. 하지만 에도 시대는 낭인의 자식을 무사로 대우하지 않았다. 주군을 섬기지 않는 자는 무사가 아니었기 때문이다. 우오즈미 다카시는 이오리가 무사시의 양자가 되었기 때문에 무사가 될 수 있었다고 주장하지만, 그것은 에도 시대 무사의 신분 부여 관행에 대한 이해 부족에서 나온 오류이다. 사료 독해와 분석에도 문제가 있었다. 『하리마카가미』에 다음과 같은 기록이 있다. "어느 날 무사시가 아카시번의 오가사와라 타다자네를 알현했다. 그때 이오리를 양자로 삼았다." 이오리는 무사시의 양자가 되기 이전부터 오가사와라 타다자네를 섬기는 시종이었다. 무사시가 이오리를 양자로 삼은 것은 타다자네의 권유가 있었기 때문이다. 타다자네가 무사시의 양자 이오리를 시종으로 삼은 것이 아니었다.

무사시는 낭인 신분이었으나 히메지번·아카시번의 다이묘와 친분을 맺었다. 그것은 당시 무사시가 이미 검술의 달인이라는 이름을 얻은 명사였기 때문에 가능한 일이었다. 다이묘들이 무사시를 가신으로 채용하지 않고 갸쿠분客分으로 예우했던 점에 주목할 필요가 있다. 갸쿠분은 가신이라면 마땅히 수행해야 하는 공적인 일과 군역軍役의 의무를 지지 않았다. 군역은 전투가 벌어졌을 때 봉록에 걸맞게 종자를 거느리고 무기를 장만하여 출진해야 하는 의무였다. 군역은 가신들에게 경제적으로 큰 부담이 되었다.

무사시가 가신으로 출사했다면 정식 무사가 되었겠지만, 직분이 부여되었을 것이고, 무사단의 신분 질서에 편입되어야 했을 것이다. 무사단 내부에는 중층적인 신분 서열이 있었다. 물론 무사시는 다이묘를 섬기는 무사들에게 검술을 지도하는 사범이라는 직분을 수행했겠지만, 높은 지위의 무사들에게 복종하지 않을 수 없었을 것이다. 특히 전쟁이 일어나면 부대에 편성되어 지휘관의 명령에 따라야 했다. 무사시는 물론 다이묘들도 그러한 사정을 잘 알고 있었다. 그래서 공식적으로 출사하지 않고 갸쿠분이라는 특별한 지위를 유지하는 선에서 타협했을 것이다.

1632년 5월 막부는 규슈 구마모토번熊本藩의 다이묘 가토 타다히로 加藤忠広(1601~53)의 영지를 몰수했다. 타다히로는 임진왜란 때 조선 침략에 앞장섰던 가토 기요마사의 아들로 구마모토번의 2대 번주였다. 기요마사는 도요토미 히데요시가 가장 신임하는 가신이었으나 이시다 미쓰나리를 비롯한 문리파와 대립하면서 도쿠가와 이에야스와 손을 잡았다. 세키가하라 전투 때는 이에야스 편(동군)에 가담하여 규슈의 고니시 유키나가小西行長 영지를 공략하는 등 주로 규슈의 서군 세력을 무찌르는 공을 세웠다. 세키가하라 전투에서 승리한 이에야스는 기요마사를 구마모토번 54만 석의 다이묘에 봉했다.

1611년 5월 기요마사가 급사한 후 타다히로가 가문의 대를 이었다. 당시 아홉 살이었던 타다히로는 정치의 전면에 나설 수 없었다. 번정은 중신들이 합의하여 처리했다. 가신단을 장악할 수 없었던 타다히로는 중신과 대립하는 일이 잦아졌다. 당시 막부는 고쿠라번의 다이묘 호소카와 타다오키에게 규슈의 도자마다이묘들을 염탐하고 정보를 수집하여 보고하게 했다. 타다오키는 가토 타다히로의 "광기" "구마모토번의 국정이 문란하고 번주의 행실이 좋지 않다." 등의 내용이 포함된 보고서를 올렸다. 1632년 5월 22일 막부는 참근하기 위해 에도에 입성한 가토 타다히로를 연행하고 영지를 몰수했다.

그해 12월 막부는 고쿠라번의 2대 번주 호소카와 타다토시細川忠利 (1586~1641)를 가토 가문이 다스리던 구마모토번 54만 석 다이묘에 봉했다. 동시에 막부는 아카시번 번주 오가사와라 타다자네를 고쿠라번 15만 석 다이묘로 이전시켰다. 막부는 이어서 타다자네의 동생 오가사와라 타다토모小笠原忠知(1599~1663)를 기쓰키번杵築藩(오이타현 기스키시)의 다이묘, 오가사와라 나가쓰쿠小笠原長次(1615~66)를 나카쓰번中津藩(오이타현 나카쓰시)의 다이묘에 봉했다. 오가사와라 타다자네는 도쿠가와 이에야스의 외손자였다. 막부는 타다자네와 그 일족에게 규슈의 남부를 지배하는 시마즈島津 가문, 혼슈의 서단을 지배하는 모리毛利 가문을 비롯한 도자마다이묘를 감시하도록 했다.

무사시의 양자 이오리는 주군 타다자네를 따라 고쿠라로 이주하면서 가로家老에 임명되었다. 봉록은 2,500석이었다. 무사시도 이오리와 함께 고쿠라로 거처를 옮겼을 것으로 추정된다. 무사시는 새로운 영지를 다스리기 시작하면서 분주해진 양자 이오리를 돕는 후원자 역할을 했을 것이다. 하지만 고쿠라에서 무사시가 어떤 일을 하며 지냈는지 알 수 있는 자료가 없다. 유일하게 알려진 것은 1637년 10월에 일어난 시마바라의 난島原の乱을 진압하기 위해 출진한 오가사와라군을 따라 참전했던 일이다.

5. 나고야 · 에도에서의 무사시

젊은 시절의 미야모토 무사시가 창시한 엔메이류는 1630년을 전후로 하여 오와리번尾張藩의 무사들 사이에 널리 퍼졌다. 그런 계기가 된 것은 무사시와 야규 도시요시柳生利嚴(1579~1650)의 만남이었을 것이다. 도시요시는 에도 막부의 쇼군 가문 검술 사범이며 야규번의 초대 번주였던 야규 무네노리柳生宗矩(1571~1646)의 조카였다. 야규 가문은 신카게류新陰流라는 검술 유파를 계승하는 가문이었다. 신카게류는 무네노리의 부친 야규 무네요시柳生宗嚴(1527~1606)가 창시한 유파였다.

야규 도시요시는 야규 무네요시의 장남 요시카쓰嚴勝(1552~1616)의 아들이었는데, 스물여섯 살 때까지 조부 야규 무네요시의 가르침을 받으며 검술을 익혔다. 한때 가토 기요마사를 섬겼으나 급한 성질이 원인이 되어 1년 만에 사직하고 말았다. 그 후 10여 년 동안 낭인으로 지낸 후 30대 후반이 되어서야 오와리번 번주 도쿠가와 요시나오德川義直(1601~1650)를 섬기게 되었다. 야규 도시요시의 봉록은 500석이었다. 숙부 야규 무네노리가 쇼군 가문에 출사하여 1만 석의 영지를 하사받아 다이묘가 된 것에 비하면 너무나 초라했다. 그러나 17세기 중엽이 되면 낭인이 다시 정식 무사로 출사할 수 있는 기회가 점점 줄어들었다. 낭인이 자존심을 앞세워 높은 봉록을 요구할 수 있는 시대가 아니었다. 야규 도시요시는 '현실'에 굴복하지 않을 수 없었을 것이다.

18세기 말에 아다치 마사히로安建正寬가 쓴 『헤이주쓰요쿤兵術要訓』에 무사시와 야규 무네요시가 만나는 장면이 실감 나게 묘사되어 있다. 필자는 그 내용이 아다치가 창작한 이야기에 불과하다고 생각하지만, 17세기 중반 무사 사회의 분위기를 파악하는 데 도움이 된다.

> 미야모토 무사시가 무예 수행을 할 적에 오와리 지역으로 갔다. 길을 걷던 중 무사시와 야규 도시요시가 스쳐 지났다. 무사시가 멈춰서 돌아보았다. 도시요시도 역시 가던 길을 멈췄다. 둘이 얼굴을 마주친 순간 무사시가 말했다. "오랜만에 생기가 넘치는 분을 만났습니다. 혹시 야규 도시요시님이 아니신지요?" 도시요시가 말했다. "혹시 그쪽은 미야모토 무사시님이 아니신지요?" 도시요시가 무사시를 자기 집으로 안내했다. 무사시는 한동안 야규 저택에 머물며 술을 마시고 바둑을 두면서 시간을 보냈다. 하지만 검술을 겨루지는 않았다고 한다. 끝내 검술을 겨루지 않은 것은 두 사람 모두 달인이었기에 서로 공격할 틈을 찾을 수 없다는 것을 알았기 때문이다. 겨루지 않아도 상대방의 자세나 말하는 모습으로 그 사람의 공력을 알 수 있었던 것이다.

그로부터 10여 년이 지난 1630년경에 무사시는 다시 오와리번의 나고야성名古屋城 조카마치로 와서 3년 정도 머문 적이 있었다. 『오와리코도쿠가와시케이후尾張公德川氏系譜』의 「제2세 미쓰토모光友」 항에 무사시 관련 기록이 있다. 그러나 그 무렵에 미쓰토모는 아직 10살도 되지 않은 어린애였다. 그가 오와리번 2대 번주에 취임한 것은 1650년 부친 도쿠가와 요시나오가 사망한 후였다. 초대 요시나오의 오류일 것이다.

  도쿠가와 요시나오 경卿은 신체가 장대하고 무술을 좋아했다. 일본 각지의 무인이 나고야로 왔다. 당대에 200여 무술 사범을 초빙했다. 천하무쌍의 달인 미야모토 무사시가 왔다. 경께서 무사시의 무예를 보고 말씀하시길 "범상한 인물이 아니다. 신의 경지에 들었다." 무사시에게 가신이 될 의향이 있는지 물었다. 무사시는 응하지 않았다. 오와리번은 무사시를 갸쿠분客分으로 우대했다. 3년 동안 머물렀다.

그 무렵부터 무사시의 검법 엔메이류가 나고야 지방에 전파되었다. 그러나 오와리번에서 무사시를 '손님'으로 우대했다는 말은 사실이 아니다. 오와리번 번주가 무사시를 초빙했다는 자료가 없다. 당시 무사시는 나고야성 조카마치에서 남쪽으로 20여 리 떨어진 가사데라텐만구笠寺天満宮(아이치현 나고야시 미나미쿠)라는 신사에 머물며 검술을 지도했다. 무사시가 나고야성에서 멀리 떨어진 곳에 머물렀던 것은 야규 도시요시를 배려했기 때문일 것이다.

오늘날에도 나고야에 무사시와 관련한 일화가 적지 않게 전하는데, 1738년에 오와리번 가신 지카마쓰 시게노리近松重矩가 쓴 『무카시바나시昔咄』에 무사시가 오와리번 번주 도쿠가와 요시나오 앞에서 오와리번 가신과 검술을 겨루었다는 기록이 있다.

무사시가 오와리에 왔을 때 오와리번 번주 앞에서 가신과 검술을 겨룬 적이 있었다. 그때 가신이 그냥 서서 공격하지 못하자 무사시가 대도와 소도를 양손에 든 공격 자세에서 대도의 칼끝으로 상대의 코를 겨눈 채 도장 안을 한 바퀴 돌며 "승부는 이와 같습니다."라고 번주에게 아뢰었다. 또 다른 가신이 무사시와 맞섰으나 손을 쓸 사이도 없이 패했다.

번주 도쿠가와 요시나오는 가신 중에서 검술에 뛰어난 자를 골라 무사시와 대적하게 했을 것이다. 그런데 무사시는 오와리번을 대표해서 대결한 가신들이 공격에 나서지도 못하게 제압했다. 오와리번 번주 도쿠가와 요시나오는 도쿠가와 이에야스의 아홉째 아들이었다. 그는 어렸을 때부터 남에게 지기 싫어하는 성격이었다. 그런데 가신 두 명이 무사시에게 제대로 대적하지도 못하고 어이없이 패하자 몹시 자존심이 상했던 것 같다. 요시나오는 다음과 같이 말했다고 전한다. "과연 무사시는 검술의 달인이다. 하지만 그는 천성의 기력을 너무 많이 사용하는 것 같다. 기력을 사용하지 않고 단지 기술만으로 겨루는 모습을 보고 싶다."

무사시가 오와리번 가신들을 순식간에 제압했다는 소문이 널리 퍼졌다. 무사시의 검법 엔메이류가 다른 유파의 그것과 격이 다르다는 것이 증명된 셈이다. 그러자 무사시의 문하생이 되기를 청하는 자들이 늘어났다. 무사시가 한동안 오와리번에 머물며 제자들에게 검술을 지도했다. 여러 문하생 중에 다케무라 요에몬竹村与右衛門이 무사시에게서 엔메이류 검법의 비전을 물려받았다. 요에몬은 슈리켄 기법도 뛰어났다. 냇물에 복숭아를 띄워 놓고 단도를 던져 명중시킬 수 있었다고 한다. 무사시가 히코산에서 수련할 때 물속에서 헤엄치는 물고기를 향해 던진 슈리켄 기법이 요에몬에게 전해졌을 것이다.

무사시는 오와리번에서 에도江戸로 발걸음을 옮겼던 것 같다. 무사시가 20대 후반에 에도에 오랫동안 체류한 적이 있었는데, 그로부터 20년이라는 시간이 지나서 다시 에도를 찾은 것이다. 당시 무사시는 이미 검술의 명인으로 널리 알려져 있었다. 히메지번, 아카시번 등 전국의 여러 번의 다이묘들이 무사시를 불러 옆에 두고 싶어 했다. 그러나 무사시는 어떤 다이묘도 섬기지 않으며 오로지 검술을 완성하는 일에 힘을 기울였다. 에도 막부의 3대 쇼군 도쿠가와 이에미쓰德川家光(1604~51)도 이미 무사시에 대한 소문을 들었을 것이다. 내심 무사시를 불러 옆에 두고 싶어 했을 수도 있다.『부슈덴라이키』에 다음과 같은 내용이 있다.

> 무사시의 병법이 쇼군将軍 가문에 전해졌다. 출사할 의향이 있느냐는 하문이 있었다. 무사시는 "야규 무네노리를 존경하므로, 나의 병법을 어전에서 보이는 것은 무익한 일이다."라고 아뢰며 응하지

않았다. 하지만 "그림은 보여드릴 수 있다."라고 말하며 즉시 들판에 떠오르는 태양이 있는 풍경을 병풍에 그려 바쳤다고 한다.

무사시의 검술을 쇼군 이에미쓰에게 소개하고 한번 친견하라고 권한 것은 오와리번 번주 도쿠가와 요시나오였을 것이다. 요시나오는 쇼군 이에미쓰보다 세 살 연상으로 거의 동년배였다. 하지만 그는 쇼군 이에미쓰의 숙부였다. 쇼군 이에미쓰는 조부 도쿠가와 이에야스가 특별한 애정을 쏟았던 요시나오를 예우했다. 요시나오의 말을 듣고 호기심이 발동한 쇼군 요시미쓰가 무사시에게 검술을 친견하고 싶다는 뜻을 전했을 것이다. 그러나 무사시는 막부가 야규 무네노리를 검술 사범으로 채용한 이상 자신의 검술을 보여주는 것이 의미가 없는 일이라고 사양하면서 그 대신에 병풍 그림을 바쳤다. 야규 무네노리는 무사시의 병풍 그림을 애써 쳐다보지 않았다고 한다.

❶❶❶7

완성의 시간

1. 시마바라의 난

1616년 마쓰쿠라 시게마사松倉重政(1574~1630)가 시마바라 반도 주변을 다스리는 시마바라번島原藩 4만 석 다이묘에 봉해졌다. 시마바라 반도는 원래 크리스천다이묘 아리마 하루노부有馬晴信(1567~1612)의 영지였다. 농민 중에는 직접 또는 간접으로 크리스트교와 인연을 맺은 자들이 많았다. 신앙을 지키기 위하여 농민이 되어 생활하는 무사가 적지 않았는데, 그들은 지역의 토호로서 여전히 농민을 지배했다. 요컨대 시마바라는 권력의 탄압이 지나치면 농민들이 토호를 중심으로 단결하여 저항할 가능성이 농후한 지역이었다. 그들의 행동이 종교적 색채를 띠는 것은 자연스러운 일이었다.

마쓰쿠라 시게마사는 아리마 가문의 거성이었던 하라성原城(나가사키현 미나미바라시)을 버리고 7년에 걸쳐서 시마바라성(나가사키현 시마바라시)을 건설했다. 당시 막부는 에도성과 시가지 확장공사를 하고 있었다. 다이묘들은 자신이 다스리는 영지의 생산량보다 과분한 부담을 지는 것이 막부에 충성하는 길이라고 생각하고 있었다. 시게마사는 막부의 토목공사 부담을 지려고 힘썼다. 축성 공사와 막부의 건설공사 비용은 그대로 농민에게 전가되었다.

1630년 마쓰쿠라 시게마사가 사망하고 그 아들 마쓰쿠라 가쓰이에 松倉勝家(1597~1638)가 대를 이었다. 가쓰이에는 더욱 고압적인 자세로 농민들을 지배했다. 1634년경부터 규슈 일대에 흉년이 이어졌다. 그러나 가쓰이에는 농민의 사정을 고려하지 않고 조세를 징수했다. 쌀과 보리 이외에도 담뱃잎과 가지까지 조세로 거둬들였다. 조세를 바칠 수 없는 자에게 가혹한 처벌이 가해졌다. 조세 미납자의 양손을 뒤로 묶고 머리에 도롱이를 씌우고 불을 붙였다. 농민의 처자를 연행하여 옥에 가두기도 했다.

1637년 10월 드디어 농민들의 분노가 폭발했다. 시마바라 반도 남단의 아리마무라有馬村에서 농민들이 농촌 행정을 담당하던 관리를 살해하는 사건이 일어났다. 이것을 시작으로 폭동이 인근 지역으로 확산했다. 시마바라번은 폭동을 진압하기 위해 군대를 출동시켰다. 농민 세력의 저항이 예상보다 강력했다. 시마바라번의 군대가 농민 세력의 공격을 당하지 못하고 후퇴했다. 10월 27일 농민 세력이 시마바라성을 포위했다.

당시 규슈의 다이묘들은 참근교대參勤交代로 에도에 거주하고 있었다. 시마바라번은 에도에 있는 번주에게 사태의 심각성을 알리고, 하기와라萩原(오이타현 오이타시 하기와라)에 머물던 막부의 관리에게도 보고했다. 인접한 사가번佐賀藩(사가현과 나가사키현의 일부)과 구마모토번에도 사자를 보내 원군을 요청했다. 그러나 사가번과 구마모토번은 무가제법도의 조문에 얽매여 원군을 파견할 수 없었다. 하기와라에 머물던 막부 관리 또한 막부의 명령 없이는 군사를 움직일 수 없었다.

시마바라와 바다를 사이에 두고 바로 눈앞에 아마쿠사天草(구마모토현 아마쿠사시)가 있었다. 아마쿠사는 원래 고니시 유키나가의 영지였다. 세키가하라 전투에서 패배한 유키나가가 참수된 후 데라사와 히로타카寺沢広高(1563~1633)가 다스리고 있었다. 그곳도 크리스트교 신앙의 뿌리가 깊은 지역이었다. 그곳 농민도 1634년 이래의 흉작과 다이묘의 과도한 착취로 신음하고 있었다. 그 무렵에 세상은 모두 지옥으로 변하고 오로지 크리스트교 신자만이 구원된다는 유언비어가 돌았다.

민심이 동요했다. 민심의 중심에 마스다 요시쓰구益田好次(?~1638)의 아들 시로토키사다四郞時貞가 있었다. 요시쓰구는 고니시 유키나가의 가신이었다. 주군 가문이 몰락하자 아마쿠사에 살면서 크리스트교 신앙을 지키고 있었다.

 마스다 부자를 중심으로 10여 명의 낭인이 힘을 모아 농민을 선동했다. 아마쿠사 농민의 약 4분의 1이 반란에 가담했다. 농민들은 시마바라의 반란 세력과 합류했다. 반란 세력의 지도자는 마스다 요시쓰구의 아들 시로토키사다였다. 그를 열세 명의 무사 집단이 보좌했다. 3만 7,000여 명의 반란 세력이 예전에 아리마 하루노부의 거성이었던 하라성에 집결하여 막부군을 맞이할 준비를 했다.

 하라성은 시마바라 반도의 남단에 돌출하여 바다에 면했다. 3면이 30미터 이상의 절벽으로 둘러싸인 길이 700미터, 넓이 300미터의 언덕에 있었다. 반란 세력은 천연의 요새에 약탈한 군량과 무기를 비축했다. 530여 정의 화승총과 다량의 탄환도 반입했다. 대나무와 목재로 방책을 두르고, 성 주위에 흙으로 담을 쌓아 요새를 보강했다. 성내에는 십자가를 높이 세웠다. 성벽에는 십자가와 성상을 그린 깃발이 나부꼈다.

 막부는 반란 세력이 시마바라 영내의 농민들이 일으킨 폭동에 불과하다고 판단했다. 그래서 후코즈深溝(아이치현 누카타군)의 다이묘 이타쿠라 시게마사板倉重昌(1588~1638)를 진압군 지휘관으로 파견했다. 그는 겨우 생산량 1만1,000석의 다이묘였다. 이타쿠라를 파견한 직후, 잇달아 올라오는 보고에 접한 막부는 사태의 심각성을 인식했다. 막부는 급히 로주老中 마쓰다이라 노부쓰나松平信綱(1596~1662)를 지휘관으로 급파했다.

이타쿠라 시게마사는 시마바라 인근의 사가번, 구마모토번 등의 군대도 동원하여 하라성을 공격했다. 반란 세력이 격렬하게 저항했다. 그때 에도에서 로주가 급파되었다는 정보가 입수되었다. 이타쿠라 시게마사는 초조해졌다. 1638년 1월 이타쿠라가 서둘러 총공세를 감행했으나 역부족이었다. 이타쿠라는 앞장서서 공성전을 지휘하다 전사했다. 시마바라에 도착한 마쓰다이라 노부쓰나는 12만4,000여 명의 군대를 이끌고 반란 세력을 포위했다. 막부군은 대포로 육지와 바다에서 하라성에 포격을 가하며 적의 탄환과 양식이 떨어지기를 기다렸다.

1월 15일 막부는 고쿠라번에 동원령을 내렸다. 2월 9일 번주 오가사와라 타다자네가 8,000여 명의 군사를 거느리고 시마바라에 도착했다. 「미야모토가계도」에 따르면, 당시 스물여섯 살이었던 이오리는 주군 오가사와라 타다자네 옆에서 군사 행정을 총괄하는 임무를 수행했다. 무사시는 타다자네의 조카이며 나카쓰번 번주인 오가사와라 나가쓰구의 후견인 자격으로 출진했다. 타다자네는 무사시에게 전투에 처음으로 출진하는 조카 나가쓰구를 호위해 달라고 요청했을 것이다. 나카쓰군은 고쿠라군과 긴밀한 연락을 취하며 전투에 임했다.

막부군이 하라성을 포위한 지 3개월이 지났을 무렵 적의 군량이 바닥났다. 1638년 2월 28일 막부군이 총공격에 나섰다. 사가번의 군사들이 먼저 공격을 개시하자, 다른 번의 군사들도 하라성으로 돌진했다. 다음 날 막부군이 하라성을 점령했다. 이틀간의 전투로 막부군은 1,100여 명의 사망자와 7,000여 명의 부상자를 냈다. 하라성에 농성하던 반란 세력 3만7,000여 명이 전사하거나 처형되었다. 난이 진압된 후 시마바라의 다이묘 마쓰쿠라 가쓰이에가 처형되었고 아마쿠사의 다이묘 데라사와 히로타카의 영지가 몰수되었다.

미야모토 이오리는 시마바라 난을 진압한 공이 인정되어 고쿠라번에서 가장 높은 지위에 오르게 되었다. 봉록도 1,500석이 올라 4,000석이 생산되는 영지를 보유하게 되었다. 그의 이름이 다른 다이묘들에게도 알려지게 되었다. 「미야모토가계도」에 따르면, 후쿠오카번福岡藩의 2대 번주 구로다 타다유키黑田忠之(1602~54)가 고쿠라번 진영으로 왔을 때 이오리를 불러 말했다. "이번 전투에서 그대의 활약을 보고 감탄했다." 그리고 차고 있던 도검을 이오리에게 하사했다. 무사시는 전투의 전면에 나서지는 않았으나 오가사와라 나가쓰구 진영에서 활약했다. 무사시가 저술한 서책에 검객이 결투에 임했을 때의 마음가짐과 요령뿐만 아니라 다이묘가 군사를 지휘하는 "병법의 도"가 포함된 것은 직접 전투에 나아가 다이묘를 보좌한 경험이 있었기 때문일 것이다.

2. 수련과 수행 사이

미야모토 무사시가 만년에 집필한 『오륜서』 서문을 보면 "조단석련 朝鍛夕練"이라는 말이 눈에 들어온다. 아침저녁으로 단련한다고 새길 수도 있고, 아침에 힘써 닦고 저녁에 다시 익힌다는 뜻으로 해석할 수도 있을 것이다. 무사시의 무예 수련 정신이 이 구절에 응축되어 있다고 할 수 있다.

> 내가 서른 살을 넘어 지난 일을 돌아보니, 병법이 완전히 여물어서 이긴 것이 아니었다. 원래 타고난 재능이 있었고 하늘의 이치를 벗어나지 않았기 때문이었든지 아니면 다른 유파의 병법이 모자랐기 때문이었을 것이다. 그 후에 더욱 깊은 도리를 얻고자 조단석련 朝鍛夕練을 계속한 결과 스스로 병법의 이치에 통달하게 된 것은 오십 살이 되었을 무렵이었다.

도저히 상식적으로 이해가 안 되지만, 무사시는 수십 번의 결투를 치른 후에야 비로소 수련다운 수련을 시작했다. 그것도 스승이 없이 스스로 정한 규칙과 방법에 따른 것이었다. 그렇다면 무사시가 말하는 "조단석련"의 실상은 어떠했을까? 무사시는 아무런 설명도 하지 않았지만, "조단석련"이 검술의 숙달만을 의미하는 것이 아니었을 것이다. 무사시는 "더욱 깊은 도리를 얻고자" 악조건에도 굴하지 않는 힘을 기르는 수련과 어떠한 상황에서도 평정심을 잃지 않는 마음 수행을 병행했을 것이다.

『오륜서』 서장에 "무사는 문무이도文武二道라고 하여 두 길의 소양을 쌓아야 한다." "검술에만 치우쳐서는 안 된다. 오로지 검술의 이점만 생각해서는 검술 그 자체도 이해하지 못할 것이다. 물론 병법의 본질에 통할 리가 없다."라고 말했다. 실제로 무사시는 에도에 체류할 때 무예를 단련하면서 요큐楊弓라는 연습용 활을 만드는 일을 하는 한편, 일을 마치면 그림도 그리고, 조각도 하고, 렌가連歌라는 시가도 짓는 등 문무 양도의 소양을 함양하는 데 게으르지 않았다. "조단석련"은 어떤 일을 하든지 매 순간을 수련과 수행의 상태에서 벗어나지 않는 것이었다고 할 수 있다.

무사시는 이미 30대 초반에 검술의 달인이라는 명성을 얻었다. 하지만 그는 자만하지 않았다. 어떤 다이묘도 섬기지 않고 자신의 검술을 점검하면서 오로지 일상이 수련이고 수행이라는 심정으로 "조단석련"에 힘썼다. 그리하여 이윽고 그의 나이 오십이 되어서 궁극의 경지에 도달했다. 무사시는 그때의 심경을 다음과 같이 말했다. "스스로 병법의 이치를 깨치게 된 것은 내 나이 오십이 되어서였다. 그때부터 다시 구할 것 없는 경지에서 세월을 보냈다. 병법의 이치에 따라 온갖 예술과 기예를 접했을 뿐 모든 일에서 나에게는 스승이 없었다."

1638년(寬永 15) 11월 미야모토 무사시는 검술 이론서를 써서 제자들에게 나누어주었다. 무사시가 마흔다섯이 되던 해였다. 이것은 간행되지 않고 무사시의 제자들에게 대대로 전해졌다. 그것의 필사본이 1908년(明治 41) 도쿄대학 사료편찬소에 의해 발견되었다. 다른 검술 유파의 사범이나 문하생들도 무사시의 검술 이론에 관심을 가졌던 것으로 여겨진다. 「兩刀一流」라는 제목이 붙여진 필사본이 막부의 검도 사범 야규 가문 소장 문서에 보관되어 있다. 무사시의 검술 이론서의 내용이 『오륜서』와 『병법35개조兵法三十五箇条』에도 보인다. 그런데 이 문서에 제목이 붙여지지 않았다. 우오즈미 다카시는 이 문서를 편의상 『병법서부兵法書付』라 칭했다.

14개 조로 구성된 『병법서부』는 대략 세 장으로 나눌 수 있다. (1)「마음가짐과 기본자세」 5개 조, (2)「도검을 들고 취하는 자세」 1개 조, (3)「실전 대처 요령」 8개 조이다. 칼을 맞댔을 때 상대를 제압하고, 또 소리를 지르는 법 등 그동안 무사시가 직접 싸우면서 체득한 필승 요령에 초점이 맞춰진 문서라고 할 수 있다.

(1)「마음가짐과 기본자세」 5개 조는 무사시가 젊은 시절에 집필한 『병도경』과 배열은 물론 내용도 거의 같다. '몸자세' '대도의 사용법' '다리 자세' 등 그 표현은 조금 달라도 내용은 거의 변함이 없었다. 그러나 '마음 자세'나 '적을 유심히 살피며 표정이나 마음을 간파하는 법' 등의 내용은 이전 것과 전혀 달랐다. 그리고 『병도경』에 있던 대도 사용 요령에 관한 내용이 삭제되었다. 부친 신멘 무니의 기법을 버리고

무사시 자신의 검술 이론을 완성하기 위해서였을 것이다.

『병도경』의 '마음 자세'에서는 먼저 적이 고수인지 하수인지를 분별하고 그에 따라 싸우는 방법을 설명했다. 그러나 『병법서부』에서는 다니고, 머물고, 앉고, 눕는 모든 순간에 경계를 늦추지 말고 평상심을 유지하라고 했다. 또 평소에도 항상 칼을 뽑을 수 있도록 준비하고 있어야 한다고 강조했다. 적이 나타났을 때 준비하면 늦는다는 것이다. 요컨대 조금도 방심하지 말고 마음을 안정하여 언제 어느 때 어떤 일이 일어나도 즉시 대응할 수 있는 정신자세를 강조했다.

『병도경』에서는 적의 얼굴을 볼 때는 "10리나 떨어진 먼 섬에 엷은 안개가 낀 나무를 보는 것 같이" 해야 한다고 말했으나 『병법서부』에서는 다음과 같이 말했다. "적이 가까이에 있거나 멀리 있거나 가깝다고 생각하지 말고 멀리 있는 것처럼 보아야 한다. 보는 눈은 자연스럽게 보고, 관찰하는 눈은 빈틈없이 보며, 적의 마음속을 잘 살펴야 한다." 무사시가 '보는 눈'과 '관찰하는 눈'을 나누어 기술한 부분이 주목된다. 전자는 인지 작용이고 후자는 분석·판단 작용일 것이다. 적이 가깝다고 생각하면 긴장하게 되고 그러면 자기도 모르게 마음이 경직되어 불안함과 초조함이 일어날 수 있다. 그러면 적의 움직임이나 표정을 세밀하게 살피기 어렵게 된다. 완벽한 공격 순간을 포착하지 못하고 서둘러 공격하면 자칫 위험해질 수 있다. 무사시는 평정심을 잃지 않은 상태에서 적을 자세하게 보고 날카롭게 분석·판단하여 결정적인 순간에 '일격'으로 승리를 결정지어야 한다고 말하고 싶었을 것이다.

(2)「도검을 들고 취하는 자세」에서 무사시는 도검을 들고 적과 마주하는 가마에構え 즉, 겨눔세에 대하여 설명했다. 무사시는 "대도의 가마에는 다섯 가지에 불과하다."라고 말했다. 무사시가 말하는 가마에는 오늘날 그것과 크게 다르지 않았다. 사실 검술은 치고 찌르는 동작이 있을 뿐이다. 그 동작으로 이어지기 직전의 기본자세가 가마에다. 그런데 가마에가 승패를 가르는 결정적인 요인은 아니다. 공격 순간을 포착하는 집중력, 순발력, 파괴력, 정확도가 승패를 좌우한다. 그래서인지 무사시가 여기에서 설명한 가마에는 훗날 구마모토에서 전개된 니텐이치류二天一流의 상전서의 내용과 같다. 그리고 『오륜서』의 다섯 가지 자세 또한 니텐이치류의 그것과 같다. 무사시의 가마에는 젊었을 무렵에 거의 완성되었다는 것을 알 수 있다.

(3)「실전 대처 요령」에서는 구체적인 공격 방법에 대하여 설명했다. 무사시는 '아테루当る=맞히다'와 '우쓰打つ=치다'를 구분해서 사용했다. "맞힌다는 것은 맞혀서 이긴다는 말이 아니다. 맞힐 때의 유리함이 있다. 적을 움츠러들게 하고, 적의 유리함을 빼앗기 위함이다. '친다'는 것은 틀림없이 승부를 낼 때를 말함이다. 잘 분별해야 할 것이다." 이어서 무사시는 "손을 맞추는 방법 여덟 가지" "발을 맞추는 방법 여섯 가지"를 열거했다. 『병도경』에서는 '손을 치는 위치' '발을 치는 위치'를 각각 세 가지 방식으로 설명했는데, 이것을 적의 공격에 대

응하면서 '맞추는' 방법을 나누어 설명한 것이다. 그리고 무사시는 방어하면서 몸을 움직이는 방법 네 가지, 적을 치는 순간을 포착하는 방법, 먼저 적을 치는 방법, 소리를 지르는 순간과 방법 등에 대하여 설명했다. 모두 실전에서 대적했을 때 효과적으로 대응하여 반드시 승리하는 방법을 제시한 것이었다.

미야모토 무사시가 50대 중반에 정리한 『병법서부』는 20대에 저술한 『병도경』과 50대 말의 『병법35개조』 그리고 60대의 『오륜서』로 이어지는 검술 이론의 완성 과정을 엿볼 수 있는 자료이다. 『병도경』에는 부친 신멘 무니의 검술 이론이 많이 포함되어 있었다. 칼을 사용하기 이전에 기본자세의 중요성을 강조했지만, 대체로 적에 따라 대응하는 방법을 기술했다. 그러나 무사시는 『병법서부』에서 부친의 검술 이론을 모두 삭제했다. 상대의 마음을 간파하는 것보다 중요한 것은 평정심을 유지하는 것이라고 말했다. 산속에 들어가 무예를 수련하는 것보다 일상생활 속에서 마음을 수행하는 것이 더욱 중요하다고 말했다. 『병법서부』는 『오륜서』에 이르는 병법의 '도리'에 근접했다고 할 수 있다. 하지만 그것은 아직 이론 단계에 머물러 있었다. 무사시가 검술의 이론을 초월한 공空 사상에 심취한 것은 구마모토에서 생활하면서부터였다.

3. 구마모토번과 무사시

1640년 8월 미야모토 무사시가 규슈 구마모토번熊本藩의 '손님'으로 초빙되었다. 그의 나이 57세 때였다. 무사시는 열여섯 살 때 고향을 떠난 후에 전국을 편력하며 생활했다. 그동안 히메지번과 아카시번의 '손님'으로 대우받으며 생활한 적도 있었다. 그러나 무사시는 어떤 다이묘와 주종관계를 맺은 적이 없었다. 그런 무사시가 만년에 인생을 마무리한다는 생각으로 구마모토로 왔다. 그는 1645년 5월 19일 사망할 때까지 구마모토에서 살았다.

미야모토 무사시가 태어나서 50살 중반까지 그가 어디에서 어떻게 무엇을 하며 살았는지 확실하게 알 수 있는 자료가 그리 많지 않다. 무사시의 행적을 상세하게 알 수 있는 기록을 남긴 것은 구마모토에서 보낸 5년 정도의 기간이었다. 무사시의 저술이나 그림 등도 대부분 구마모토에서 생활할 때 남긴 것이었다. 오늘날에도 구마모토 일대에 무사시의 일화가 많이 전한다.

미야모토 무사시에 관한 공식적인 사료는 1994년(平成 6)에 구마모토현 야쓰시로시八代市에서 발견되었다. 1640년 7월 18일 무사시가 구마모토번의 가로家老 나가오카 오키나가長岡興長에게 보낸 서신이었다. 지금은 야쓰시로 시립박물관이 소장하고 있는 이 서신은 원래 나가오카 오키나가의 본가 마쓰이松井 가문이 대대로 보관하던 것이었다. 무사시의 부친 신멘 무니에게 검술을 배운 오키나가는 무사시와 호소카와 가문을 연결하는 중요한 인물이었다. 서신 내용은 다음과 같다.

> 한 말씀 올립니다. 아리마진有馬陣(시마바라의 난) 때에는 사자를 보내시고 특히 과분한 선물까지 보내주셨습니다. 너무나 과분하게 대우해 주셔서 몸 둘 바를 모르겠습니다. 저는 그 후 에도江戶와 가미가타上方(교토·오사카 일대)에 머물렀지만, 지금은 이곳에 왔습니다. 예상치 못하셨을 것입니다. 이런저런 용무가 있어서 왔습니다. 당분간 여기서 지낼 예정이옵니다. 문안 인사 올립니다. 恐惶謹言
> 7월 18일 玄信 (도장)

무사시는 시마바라의 난 때 고쿠라번의 가로 지위에 있던 양자 미야모토 이오리를 도와 전장에 나아갔지만, 그 후 에도, 교토, 오사카 등 주로 대도시를 돌아다니며 머물다가 규슈의 구마모토에 왔다는 것을 알 수 있다. 무사시가 어떤 연유로 구마모토에 왔는지 위 사료만 보아서는 알 수 없다. 그러나 다음 자료를 보면, 무사시가 구마모토번 번주의 초청으로 왔다는 것을 알 수 있다.

무사시가 구마모토번에서 처음으로 봉록을 받았다는 내용이 기록된 구마모토번의 「봉서奉書」가 있다. 이것은 구마모토번 번주 호소카와 타다토시細川忠利나 그의 아들 호소카와 미쓰나오細川光尚(1619~50)의 측근이 주군의 뜻을 행정을 담당하는 관리에게 전달한 것이었다. 관청에서는 명령을 실행하는 한편 「봉서」의 내용을 기록하고 책으로 제본하여 보관했다. 그 내용은 다음과 같다.

봉서(寬永 17년 8월 13일)

一. 미야모토 무사시에게 7인 후치扶持 · 고료쿠마이合力米 18石을 지급하기로 했다. 寬永 17년 8월 6일부터 영원히 지급하라.

　　　　　寬永十七年八月十二日 (인감)

위 奉書는 나가오카 오키나가님으로부터 간조부교勘定奉行 아베 도노모阿部主殿를 거쳐서 번주께서 허락하여 명하신 것이다.(하략)

위 봉서의 내용은 무사시의 서신을 접한 나가오카 오키나가가 그를 만난 후, 정식으로 번주 호소카와 타다토시의 결재를 거친 후 고료쿠마이合力米를 지급하게 되었다는 것을 보여주는 사료이다. 참고로 후치扶持는 주군이 가신에게 지급하는 봉록인데, 에도 시대에는 일인 당 하루 쌀 5홉을 기준으로 계산하여 1년분을 대개 4개월에 한 번씩 지급했다. 그러니까 '七人扶持'는 하루 쌀 3되 5홉을 기준으로 계산하는 것이다. 고료쿠마이는 쌀로 지급하는 1년분 봉록을 말한다. 지급 방법은 후치와 같았다.

호소카와 타다토시는 검술을 좋아했을 뿐만이 아니라 검술 실력이 매우 뛰어났던 다이묘였다. 1637년 5월에 막부의 검술 사범 야규 무네노리로부터 비법이 담긴 책자를 물려받았을 정도였다. 1639년 2월 타다토시는 막부의 3대 쇼군 도쿠가와 이에미쓰와 함께 야규 무네노리의 아들이며 신카게류의 전수자 야규 미쓰요시柳生三巌(1607~50)와 검술을 겨뤘고, 다음 해 2월에는 쇼군 이에미쓰와 함께 검술 시합을 관람하기도 했다. 타다토시가 검술의 달인 미야모토 무사시를 옆에 두고 싶었던 것은 어쩌면 당연한 일이었다.

1640년 8월 무사시에게 일단 "七人 扶持 合力米 十八石"을 지급한 호소카와 타다토시는 그로부터 4개월 후인 12월 5일 다음과 같은 명령을 내렸다. "미야모토 무사시에게 쌀 300석을 내린다. 나가오카 오키나가의 지시에 따라 전하도록 하라. 이상" 이러한 조치는 고료쿠마이를 18석에서 300석으로 변경한 것인지 아니면 연말에 특별히 하사한 것인지 문서만으로 판단하기 어렵다. 그러나 구마모토번은 그 후에도 무사시에게 매년 고료쿠마이 300석을 지급했다. 구마모토번이 1640년 12월부터 무사시에게 봉록 300석을 지급한 것이 확실하다.

구마모토번이 무사시에게 지급한 봉록 액수가 너무 적었다고 말하는 사람이 있다. 막부의 검도 사범 야규 무네노리는 1만 석이 넘는 영지를 보유한 다이묘가 되었고, 무네노리의 조카로 오와리번의 검술 사범으로 채용된 야규 도시요시도 600석의 봉록을 받았던 것에 비해 무사시의 봉록은 훨씬 적은 편이었다. 이를 근거로 당시 무사시가 그렇게 이름이 알려진 검객이 아니었다고 주장하는 사람도 있다. 무사시의 봉록이 당시의 가치로 어느 정도였는지 분석해 볼 필요가 있을 것 같다.

에도 시대 하급·중급 무사는 하루에 5홉을 기준으로 계산하여 현물로 봉록을 받았다. 그러나 상급 무사는 영지를 하사받았다. 영지는 쌀 생산량이 얼마라고 정해져 있었다. 예를 들면, 오와리번 야규 도시요시의 봉록이 600석으로 정해졌다면, 그는 600석이 생산되는 영지를 하사받은 것이었다. 무사는 그 토지에서 농민들이 생산한 쌀을 조세 형식으로 수취했다. 17세기 초기에는 생산량의 80퍼센트까지 수취하는 무사들이 있었다. 그러나 농촌 경제가 무너지자 막부가 개입했다. 그 후 수취율이 점차로 줄어 50퍼센트 정도로 고정되었다. 수취율이 50퍼센트라면 600석이 생산되는 영지를 보유한 상급 무사의 실제 수입은 300석이었다.

그런데 300석이 모두 무사의 수입이 되는 것이 아니었다. 무사는 신분에 따라 주군에게 군역을 제공해야 했다. 그래서 평시에도 규정에 따라 종자나 하인을 거느려야 했다. 당연히 종자나 하인에게 봉록을 주어야 했다. 전시에는 무기를 장만하고 종자나 하인들도 무장시켜 출진했다. 그 비용이 상상을 초월했다. 그래서 무사들은 봉록을 담보로 상인에게서 고리로 급전을 융통하는 일이 잦았다. 더구나 벼 생산량이 증가하는 17세기 말엽부터 쌀값이 폭락했다. 봉록으로 받은 쌀을 시장에서 화폐로 교환하고, 그것으로 생필품이나 군수품을 구매해야 했던 무사들이 더욱 빈곤해졌다. 무사의 가정 경제는 생각보다 넉넉하지 않았다.

무사시는 구마모토번의 번주와 주종관계를 맺지 않았다. 그래서 가신단의 신분 서열에서 제외되었다. 군역 의무가 없었기에 신분에 걸맞게 종자나 하인을 거느리지 않아도 되었다. 생계를 책임져야 하는 처자식도 없었다. 300석의 봉록 대부분을 시장에서 화폐로 교환할 수 있었다. 그래서 무사시는 많은 금화나 은화를 보유하고 있었다. 『부슈덴라이키武州伝来記』에 따르면, 무사시는 아카시번의 '손님'으로 있을 때부터 항상 많은 금화와 은화를 보유하고 있었다. 여행할 때도 금화와 은화를 넣은 주머니를 허리춤에 차거나 아니면 종자가 들고 다니도록 했다. 무사시는 숙소 천장의 서까래에 돈주머니를 여러 개 매달아 놓았다. 제자가 멀리 여행을 떠날 때 선뜻 금화와 은화가 든 돈주머니를 건네주었다고 전한다.

『부코덴武公伝』에 따르면, 구마모토번의 번주 호소카와 타다토시는 성곽 동쪽에 있는 옛 지바성千葉城 성터에 지은 저택을 무사시에게 제공했다. 높은 곳에 있던 무사시의 저택에서 내려다보면 조카마치城下町와 그 뒤편으로 펼쳐진 들판이 한눈에 들어왔다고 한다. 그리고 번주 타다토시는 의례 석상에서 무사시를 가신 중에서 서열이 높은 오구미카시라大組頭의 옆자리에 앉도록 배려했다. 당시 무사 사회에서 자리 순서는 곧 신분 서열을 의미했다.

호소카와 타다토시는 무사시를 좋아했을 뿐만이 아니라 최고로 예우했다. 타다토시는 야마가山鹿(구마모토현 야마가시)의 온천 지대에 별장을 지었다. 그곳에 타다토시가 귀인을 접대하는 다실이 있었다. 1640년 10월 23일 자 「봉서」에 따르면, 타다토시가 다음과 같이 명령했다. "아시카가 도칸足利道鑑님과 미야모토 무사시를 야마가山鹿에 초대하기로 했다. 구마모토에서 야마가까지 이동하는 중에 인마人馬·된장[味噌]·소금·숯·장작에 이르기까지 정성을 다하여 조달하도록 하라."

번주 타다토시가 야마가에 신축한 다실로 무로마치 막부의 13대 쇼군 아시카가 요시테루足利義輝(1536~65)의 아들 아시카가 도칸과 무사시 두 사람을 초대했다. 당시 타다토시는 종창 증상이 심하여 야마가 온천에 묵으면서 요양했는데, 그곳으로 도칸과 무사시를 불렀다. 50여 만석의 다이묘가 "된장, 소금, 숯, 장작"까지 거론하며 도칸과 무사시가 야마가로 오는 길에 조금이라도 소홀함이 없도록 모시라고 명령했다는 점이 주목된다. 당시 다이묘가 다회茶會에 초대하는 사람은 신분이 높은 귀인에 한정되었다. 번주 타다토시는 무사시를 귀인으로 예우했던 것이다.

1641년 2월 무사시는 『병법35개조』를 번주 호소카와 타다토시에게 바쳤다. 당시 타다토시는 중풍으로 쓰러져 자리에 누워있었다. 의원들의 치료로 위급한 상황은 넘겼으나 몸의 오른쪽이 마비되어서 말도 제대로 할 수 없었다. 번주 타다토시는 뛰어난 무술가이기도 했다. 무사시는 자신을 진심으로 예우한 번주 타다토시의 쾌유를 기원하는 마음을 담아 『병법35개조』를 바쳤을 것이다.

『병법35개조』에는 이전에 정리한 『병법서부』의 내용과 같은 문장이나 표현이 곳곳에 보인다. 그것을 기본으로 내용을 보완했을 것으로 추정된다. 그러나 『병법서부』가 문하생에게 전수하기 위한 것이었다면, 『병법35개조』는 신카게류 검범의 비전을 물려받은 번주에게 바치기 위해 집필한 것이었다. 무사시는 자신의 니토이치류二刀一流 검법을 다른 유파를 따르는 검객이 보았을 때 어떻게 평가될 것인지 의식하면서 집필했을 것이다. 그런 만큼 무사시가 자신의 검술 이론을 총정리한다는 생각으로 집필했을 것이다.

무사시는 『병법35개조』 서두에서 다음과 같이 말했다. "니토이치류를 여러 해 단련해 왔는데 이제야 처음으로 글로 남기게 되었다. 전에 말하지 못했던 부분만 보충한 것이라고 할 수 없지만, 평시에 기억해 두었던 검술의 대도 사용 요령을 생각나는 대로 대략적인 것을 기술한 것이다." 무사시가 일반적인 기술 방식에 구애되지 않고 스스로 체득한 검술 방식을 자기만의 방식으로 기술하겠다고 밝힌 것이다. 무사시는 글을 마치며 호소카와 타다토시에게 다음과 같이 말했다. "미심쩍다고 여기시는 부분은 직접 뵙고 설명하고자 합니다." 요컨대 『병법35개조』는 검술의 기본적인 부분만 기술하고 나중에 무사시가 번주 타다토시 앞에서 검법을 실연하며 설명하는 것을 전제로 쓴 글이었다. 후세를 위해 남긴 『오륜서』의 글쓰기와 달랐다.

『부코덴』에 따르면, 무사시가 구마모토에 거주하면서 많은 제자를 길러냈다. 구마모토번의 번주 호소카와 타다토시 부자, 가로家老 나가오카 아키스에長岡是季(1586~1658), 중신 사와무라 요시시게沢村吉重(1560~1650) 부자 등이 무사시에게 검술을 배웠다. 그밖에 구마모토번 상급 무사와 그 친족은 물론 중·하급 무사들도 무사시에게 검술을 배웠다. 무사시의 제자는 1,000여 명이었다고 전한다.

●●●8

만년의 무사시

1. 무심한 나날

　1641년 3월 17일 구마모토번 번주 호소카와 타다토시가 세상을 떠났다. 향년 54세였다. 무사시는 검술에 관심이 많았던 번주 타다토시를 믿고 의지했다. 타다토시의 갑작스러운 죽음은 무사시에게 적지 않은 충격을 안겨주었다. 타다토시의 아들 호소카와 미쓰나오가 2대 번주가 되었다. 번주 미쓰나오는 부친의 뜻을 받들어 무사시를 예전과 같이 대우했다. 당시 무사시는 이미 58세의 노인이었다. 계속 구마모토에 머물지 않을 수 없었다.

에도 막부가 성립한 후 다이묘들이 처자를 에도江戶에 인질로 두는 것이 관례가 되었다. 이러한 관례는 1635년 무가제법도에 의해 제도화되었다. 다이묘는 1년은 영지에서 정사를 돌보고 1년은 에도에서 생활했다. 이러한 제도를 참근교대參勤交代라고 했다. 1641년 9월 구마모토번 번주 호소카와 미쓰나오가 참근교대를 위해 에도로 갈 준비를 하고 있었다. 그때 미쓰나오는 무사시에게 전례에 따라 고료쿠마이 300석을 지급하라고 명령했다. 그리고 미쓰나오는 측근을 무사시에게 보내 아무런 부담을 갖지 말고 편안하게 생활하라고 전했다. 번주가 에도에 1년 동안 머무는 동안 구마모토번의 일은 중신들이 협의하여 처리했다.

무사시에게 검술을 배운 중신들이 때때로 다회나 연회를 열어 무사시를 초대했다. 그러나 무사시는 여럿이 모이는 자리에 좀처럼 모습을 드러내지 않았다. 저택에서 조용히 머무는 시간이 많았다. 그러나 무사시는 다이쇼인泰勝院(구마모토시 주오쿠)의 주지 다이엔大淵이나 그의 제자 슌잔春山과 가깝게 지냈다. 때때로 다이쇼인으로 가서 승려들과 시가를 짓거나 그림을 그리거나 공예품을 만들면서 시간을 보냈다. 무사시는 특히 수묵화를 잘 그렸는데, 몇몇 작품을 제외하면 대부분이 구마모토에 머물 때 그린 것들이다.

다이쇼인이 건립된 것은 1636년경이었다. 구마모토번의 초대 번주 호소카와 타다토시가 다쓰다야마立田山(구마모토시 기타쿠) 기슭에 조부 호소카와 후지타카細川藤孝(1534~1610)의 위패를 모신 사원을 건립하고 다이쇼인이라 명명했다. 1641년 3월 타다토시가 사망한 후 2대 번주가 된 호소카와 미쓰나오는 교토 묘신지妙心寺의 승려 다이엔을 다이쇼인 주지로 초빙했다. 『부코덴武公伝』에 다음과 같은 내용이 있다. "무사시는 때때로 다이쇼인의 주지 슌잔에게 참선하러 갔다. 같이 시가를 짓고 그림을 그리고 공예품을 제작하며 시간을 보냈다." 그러나 당시의 주지는 다이엔이었다. 슌잔은 그의 제자였다. "주지 슌잔"은 "주지 다이엔"의 오류일 것이다. 무사시는 구마모토번이 특별하게 예우하는 인물이었다. 당연히 주지 다이엔이 무사시를 맞이하고 응대했을 것이다.

하지만 무사시는 사적인 장소에서 자기보다 서른네 살이나 젊은 슌잔을 스스럼없이 대했던 것 같다. 무사시는 슌잔에게 때때로 검술이나 예술에 관한 이야기를 들려주기도 했을 것이다. 두 사람의 세대를 초월한 우정은 무사시가 사망한 뒤에도 이어졌다. 고쿠라 비문을 쓴 것도 그였고, 무사시에게 니텐도라쿠二天道楽라는 법호를 올린 것도 그였다. 다이쇼인 경내에 있는 슌잔의 묘소 옆에 무사시의 공양탑이 나란히 서 있다. 구마모토번이 특별히 이 장소를 골라 공양탑을 세웠다고 전해진다. 두 사람이 얼마나 깊은 인연을 맺었는지 알 수 있다.

17세기 일본 검술의 대가 중에 승려와 깊은 인연을 맺었던 사람들이 적지 않다. 에도 막부의 검술 사범 야규 무네노리는 다쿠안沢庵 선사에게 선을 배웠고, 하리가야 세키운針ヵ谷夕雲(?~1669)은 고하쿠虎白 화상에게 선을 배우고 무주신켄류無住心劍流 검법을 창시했다. 무가이류無外流의 쓰지 겟탄辻月丹(1648~1727)은 세키탄石潭 화상에게 19년 동안 선을 배우고 자재의 경지에 이르렀다. 무사시 역시 참선하면서 수련을 넘어 수행의 단계로 들어갔다. 무사시가 어느 때부터 선 수행에 힘썼는지 알 수 없으나 구마모토에 정착하면서 선 수행에 더욱 전념했던 것 같다.

그 무렵 무사시는 한문으로 된 『오방지태도도五方之太刀道』를 저술했다. 한문은 한시에 능통했던 승려 다이엔이 검토하고 첨삭했다. 다이엔은 무사시가 쓴 문장에는 손을 대지 않고 어색한 문자만 수정하면서 의미가 비슷한 고어를 인용하여 윤문했다. 다이엔은 첨삭으로 무사시의 뜻이 잘못 전달되지 않을까 염려했을 것이다. 무사시가 다이엔에게 『오방지태도도』의 첨삭을 부탁했다는 것이 사실이라면, 이 글은 1642년 겨울부터 다음 해 여름 사이에 작성되었을 것으로 여겨진다. 참고로 다이엔이 다이쇼인의 주지로 초빙되어 구마모토로 온 것이 1642년 늦가을이고, 무사시가 『오륜서』를 집필하기 시작한 것이 1643년 10월 10일이었다.

『오방지태도도』의 내용은 5단락으로 나눌 수 있다. 첫 번째 단락에서는 병법의 도道를 논했다. 무사시가 말했다. "병법의 도란 적을 만나 싸워 승리하는 것이다. 그러니 대군을 이끌고 싸우는 전쟁에도 적용할 수 있다. 어찌 구별이 있겠는가. 그런데 싸움은 현장에서 승패가 결정되는 것이 아니다. 싸우기 전에 결정되는 것이다. 이 도는 마땅히 이에 따라야 하며 결코 여기에서 벗어나면 안 된다. 원칙은 마땅히 지켜야 하지만 그렇다고 고집해서도 안 된다. 비전이나 비법으로 감추지 말고 오히려 드러냄으로써 더욱 분명해지는 것이다. 어려운 것은 뒤로 미뤄 둬라. 사원의 큰 종을 치려면 오로지 법당 안으로 들어가야 가능하다."

두 번째 단락에서는 다른 병법의 방식을 비판했다. 무사시가 말했다. "일본에는 예부터 이 법을 내세우는 수십 가문의 유파가 있다. 그러나 그들의 병법은 강함만 내세워 한없이 거칠고 난폭하거나 부드러움을 지켜서 섬세함에만 머무른다. 또는 긴 칼을 좋아하거나 짧은 칼을 선호하기도 한다. 칼을 겨누는 자세를 몇 종류나 고안해 냈다." "모름지기 도란 둘이 아니다. 어찌 잘못을 되풀이할 것인가. 간사하게 사기를 치고 이름을 탐하는 자들이 법을 어지럽히고 술수를 써서 세상 사람들을 현혹한다." "도라고 말할 수 없다. 하나도 취할 수 있는 것이 없다."

세 번째 단락에서는 자신의 의견을 개진했다. 무사시가 말했다. "나는 정신을 가다듬고 마음을 모아 오랫동안 수행하여 도와 하나가 되었다. 대저 무사는 항상 두 자루의 칼을 허리에 찬다. 그것을 활용하기 위한 방법을 찾아야 한다. 그래서 도는 이도二刀에 뿌리를 두고 있다. 이 도는 하늘에 해와 달이 있는 것에 비유된다. 다섯 가지 겨눔세가 있다.

상단·중단·하단·왼쪽 옆구리·오른쪽 옆구리이다. 그때그때의 상황에 따라 겨눔세를 취할 뿐이다." "싸울 때는 장도와 단도를 쓰는데, 장도가 없으면 단도로 싸우고, 단도도 없으면 맨손으로 싸운다. 상황에 따라서 장도로도 충분하지 않을 수 있고 단도로도 충분할 수 있다." "모든 면에서 치우치지 말고 상황에 적절하게 대처해야 한다. 그것은 세상에서 가장 올바른 길이다. 나의 도는 이를 근본으로 삼는다."

네 번째 단락에서는 『사기』에 나오는 항우의 말을 인용하며 말했다. 「항우본기」에는 항우가 검을 힘써 배우지 않는 이유에 대하여 "검은 한 사람을 대적할 뿐이다. 굳이 배울 필요가 없다. 만인을 대적하는 법을 배우려고 한다."라는 대목이 있는데, 무사시는 항우의 의견이 좁은 소견이라고 비판하면서 말했다. "검의 도에 이르러 보면 만인을 상대하는 승부도 적의 성을 공격하여 함락하는 일도 같은 것이다. 마치 손바닥을 들여다보는 것과 같이 분명한 것이다. 검은 결코 작은 것이 아니다. 큰 것이다."

다섯 번째 단락에서는 자신의 도는 올곧은 도라고 강조했다. "배우는 자를 정성으로 이끌면 누구든 잘 도달할 수 있다. 쉽게 가르치는 것이 아니다. 이것을 구하려면 잘못을 버리고 옳은 방향으로 날마다 단련하고 스스로 격려하며 공력을 쌓아야 한다." "나의 도는 마음으로 얻고 손으로 대응한다. 그래서 반드시 백세百世의 스승이 될 수 있다. 이후 많은 이들이 병법의 도에 대하여 말하는 일이 있어도 결국에는 나의 도에 따르게 될 것이다. 도는 같은 것인데 어찌 방법이 많겠는가? 설령 이것이 오래된 것이라 싫어하여 새로운 유파를 열어도 그것은 쉬운 길을 뒤로 하고 먼 길을 돌아가는 것이나 마찬가지이다."

2. 무사시의 그림

미야모토 무사시는 매우 다재다능한 인물이었다. 그는 아카시성 조카마치의 지형을 읽고 상공인의 움직임을 생각하여 생활하기 편리한 공간을 설계했다. 정교한 공예품을 제작했다. 그가 다듬은 목도는 굵직한 힘이 드러나면서도 절묘하게 휘어진 곡선은 한없이 부드럽다. 바위와 돌로 물과 바람이 쉬는 정원을 조성했다. 그런데 그의 예술 감각이 가장 번득였던 분야는 수묵화였다. 그는 칼을 잡고 결투하던 두툼한 손으로 붓을 잡고 섬세한 그림을 그렸다. 물론 무사시는 어디까지나 검술에 일생을 건 검객이었다. 그림은 부차적인 재능이었을 뿐이다. 그러나 그의 그림은 그것을 본업으로 하는 화가들을 능가하는 최고의 경지에 도달해 있었다. 오늘날까지 남아 있는 무사시의 수묵화 중에서 몇몇 작품을 제외하면 그가 만년에 구마모토에서 지낼 때 그린 것들이다.

무사시의 작품이라고 알려진 수묵화 중에 위작이 적지 않게 섞여 있다. 그동안 전문가들이 소장 내력이나 낙관, 종이, 필치, 화풍 등을 엄밀히 감정하여 무사시의 작품으로 인정한 수묵화는 20여 점에 불과하다. 교토의 진언종眞言宗 사원 노지東寺(교토시 미나미쿠) 간치인觀智院의 미닫이문에 그린 그림을 제외하면 모두 화폭이 1미터가 넘지 않는 작품들이다. 그중에서 새, 말, 달마, 포대 화상 등의 그림에 초점을 맞춰 감상해 보자.

무사시는 감필법減筆法 즉, 대상의 본질을 파악한 후에 간결한 선으로 단숨에 그리는 기법을 즐겨 사용했다. 한번 붓이 지나간 곳은 다시 손을 대지 않았다. 정신을 집중하여 칼을 쓰듯이 간결하고 대담하게 종이를 베듯이 선을 그었다. 몇몇 곳에 진한 먹물로 초점을 만드는 것도 무사시의 독특한 화풍이었다. 그런 기법 또한 검술에서 칼로 적을 내려쳐서 일격에 승부를 내는 방식이나 다름이 없었다. 적과 맞섰을 때의 팽팽한 긴장감과 단숨에 승부를 내는 박진감이 무사시 그림에 배어 있다. 그래서 무사시의 작품에서 사람들을 흠칫 놀라게 하는 힘이 느껴진다.

「고목명격도枯木鳴鵙圖」는 가느다란 나뭇가지 위에 앉은 때까치가 주위를 내려다보는 그림이다. 날카로운 눈매로 가지 위를 기어오르는 벌레를 찾고 있는 듯한 모습이다. 마치 검객이 무심하고도 매섭게 적의 움직임을 관찰하는 듯한 긴장감이 돈다. 무사시는 고목의 잔가지를 밑에서 위쪽으로 완만한 곡선을 그리며 단숨에 붓을 움직이고 일단 멈춘 순간 다시 곁가지를 왼쪽으로 올려 그었을 것이다. 무사시는 뭉친 힘이 만들어 낸 곁가지의 윗 부분에 때까치를 아슬아슬하게 얹어 초점을 만

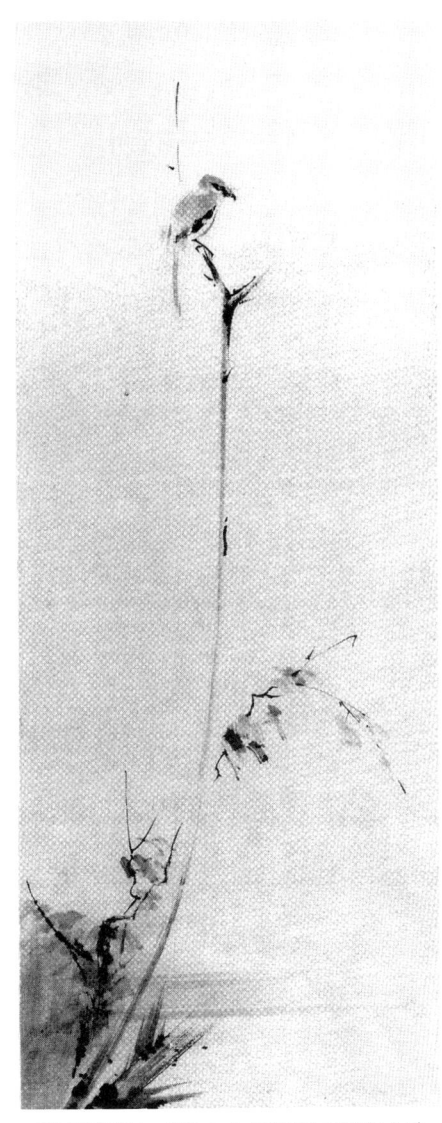

「고목명격도」, 和泉市 久保惣記念美術館 소장

들었다. 그리고 오른쪽 아래 공간에 수그러진 줄기와 잎사귀를 있는 듯 없는 듯 그려 사람의 눈길을 머물게 했다. 그리고 마지막으로 고목의 밑부분 주변을 진하고 힘찬 필치로 마무리했다.

「제도鵜圖」는 가마우지가 가파른 절벽에 내려앉아 아무 생각 없이 먼 곳을 바라보는 모습이다. 16세기 말에 활동하며 독자적인 화풍을 확립한 하세가와 도하쿠長谷川東伯(1539~1610)도 가마우지를 즐겨 그렸다.

「제도」, 永青文庫 소장

그런데 그의 그림 속 가마우지는 목 아랫부분이 줄로 묶여 있는 모습이다. 어부는 가마우지를 이용하여 물고기를 잡는다. 가마우지는 사람에게 이용당해도 습관적으로 오로지 물고기를 잡는다. 도하쿠는 그런 가마우지의 무심한 성품을 화폭에 담았다. 무사시는 『오륜서』에서 검객은 항상 무념무상의 경지에 머물러야 한다고 말했다. 무사시가 그린 가마우지 곁에는 어부도 없고 구경꾼도 없다. 등을 보이고 무심하게 앉아 있는 가마우지 한 마리가 있을 뿐이다. 이것은 무사시의 서명이 있는 유일한 작품이다. 일본에서 가장 수준 높은 가마우지 그림이라고 평가하는 전문가들이 많다. 일본 국보로 지정되었다.

「노안도芦雁圖」는 열두 폭 병풍에 그린 기러기 그림이다. 병풍의 오른쪽 여섯 폭에는 눈이 쌓인 갈대를 배경으로 쇠기러기 일곱 마리가 그려져 있다. 왼쪽 여섯 폭에는 검고 굳센 소나무 밑에 흰기러기 열두 마리가 한가하게 놀고 있는 모습이다. 오른쪽에 그려진 쇠기러기 일곱 마리 중 한 마리가 힘차게 날아오르는 모습이 보는 사람의 눈을 사로잡는다. 날개를 활짝 편 쇠기러기 한 마리의 역동성과 긴장감이 이 그림의 초점이라고 할 수 있다. 쇠기러기의 눈매가 서늘하게 느껴진다. 「고목명격도」의 때까치와 같이 눈매를 강

「노안도」, 永青文庫 소장

조하는 기법은 무사시 작품의 특징이다. 이것은 무사시의 대표작이기도 하지만 근세 초기의 수묵화를 대표하는 작품이다. 일본 미술사에 영원히 남을 걸작이라고 일컬어진다. 이 작품 또한 일본 국보로 지정되었다.

「죽작도竹雀圖」는 대나무와 참새라는 가장 일반적인 소재를 조합한 작품이다. 화면 오른쪽에 대나무 한 줄기가 불쑥 모습을 드러냈고 거기에 댓잎만 몇 개 그려 넣어 작업을 마무리했다. 화면 대부분을 여백으로 남겨둔 것이 이 그림의 특징이라고 할 수 있다. 마치 서늘한 칼날을 연상하게 하는 댓잎이 가늘지만 힘차게 뻗은 줄기와 묘한 대조를 이룬다. 화면의 오른쪽

「죽작도」, 岡山県美術館 소장

끝자락에 닿을 듯한 위치에 참새 한 마리가 아래를 향해 앉는 듯이 앉아 있다. 하지만 참새는 예리한 눈매를 하고 주변을 빈틈없이 살피고 있는 듯하다. 「죽작도」와 비슷한 그림이 「포대도布袋圖」 속의 한 장면에도 있다. 「죽작도」에 비해 줄기의 길이가 약간 길고 댓잎 색깔이 진하게 느껴진다는 것이 다를 뿐 화제와 구도가 같다고 할 수 있다.

무사시는 구마모토번의 어용화가 야노 요시시게矢野吉重(1598~1653)에게 말 그림을 배웠다. 그때 그린 야생마 그림도 수작이라고 평가되고 있다. 그런데 그림을 배운 무사시가 원숙한 경지에서 그린「야마도野馬圖」는 그야말로 걸작이라고 할만하다. 이 그림은 무사시의 수묵화 중에서 가장 뛰어난 작품이라고 평가하는 전문가들이 적지 않다. 무사시는 자신의 머릿속에 있던 말의 모습을 직관적으로 그렸을 것이다. 다소 추상적인 기법을 도입했다. 발굽을 약간 든 모습으로 역동감을 표현했다. 말갈기와 꼬리털이 매우 거칠게 그려졌다. 누가 보아도 야생마다. 무사시 그림의 특징이 잘 드러나 있는 부분은 역시 사람을 쏘아보는 듯한 말의 눈매일 것이다.

「야마도」, 松井文庫 소장

무사시의 달마 대사 그림이 몇 점 있다. 그중에서 「노엽달마도芦葉達磨圖」와 「정면달마도正面達磨圖」가 유명하다. 「노엽달마도」는 갈대를 타고 있는 달마의 전신상이다. 달마가 중국 양나라의 무제를 만나 선문답을 한 후 갈대를 타고 양자강을 건너 낙양으로 갔다는 이야기가 전한다. 그 후 중국의 선종 사원에서 그 모습을 그려서 예배용으로 사용했다. 훗날 「노엽달마도」가 일본에 전해졌다. 이 그림은 나가오카 오키나

「정면달마도」, 永靑文庫 소장

가의 본가 마쓰이松井 가문에서 대대로 보관했다. 「노엽달마도」의 신체는 무사시의 독특한 감필법으로 선을 한 줄 길게 긋는 방식으로 간략하게 마무리했다. 굵고 힘찬 선이 상세하게 그린 얼굴과 묘하게 어울린다. 무사시는 달마가 밟고 있는 갈대를 섬세하게 그렸다. 「정면달마도」는 무사시가 그린 달마도 중에서 가장 강렬한 인상을 풍긴다. 무사시는 먼저 달마의 얼굴을 가는 붓으로 섬세하게 그린 후 신체는 굵고 거친 붓으로 대담하고 호쾌하게 그렸다. 마지막으로 검은 점으로 눈동자를 그려 넣었다. 눈매의 중요성을 생각하는 무사시다운 마무리였다고 할 수 있다.

무사시가 그린 포대布袋 화상 그림 몇 점이 전한다. 포대는 중국 당나라 때 승려였는데, 살집이 좋고 배가 많이 나온 그는 항상 베로 만든 자루를 등에 지고 다녔다고 한다. 그래서 포대 화상이라고 불렸다. 사람들이 얼굴이 복스럽고 몸집이 뚱뚱하고 자유분방한 포대의 그림을 그려 모셔두고 아미타불의 화신으로 숭배했다. 일본인들은 포대를 칠복신七福神의 하나로 섬겼다. 「포대견투계도布袋見鬪鷄圖」는 지팡이를 짚은 포대가 닭이 싸우는 모습을 바라보는 그림이다. 투계를 바라보는 포대의 눈매가 날카롭다. 「포대도」는 포대가 지팡이에 매단 큰 자루를 짊어지고 걷는 그림이다. 그림에는 "헤매지 않음은 즐거움이 많은 세상이기 때문이네. 그렇지 않으면 미쳐 날뛸 것이라네"라는 찬이 있다. 아이즈번會津藩의 다이묘 호시나 마사유키保科正之(1611~73)가 썼다. 그림은 매우 날카로운 필치로 가볍게 그렸다. 반듯한 지팡이는 마치 긴 칼로

「포대견투계도」, 福岡市美術館 소장

착각할 정도이다. 「오면포대도午眠布袋圖」는 포대가 지팡이를 앞에 놓아두고 앉아서 자루에 기대고 조는 그림이다. 졸고 있는 두 눈이 특히 검게 칠해졌다. 졸고 있지만 인기척이라도 있으면 즉시 눈을 부릅뜨고 긴 칼처럼 보이는 지팡이를 집어 들 것 같은 모습이다. 검객으로서 항상 긴장감을 잃지 않았던 무사시의 자화상이라고 할 수 있다.

3. 『오륜서』의 성립

1643년(寬永 20) 10월 상순 무사시는 구마모토 서쪽에 있는 이와토야마岩戶山의 동굴 레이간도靈巖洞에 머물면서『오륜서』를 쓰기 시작했다. 무사시는『오륜서』의 서장에 다음과 같이 썼다. "이 책을 쓰면서도 불교나 유교의 옛 말씀에 의존하지 않고 군기軍記나 군법軍法의 고사도 인용하지 않는다. 이 니토이치류二刀一流의 사고방식과 진실한 마음을 표현하기 위해 천도天道와 관세음보살을 본받아 10월 10일 밤 인시寅時(새벽 4시경)에 붓을 들어 집필을 시작하는 바이다."

레이간도

레이간도는 호케산宝華山 레이간지靈巖寺(구마모토시 니시쿠)의 뒤편에 있다. 구마모토성에서 30리 정도 떨어진 곳이다. 동굴 입구 천장 높은 곳의 암벽에「靈巖洞」라는 글자가 새겨져 있다. 이 글씨는 14세기 중엽에 중국에서 건너온 동릉東陵이라는 승려가 썼다고 전한다. 동굴 안에는 관세음보살 석상이 있다. 석상은 10세기 이전에 세워졌던 것 같다. 당시 히가키檜垣라는 여류 시인이 레이간도 근처에 집을 짓고 살면서 매일 관세음보살에게 기도를 올렸다는 기록이 있다. 레이간지에는 히가키의 목상과 그녀가 제작했다고 전하는 돌항아리가 보존되어 있다.

구마모토번의 중신 사와무라 요시시게는 레이간도의 관세음보살을 신앙했다. 요시시게와 그의 양자 사와무라 도모요시沢村友好(1604~65)가 무사시를 레이간도로 안내했다. 그 후 무사시는 때때로 레이간도로 발걸음을 옮겨 관세음보살에 예배하고 좌선하며 정신을 가다듬었다. 무사시는 문득 자신이 늙고 병들어 언제 죽을지 알 수 없다는 생각이 들었다. 그는 부랴부랴 지바성 성터에 있는 넓은 저택에서 레이간도 동굴로 거처를 옮겼다. 무사시가 레이간도에서 일생을 바쳐 도달한 경지를 가감 없이 기술한 『오륜서』를 집필하기 시작한 것은 인생의 마지막 시간을 보내는 그만의 방식이었다고 할 수 있다.

무사시는 사망할 때까지 오로지 『오륜서』 집필에 매달렸다. 그런데 많은 사람이 무사시가 1643년 10월 10일부터 1645년 봄까지 레이간도 동굴에서 지냈다고 알고 있다. 여러 자료를 참조하면, 무사시가 1643년 10월 상순에 레이간도 동굴에서 관세음보살에게 기도하면서 『오륜서』 집필을 시작했다. 그러나 무사시가 레이간도에서 두 해 겨울을 보냈다는 것을 알 수 있는 자료가 없다. 음력 10월은 이미 초겨울에 들어갈 무렵이었다. 늙은 무사시가 동굴에서 생활할 수 있는 날씨가 아니었다. 그러나 무사시는 주관이 뚜렷한 인물이었다. 1643년 겨울은 레이간도의 관세음보살에게 기도하고 그 근처의 숙소에서 집필하며 생활했을 수도 있다. 그러나 1644년 가을에는 무사시의 병이 깊어졌다. 그해 겨울에는 저택으로 돌아와 치료에 힘쓰면서 틈틈이 시간을 내어『오륜서』를 집필했을 것이다.

『오륜서』라는 서명은 불교 사상의 영향을 받은 것이다. 불교에서는 우리가 사는 세상은 지地·수水·화火·풍風·공空이라는 5대 원소로 이루어져 있다고 말한다. 地는 땅(대지)이다. 움직임이나 변화에 저항하는 성질이 있다. 水는 물(유체)이다. 형체가 없고 유동적이며 변화에 적응하는 성질이 있다. 火는 불(열정)이다. 어떤 일을 이루고자 하는 욕구를 뜻한다. 風은 바람이다. 성장·확대·자유를 뜻한다. 空은 비어있거나 모습이 드러나지 않은 상태를 뜻한다. 미야모토 무사시는 불교의 5대 원리를 그대로『오륜서』의 5개 장으로 구성하는 형식을 취했다.

(1) 地의 장은 무사시가 평생을 바쳐 이룩한 "올곧은 도를 땅에 기록한다."라는 심정으로 쓴『오륜서』의 서장이다. 무사시는 地의 장 첫머리에서 다음과 같이 말했다. "나의 병법의 길을 니텐이치류라고 칭한다. 오랜 시간 단련한 것을 비로소 책으로 엮으려고 생각한다." 무사시는 먼저 스스로 창시한 검법을 니텐이치류라고 칭한다고 선언했다. 그리고 검객으로 살아온 파란만장했던 삶을 돌아보았다. 무사시는 다음과 같이 말했다. "地의 장에서는 병법의 길에 대하여 개설하고, 나의 병법 니텐이치류에 대한 견해를 제시한다. 오로지 검술만 생각해서는 진

정한 병법을 얻을 수 없다. 큰 것에서 작은 것에 이르기까지 알고, 얕은 곳에서 깊은 곳에 이르러야 하고, 곧은 길의 지형을 평평하게 고른다는 뜻에서 처음에 地의 장이라는 이름을 붙였다." 무사시에게 병법이란 칼을 쓰는 기술뿐만이 아니라 무사가 마땅히 지켜야 하는 윤리와 규범을 포함하는 개념이었다.

(2) 水의 장은 그릇에 따라 모양이 달라지는 물의 성질을 염두에 두면서 기술한 것이다. 구체적으로는 니텐이치류 검술을 수행하는 자의 마음 자세, 칼을 잡고 적을 겨누는 자세, 실제로 적에 맞섰을 때의 요령 등 검술의 전반적인 이론에 대하여 설명했다. 무사시가 말했다. "물을 본받아 마음을 물처럼 하는 것이다. 물은 담기는 그릇에 따라 모양을 달리한다. 작은 물방울이 되기도 하고 넓은 바다가 되기도 한다. 물에는 맑고 푸른색이 있다. 그 맑고 깨끗함을 본받아 나의 니텐이치류의 병법을 이 장에 쓰려고 한다. 오로지 검술의 이치를 확실하게 깨우치고 한 사람의 적을 마음대로 이길 수 있게 된다면 세상 모든 사람을 이길 수 있다. 다른 사람을 이긴다는 것은 천만 명의 적도 이길 수 있다는 뜻이다. 장수가 된 자의 병법은 작은 것을 크게 하는 것이다. 한 자의 원형을 기본으로 거대한 불상을 건립하는 것과 같은 원리이다. 이런 것은 세세하게 기술하기 어렵다. 하나로써 만 가지를 깨우치는 것이 병법의 이치이다."

(3) 火의 장은 실제 싸움에 대하여 설명한 것이다. 무사시는 싸움을

작은 불씨가 순식간에 들불이 되어 번지는 불에 비유했다. 개인 대 개인의 싸움과 집단 대 집단의 싸움이 다르지 않다고 강조했다. 검술을 단련하여 도달한 경지는 수많은 군사가 동원되는 전쟁에서도 그대로 적용된다는 것이다. 무사시가 말했다. "이 장에서는 싸움에 대하여 말하겠다. 불은 크게 일어나기도 하고 작아지기도 한다. 매우 격렬하고 변화무쌍하다. 그래서 싸움에 대한 것을 서술하는 것이다. 싸움의 길은 일대일 싸움이나 군대가 싸우는 것이나 다르지 않다. 마음을 크게 갖되 세심하고 면밀하게 살펴야 할 것이다. 큰 것은 잘 보이나 작은 것은 잘 보이지 않는다. 다시 말하면 많은 사람은 상황의 변화에 따라서 신속하게 움직일 수 없다. 그래서 살피기가 쉽다. 그러나 개인은 그 마음에 따라 빠르게 대응한다. 그래서 살피기가 쉽지 않다. 깊이 생각해 보아야 할 것이다. 이 火의 장에서 말하는 싸움은 변화무쌍하다. 매일매일 꾸준하게 단련하고 연습하여 평상심을 유지하는 것이 병법의 요체이다."

(4) 風의 장에서는 주로 다른 검술 유파의 검법에 대하여 설명했다. 무사시가 말했다. "이 장을 風의 장이라고 이름한 것은 나의 니텐이치류 병법뿐만이 아니라 여러 검술 유파의 검법을 서술했기 때문이다. 風이란 예전의 기풍 요즈음의 기풍 또는 가풍 등으로 일컬어진다. 세상의 여러 검술 유파의 방식과 형식을 명확하게 서술하는 것 이것이 風이다. 남을 잘 알지 못하면 자기를 알 수가 없다. 여러 길 여러 가지 것을 실천할 때 바르지 않은 길이 있게 마련이다. 매일매일 그 길에 매진한다고 해도 마음이 정도正道에서 벗어났다면, 자신이 보았을 때 올바른 길

이라도, 올곧은 길에 비추어 보면 진실하지 못한 길이다. 진실한 도를 깨닫지 못하면 마음이 조금만 어긋나도 나중에는 크게 삐뚤어지게 되는 것이다. 매사에 넘치는 것은 부족함과 다르지 않다. 깊이 생각해 볼 일이다. 다른 유파의 병법은 오로지 검술뿐이라고 한다. 세상 사람들도 그렇게 알고 있다. 하지만 나의 병법의 도리와 기술은 전혀 다른 것이다."

(5) 空의 장에서는 병법의 본질이라고 할 수 있는 空에 대하여 설명했다. 空이란 비어 있으되 비어있지 않은 상태를 말한다. 어디가 안이고 어디가 밖인지 어디가 시작이고 어디가 끝인지 알 수 없다. 그곳에서 만물이 생겨나듯이 그 경지에서 모든 검술의 기법과 방식이 자연스럽게 나온다. 무사시가 말했다. "이 장을 空의 장이라고 말하겠다. 공이라고 말한다면 무엇이 깊은 경지이며 무엇이 초보라고 할 수 있을까? 도리를 안 후에는 도리에서 벗어나 병법의 길에 나 자신과 얽매이지 않음이 있을 뿐이다. 나 자신과 자연스러움과 불가사의한 힘을 체득한다. 때에 따라 박자拍子를 알아 스스로 치고 스스로 맞춘다. 이것이 모두 空의 도이다. 스스로 진실한 도의 경지에 도달하는 것을 空의 장에 기록해 두었다."

무사시는 地·水의 장에서 자신의 검술을 니텐이치류라 칭했으나 火·風·空의 장에서는 니토이치류라고 말했다. 무사시는 원래 자신의 검법을 니토이치류라고 칭했다. 그런데 『오륜서』의 앞 두 장에서는 니텐이치류라고 칭했다. 무사시의 검법은 다른 유파의 그것과 달랐다. 다른 유파의 겨눔세는 대개 대도의 칼자루를 양손으로 잡는 파지법이었다. 그런데 무사시의 겨눔세는 양손에 대도와 단도를 각각 들고 대적하는 것이었다. 당시 무사들이 항상 허리에 길고 짧은 두 자루의 칼 즉, 가타나刀와 와키자시脇差를 차고 있었다. 무사시는 두 자루의 칼을 동시에 사용하여 적을 효과적으로 제압하는 니토이치류 검법을 창안했다. 『오륜서』를 쓰면서 두 칼을 해와 달에 비유했다. 그래서 '니텐二天'이라는 개념을 도입했고, 두 칼을 쓰는 검법을 설명한 앞부분에서 니텐이치류라는 명칭을 사용했던 것 같다.

4. 투병과 임종

1644년 11월 15일에 무사시의 양자 미야모토 이오리가 구마모토번의 가로 나가오카 요리유키長岡寄之에게 서신을 보냈다. 그 내용은 다음과 같다.

처음으로 서신을 올립니다. 본인의 부친 무사시가 병이 난 후에 치료뿐만이 아니라 이런저런 신경을 많이 써 주셨다는 말을 들었습니다. 감사의 말씀을 올립니다. 제가 직접 찾아뵙고 고맙다는 말씀을 올려야 마땅하지만, 피치 못할 사정이 있어서 생각대로 되지 않습니다. 마음대로 할 수 없어서 괴롭습니다. 부친의 일에 항상 정성을 쏟아주신다는 말씀을 들었습니다. 실례가 되는 줄 알지만, 앞으로도 부친의 치료에 힘써 주시기 바랍니다. 간절히 부탁 말씀 올립니다. 恐惶謹言

위 내용으로 보았을 때, 무사시의 병세가 급격히 악화한 것은 1644년 11월 이전이었을 것이다. 이와토야마의 레이간도에 칩거하며『오륜서』집필을 시작한 지 약 1년 후의 일이었다. 병명이 무엇이었는지 알려지지 않았다. 무사시의 병세가 심각해지자 구마모토번의 가로 나가오카 요리유키가 나서서 무사시를 보살폈다. 그 소식을 들은 이오리는 요리유키에게 감사의 서신을 보냈다. 11월 18일 요리유키는 이오리에게 다음과 같은 장문의 답신을 보냈다.

보내주신 서신 잘 받았습니다. 무사시님은 구마모토성에서 멀리 떨어지지 않은 시골에 칩거하시던 중 병이 들어서 히고노카미肥後守(호소카와 미쓰나오)님께서 보내신 의원의 진료도 받고 약도 복용하며 회복에 힘쓰고 계십니다. 그러나 확실한 회복 조짐이 보이지 않습니다. 시골에서는 요양하기에 불편한 점이 많아서 구마모토로 오셔서 요양하는 것이 좋겠다고 사토노카미佐渡守(나가오카 오키나가)와 제가 거듭 말씀을 드렸지만 허용하지 않으셨습니다. 번주 히고노카미께서도 특별히 말씀하셔서 의원을 자주 보내어 세심하게 보살폈습니다. 그러나 시골에서는 치료에 대하여 지시하기 어려우니 구마모토로 돌아오라고 말씀드렸더니 엊그제 구마모토로 오셨습니다. 치료와 간호에 더욱 신경을 쓰라고 지시했습니다. 히고노카미께서도 직접 의원을 보내 보살피도록 하셨으니 안심하시기 바랍니다. 기색에 별다른 변화는 없습니다. 귀하께서 문병하시기 어려운 사정이 있는 것은 당연한 일이라고 생각합니다. 확실하게 돌볼 것입니다. 염려하지 않으셔도 됩니다. 저는 무사시님이 이쪽으로 오셨을 때부터 특별히 가깝게 지냈습니다. 이럴 때일수록 정성을 다할 것입니다. 사토노카미는 말할 것도 없이 이전부터 오랫동안 친분을 맺었습니다. 더욱 각별하다고 생각하여 간호에 차질이 없도록 조처하고 있습니다. 모쪼록 안심하시기 바랍니다. 그럼 또 서신을 기다리고 있겠습니다. 恐惶謹言

무사시의 병세가 심상치 않다는 보고를 받은 구마모토번의 가로 나가오카 오키나가·요리유키 부자가 무사시에게 여러 차례 구마모토의 저택으로 돌아가 치료하는 것이 좋겠다고 설득했으나 무사시가 말을 듣지 않았다. 결국 번주 호소카와 미쓰나오가 "시골에서는 치료에 대하여 지시하기 어렵다. 구마모토로 돌아오라."라고 명령하자, 무사시는 그제야 11월 16일에 구마모토로 돌아왔다. 요리유키가 "기색에 별다른 변화는 없습니다."라고 말한 것을 보면 무사시는 기력을 잃지 않았던 것 같다. 요리유키는 이오리에게 무사시의 간호에 각별한 정성을 쏟을 것이니 안심하라고 말했다. 번주 호소카와 미쓰나오는 물론 나가오카 오키나가·요리유키 부자가 무사시를 얼마나 각별하게 생각하는

지 서신에 그대로 드러나 있다.

무사시가 지바성 성터에 있는 저택으로 돌아오자, 번주 호소카와 미쓰나오는 무사시의 제자 데라오 노부유키寺尾信行(1621~88)에게 스승의 수발을 들며 간호하라고 명령했다. 그리고 때때로 어의를 보내 무사시를 진료하도록 했다.『부코덴』에 따르면, 이때 나가오카 요리유키는 가신 나카니시 마고노조中西孫之丞를 보내 무사시 옆에서 시중들도록 했다. 구마모토번 가로들이 번갈아 무사시를 문병했다. 무사시는 데라오 노부유키를 비롯한 측근 여러 명의 보살핌을 받으며 병마와 싸웠으나 증세가 좀처럼 호전되지 않았다.

1645년 봄 무사시의 병세가 더욱 깊어졌다.『니텐키』에 따르면, 4월 13일 병이 들어 몸을 가누기 힘든 무사시가 구마모토번의 가로 나가오카 오키나가·나가오카 아키스에·사와무라 도모요시에게 서신을 보냈다. 거기에 다음과 같은 내용이 있다. "목숨이 올해를 넘기기 힘들 것 같습니다. 그렇다면 하루라도 산에 들어가 칩거하면서 죽음을 맞이하고 싶습니다." '산'은 이와토야마의 레이간도를 지칭하는 말이었다. 그 후 무사시는 병든 몸을 이끌고 레이간도로 가서 칩거했다. 그러자 나가오카 요리유키가 레이간도로 가서 저택으로 돌아갈 것을 청했다. 요리유키의 청을 거절할 수 없었던 무사시가 저택으로 돌아왔다.

무사시는 죽을 날이 가까워졌다는 것을 알았다.『부코덴』에 따르면,

5월 12일 무사시는 자신이 살아온 길을 되돌아보며 「독행도独行道」 21개 조를 썼다. 무사시가 최후로 남긴 글이었다. 그 내용은 다음과 같다.

一, 세상의 도에서 벗어나지 않는다.

一, 육신의 즐거움을 바라지 않는다.

一, 어떤 것에 치우치는 마음을 갖지 않는다.

一, 육신을 가볍게 여기고 세상을 무겁게 여긴다.

一, 일생 욕심을 품지 않는다.

一, 내가 한 일을 후회하지 않는다.

一, 좋든 싫든 다른 사람을 시기하지 않는다.

一, 어떠한 경우라도 이별을 슬퍼하지 않는다.

一, 어떠한 경우라도 원망하거나 푸념하지 않는다.

一, 연정에 끌리는 마음을 갖지 않는다.

一, 어떤 것에 특별히 좋아하는 마음을 내지 않는다.

一, 거처할 집을 바라는 마음을 갖지 않는다.

一, 몸을 위해 맛있는 음식을 구하지 않는다.

一, 대대로 전할만한 골동품을 소유하지 않는다.

一, 내게 닥친 일을 꺼리거나 피하지 않는다.

一, 무기 이외의 다른 물건을 탐하지 않는다.

一, 도를 위해서는 죽음도 마다하지 않는다.

一, 늙은 몸으로 재물과 토지를 소유하는 마음을 내지 않는다.

一, 불신佛神은 존귀하나 불신에 의지하지 않는다.

一, 목숨은 버릴지언정 명예는 버리지 않는다.
一, 항상 병법의 도에서 벗어나지 않는다.

무사시는 데라오 가쓰노부·노부유키 형제를 불렀다. 무사시는 가쓰노부에게「독행도」와 함께『오륜서』를 물려주었다. 가쓰노부는 어렸을 적에 귓병을 앓아 남의 말을 잘 듣지 못하는 장애가 있었다. 출사하면 직분 수행에 문제가 있다고 판단한 그는 낭인浪人으로 지냈다. 무사시가 구마모토에 왔을 때 스물여덟 살이었다. 가쓰노부는 항상 무사시 옆에서 생활하며 검술 수련에 힘을 기울였다. 그 후 가쓰노부는 니텐이치류 검법의 2대 사범이 되었다. 가쓰노부는 훗날 니텐이치류의 3대 사범이 되는 시바토 산자에몬柴任三左衛門(1626~1710)을 비롯한 여러 제자에게『오륜서』의 사본을 물려주었다. 그 사본이 오늘날까지 전해졌다. 무사시는 노부유키에게『병법35개조』를 전했다. 데라오 노부유키는 무사시의 임종을 지킨 수제자였다. 1645년 5월 19일 무사시가 사망할 때까지 지바성 저택에 머물며 무사시를 간호했다. 그래서 노부유키는 같은 날『오륜서』를 물려받은 형 데라오 가쓰노부와 함께 니텐이치류 2대 사범으로 불렸다.

무사시는 그동안 자신을 보살펴 주었던 사람들에게 유품을 나누어 주었다. 무사시가 오랜 세월에 걸쳐서 제작한 말안장을 나가오카 요리유키에게 보냈다. 사와무라 도모요시에게는 무사시가 평소에 아끼던 도검을 보냈다. 이 도검은 호우키伯耆(돗토리현 중부·서부)의 도검 장인야스쓰나安綱가 12세기에 제작한 보물이었다. 그리고 무사시는 마스다 소베에增田惣兵衛와 오카베 구자에몬岡部九左衛門을 불렀다. 두 사람은 평소에 무사시의 시중을 들던 하인이었다. 무사시는 그들에게 감사의 말을 전했다. 신변을 정리한 무사시는 1645년 5월 19일에 조용히 눈을 감았다. 향년 62세였다.

무사시는 평생 다이묘와 주종관계를 맺지 않았지만, 구마모토번의 초대 번주 호소카와 타다토시와 그 뒤를 이은 호소카와 미쓰나오가 무사시를 예우했다. 무사시는 구마모토번의 호소카와 가문에 큰 은혜를 입었다고 생각했다. 그는 자기가 죽은 후에도 번주가 참근교대参勤交代를 위해 에도로 향하는 길목에서 구마모토번 무사들의 행렬을 지켜보고 싶다는 유언을 남겼다. 구마모토번은 구마모토에서 아소阿蘇(구마모토현 아소시)로 통하는 아키다군飽託郡 다쓰다무라竜田村 유게弓削 마을(구마모토시 기타쿠) 도로 옆에 갑옷을 입고 군장을 갖추고 앉은 무사시의 관을 매장했다. 오늘날 무사시즈카 공원武蔵塚公園이다.

다이쇼지의 주지 다이엔 화상의 주재로 장례식이 거행되었다. 장례식은 구마모토번 번주 대행과 중신 나가오카 요리유키를 비롯한 문하생 그리고 수많은 사람이 참석한 가운데 엄숙하게 치러졌다. 다이쇼지 인근에 인도석引導石이 있다. 위가 평평한 장방형 바위이다. 다이엔 화상이 무사시의 관을 앞에 두고 인도석에 올라 설법하며 극락왕생을 빌었다고 전한다. 구마모토시가 세운 인도석 안내문의 내용은 다음과 같다. "미야모토 무사시 장례 때 다이쇼지泰勝寺 개조 다이엔 화상이 이 위에 서서 인도했다고 전한다." 참고로 인도는 승려가 죽은 사람의 관 앞에서 설법하는 것이다.

무사시가 사망하자 나가오카 아키스에는 고쿠라에 있는 무사시의 양자 미야모토 이오리에게 부음을 알렸다. 5월 27일 이오리는 아키스에에게 감사의 서신을 보냈다. 그 내용은 다음과 같다.

지난 23일 제가 돌아와서 귀하께서 보내신 서신을 잘 읽었습니다. 이번에 무사시가 병이 들어 히고노카미님께서 데라오 모토메노스케寺尾求馬之助를 보내셔서 보살피도록 했지만 정해진 운명인지라 그 보람도 없이 사망한 후, 장의, 3일 후의 법회, 묘소 조성에 이르기까지 정성을 다해 살펴주셨습니다. 과분한 배려에 감사의 말씀을 올립니다. 무사시의 병중에 번주 호소카와 미쓰나오님께서 문병해 주시고, 장례 때에는 대리인을 보내주시고, 아울러 법회 때는 부조까지 신경을 써 주시고, 그리고 사원까지 발걸음을 옮기셔서 분향하신 것 등 모든 일에 보여주신 성의에 몸 둘 바를 모르겠습니다. 사례하기 위해 우선 서신을 올립니다.

위 서신에 무사시가 사망한 후 나가오카 아키스에가 장의, 법회, 묘소 조성 등에 적극적으로 관여하여 일이 잘 마무리되도록 힘썼다는 것이 잘 드러나 있다. 위 서신을 접한 나가오카 아키스에는 이오리에게 답장을 보냈다. 윤5월 2일에 보낸 서신의 내용은 다음과 같다.

> 서신 잘 읽었습니다. 말씀하신 바와 같이 무사시님의 병중에 번주 히고노카미께서 데라오 모토메노스케라는 자를 보내어 간호하게 했습니다. 그러나 보람도 없이 돌아가셔서 매우 유감스럽습니다. 무사시님의 병중이나 돌아가신 이후까지 세심하게 따뜻한 말씀을 전해주시고 정중하게 서신을 보내주셔서 감사합니다. 즉시 에도에 머물고 계신 번주님께 귀하의 답례가 있었다는 말씀을 전하겠습니다.

나가오카 아키스에가 무사시의 장례, 법회, 묘소 조성 등에 관여하게 된 것은 1640년 호소카와 타다토시가 구마모토번 초대 번주로 입성하면서 가로들이 일이나 업무를 나누어 맡아 처리하도록 했기 때문이다. 이때 나가오카 오키나가·나가오카 아키스에·아리요시 히데타카有吉英貴에게 대외 관계의 일, 나가오카 요리유키·사와무라 도모요시·나가오카 아키나가長岡是長에게 국내의 일을 총괄하도록 명령했다. 무사시는 고쿠라번 오가사와라 가문의 가로 미야모토 이오리의 양부였다. 그래서 대외 관계 담당 나가오카 아키스에가 무사시 장례에 관한 일을 총괄했던 것이다.

한편 무사시가 사망하기 3개월 전에 번주 호소카와 미쓰나오가 참근교대를 위해 에도로 향했다. 2월 15일 구마모토성을 떠나 3월 16일에

에도에 도착했다. 그래서 무사시 장례 때 대리인을 보내게 되었다. 무사시의 장례가 호소카와 가문의 수호 사원 다이쇼인의 주지 다이엔이 주재했다는 점에 주목할 필요가 있다. 번주 호소카와 미쓰나오가 구마모토성을 출발할 때 이미 무사시가 위독하다는 것을 알았다. 그래서 무사시의 장의 절차까지 세세하게 지시하고 에도로 향했다. 번주 미쓰나오가 무사시를 얼마나 예우했는지 알 수 있다.

●●●9

『오륜서』 - 검술과 검도 사이

1. 地의 장

　　미야모토 무사시는 地의 장 첫머리에 다음과 같이 썼다. "나의 병법의 길을 니텐이치류二天一流라 칭한다. 오랜 시간 단련한 것을 비로소 책으로 엮으려고 생각한다. 때는 관영寬永 20년(1643) 10월 상순에 규슈九州 히고肥後의 땅 이와토야마岩戸山에 올라 하늘을 우러르고 관세음보살에 예배하고 부처님 앞에 섰다. 나 하리마播磨 출생 무사 신멘 무사시노카미新免武蔵守 후지와라 하루노부藤原玄信는 나이를 먹어 육십이 되었다."

무사시는 지난날을 돌아보았다. "나는 젊어서부터 병법의 길에 뜻을 두었다. 열세 살 때 처음으로 승부를 겨루었다. 그 상대 신토류新当流의 아리마 기헤에有馬喜兵衛라는 병법가를 이겼다. 열여섯 살이 되어 다지마노쿠니但馬国의 아키야마秋山 아무개라는 강력한 병법가와 싸워 이겼다. 스물한 살이 되어 교토로 올라가 천하의 병법가를 만나 여러 차례 승부를 겨루어 모두 승리했다. 그 후 일본 각지를 전전하며 여러 유파의 병법가를 만나 60여 차례나 겨루었으나 한 번도 이기지 않은 적이 없었다. 열세 살에서 스물여덟아홉 살 때까지의 일이었다."

무사시는 검술의 달인이었을 뿐만이 아니라 일본 국보로 지정된 수묵화를 남겼고 목공 분야에서도 뛰어난 작품을 남겼다. 그는 다도에 조예가 깊었고 일본의 전통 시가 와카和歌 분야에서도 두각을 나타냈다. 무사시는 여러 예능 분야에서 전문가를 능가하는 실력을 발휘했다. 그런데 그가 그림이나 목공을 배운 스승이 없었다. 무사시가 말했다. "병법의 이치에 따라 여러 예술과 기능에도 입문했지만 모든 분야에서 내게 스승이 없었다." 무사시에게 검술과 예술·기예의 경지는 같은 것이었다.

무사시는 『오륜서』가 불교나 유교의 경전을 인용하거나 다른 사람에게 배운 지식을 체계적으로 나열한 것이 아니라고 말했다. 『오륜서』는 어디까지나 자기의 경험에서 얻은 실전 기술과 이론을 체계화한 것이라는 점을 강조했다. 무사시가 말했다. "지금 이 책을 쓰면서도 불법이나 유교의 옛말을 빌리지 않고 군사에 관한 기록이나 병법서의 옛이야기를 인용하지 않는다. 오직 니텐이치류의 견해와 진실한 마음을 표현하기로 한다."

무사시가 말하는 병법은 곧 검술이었다. 검술은 무사라면 마땅히 몸에 익혀야 하는 무예였다. 무사는 12세기 말에 가마쿠라 막부鎌倉幕府가 성립한 이래 정치를 담당했다. 그런 측면에서 위정자였다. 하지만 무사는 조선의 위정자였던 선비와 달랐다. 선비는 지식인이었지만 무사는 전투원이었다. 전국시대 말부터 무사는 길고 짧은 두 자루의 칼을 차고 다녔다. 무사라면 누구나 검술을 익혀야 했다. 하지만 검술의 중요성을 제대로 인식하지 못하는 무사가 있었다. 무사시가 말했다. "대저 병법이란 무사 가문의 법이다. 장수가 된 자는 특히 이 길을 닦아야 하고, 병졸이 된 자도 이 길을 마땅히 알아야 한다. 그러나 요즈음 세상에 병법의 길을 명확하게 깨달은 무사가 없다."

무사시가 이 책에서 도道라는 표현을 자주 사용했는데, 그것은 불교 수행자가 참선이나 염불에 전념하여 높은 정신적 경지에 오르는 것을 말하는 것이 아니었다. 더구나 상상할 수 없는 신비한 능력을 발휘하는 것은 더욱 아니었다. 한 길에 매진하여 도달한 높은 식견이나 기예 또는 그 과정에 이르는 길을 이르는 것이었다. 무사시가 말하는 도

道는 '길'이라고 새기는 것이 무난하다. 무사시가 말했다. "도라고 널리 알려진 것에는 불법이라 하여 중생을 구제하는 길이 있고, 유교라 하여 학문의 이치를 밝히는 길이 있고, 의원이라고 하여 여러 병을 고치는 길이 있고, 가인歌人이라고 하여 와카和歌라는 시가를 짓는 길이 있고, 또는 스키샤數寄者라고 하여 풍류나 다도 등을 즐기는 길이 있고, 또 활쏘기를 즐기는 길이 있다. 그런데 병법의 길을 좋아하는 사람은 드물다."

그러면 무사의 도道란 무엇인가? 무사시가 말했다. "무사는 문무이도文武二道라 하여 두 길을 겸허하게 걸으며 그에 걸맞은 교양을 쌓고 무예를 연마해야 한다. 설령 그 길이 적성에 맞지 않아도 무사로 태어났으면 각자 신분에 따라서 마땅히 병법의 길을 닦아야 할 것이다. 무사가 생각하는 것을 헤아려 보건대, 무사는 단지 죽음이라고 하는 길을 마다하지 않으면 된다는 정도로 알고 있는 것 같다. 하지만 죽음을 각오하는 것은 무사만이 아니라 승려라도, 여자라도, 농민을 비롯한 서민에 이르기까지 의리를 알고 부끄러움을 생각하며 죽음을 각오하는 것이다. 그런 점에 차별이 없는 것이다."

서양에서는 영주와 기사가 주종 계약을 맺을 때 문서에 서명하는 것이 보통이었다. 하지만 일본의 주종 계약은 서양과 달랐다. 무사가 영주를 알현하면서 충성을 맹세하고 영주가 무사를 보호하겠다고 약속하면 계약이 성립했다. 영주는 무사 가문에 영지나 봉록을 하사했다.

영지나 봉록은 무사 가문이 대대로 보유하는 것이 원칙이었다. 무사는 본래 전투원이었다. 그들의 목표는 주군을 중심으로 단결하여 영지를 지키는 것이었다. 무사단은 주군과 가신의 운명 공동체였다. 무사는 주군을 위해서 싸우는 것이 곧 자기 가문을 위해서 싸우는 것이라고 알고 있었다.

무사에게 검술은 주군을 위해서도 자신의 가문을 위해서도 필요한 것이었다. 무사시가 말했다. "무사가 병법을 행하는 길은 어떠한 일이든지 남보다 나아야 한다는 것을 기본으로 삼아야 한다. 또는 일대일의 결투에서 이기고, 다수의 싸움에서 이기고, 주군을 위해서는 물론 자기 자신을 위해서 이름을 날리고 입신출세하려고 생각하는 것, 이것이야말로 병법의 덕으로써 가능한 일이다. 또 세상에는 병법의 길을 배워도 실제로 일이 터졌을 때 도움이 되지 않는다고 생각하는 사람도 있을 것이다. 그 점에 대해서는 언제라도 도움이 되도록 연습하여 어떠한 상황에도 대응할 수 있도록 하는 것, 이것이 병법의 진정한 길이다." 무사시는 연습만이 실전에서 승리할 수 있는 길이라고 말했다.

무사가 사용하던 무기의 종류는 많았다. 칼, 활, 길고 짧은 창, 칼을 쇠막대기 끝에 매달아 적을 베는 무기, 그리고 16세기 중엽부터 실전에 도입되었던 화승총 등 실로 다양한 무기가 실전에서 사용되었다. 하지만 그중에서 무사가 항상 손쉽게 사용할 수 있는 무기는 칼이었다. 그런데 전국시대 말부터 무사는 길고 짧은 두 자루의 칼을 허리에 차는 것이 관습이 되었다. 긴 칼은 가타나刀 짧은 칼은 와키자시脇差라고 했다. 가타나·와키자시를 한꺼번에 양도兩刀 또는 이도二刀라고 했다. 무사가 양도를 허리에 차게 되면서 대도帶刀는 무사 신분을 상징하게 되었다. 무사가 항상 양도를 소지하게 되면서 검술이 더욱 중요시되었다.

무사시가 말했다. "중국에서도 일본에서도 이 길을 닦은 자를 병법의 달인이라고 일컫는다. 무사로서 이 법을 배우지 않는 것은 있을 수 없는 일이다." 그렇다면 오로지 검술만 익히면 훌륭한 무사일까? 무사시가 말했다. "예부터 십능칠예十能七藝라는 말이 있다. 그중에서 병법은 실리적인 기예로 여겨졌다. 그러나 실리적인 기예를 오로지 검술에 한정해서는 안 될 것이다. 검술 하나에서만 얻는 이로움만 생각한다면 검술 그 자체도 이해하지 못할 것이다. 당연히 검술의 최고 경지에 이르지 못할 것이다." 무사시는 기예와 마음은 둘이 아니라는 점을 강조하고 싶었을 것이다. 실제로 무사시는 수묵화, 목공 등 다양한 예술과 기예에 접하면서 평정심에 머물 수 있게 되었다.

무사시는 검술의 기법과 형식에 치중하는 여러 검술 유파가 난무하는 현실을 개탄했다. "세상을 보니 모든 기예를 상품화하고 자기 자신을 상품으로 생각하고 여러 가지 도구도 상품으로 내세우고 있다. 하지만 이것은 꽃과 열매 두 가지를 놓고 볼 때 꽃보다 열매가 적은 것에 비유할 수 있다. 특히 이 병법의 도에 색을 칠하여 마치 꽃이 핀 것처럼 겉을 꾸미고 술수를 부리며 무슨 도장道場 무슨 도장이니 하면서 병법을 가르치고 있다. 배우는 자가 그러한 병법을 익혀 이득을 얻으려 한다면 소위 '서투른 병법이 큰 해악의 원인이 된다.'라는 속담이 현실이 될 것이다."

무사시는 신분身分의 관점에서가 아니라 직분職分의 관점에서 무사의 길을 논했다. "무릇 사람이 이 세상을 살아가는 데는 사농공상이라는 네 가지 길이 있다. 첫째는 농사의 길이다. 농민은 여러 종류의 농기구를 장만하여 계절이 변화함에 따라 경작하며 바쁜 나날을 보낸다. 이것이 농사의 길이다. 둘째는 장사의 길이다. 양조업자는 여러 가지 도구를 갖추고 술을 빚어 그것의 좋고 나쁨에 따라 그에 상응하는 이윤을 얻어 생활한다. 모든 장사의 길은 각자 물건을 팔아 얻은 이윤으로 세상을 살아간다. 이것이 장사의 길이다. 셋째는 무사의 길이다. 갖가지 무기나 무구武具를 장만하고 그것의 이점이나 사용법을 잘 변별하고 사는 것이 무사의 길이다. 무기의 사용법을 잘 모르고 갖가지 무기의 이점도 모른다면 무사로서 자질이 부족하다고 할 수 있다. 넷째는 물건을 만드는 장인으로 사는 길이다. 이를테면 목수는 다양한 연장을 연구하고 만들어서 쓰임새에 따라 연장을 잘 사용하고, 먹줄과 자를 이용해 도면을 작성하면서 쉬지 않고 그 재주를 쓰면서 세상을 살아간다. 이것이 사농공상 네 가지 길이다."

그렇다면 병법의 길이란 구체적으로 무엇일까? 병법의 길은 무사 사회의 법과 질서를 지키는 일이기도 하지만, 무사시는 검술을 제외하고 그 길을 논할 수 없다고 생각했다. 무사는 항상 허리에 차고 있는 길고 짧은 두 자루의 칼을 잘 활용하여 싸워서 이기는 것이 중요할 것이다. 그래서 무사시는 양도를 효과적으로 활용하는 검법을 개발했다. 무사시는 자신의 검법을 왜 니토이치류라고 칭했는지에 대하여 다음과 같이 말했다. "나의 검법을 니토二刀라고 일컫는 것은 무사는 무장도 병졸도 모두 항상 허리에 두 자루의 칼을 찬다. 옛날에는 두 자루의 칼을 각각 다치太刀와 가타나刀라고 했으나 요즈음에는 각각 가타나와 와키자시脇差라고 한다. 무사가 두 자루의 칼을 차는 일을 새삼스럽게 상세하게 설명할 필요가 없다. 일본에서 무사가 두 자루의 칼을 허리에 차는 것이 관례이다. 니토二刀의 도리를 이해시키기 위해 니토이치류라는 이름을 붙인 것이다."

무사시는 양손에 칼을 들고 싸우면 이점이 많다고 강조했다. "니토이치류에서는 초심자가 길고 짧은 칼을 양손에 들고 수련한다. 한목숨을 버릴 때 가지고 있는 무기를 남김없이 활용해야 할 것이다. 무기를 제대로 활용하지 못하고 허리에 찬 채 죽는다는 것은 올바른 일이 아니다. (중략) 가타나·와키자시는 한 손으로 들 수 있는 무기이다. 말을 타고 달릴 때, 수렁, 습지, 돌밭, 가파른 길, 사람이 붐비는 곳 등에서는 양손으로 칼을 잡을 수 없다. 왼손에 활이나 창과 같은 무기를 들고 있으면 한 손으로 칼을 사용할 수밖에 없다. 양손으로 칼자루를 잡는 것은 결코 당연한 일이 아니다. 만약 한 손으로 상대를 죽이기 어려운 경우에는 양손을 사용하면 된다. 어려운 일이 아니다."

무사시는 칼을 자유자재로 쓰려면 꾸준한 훈련이 필요하다고 말했다. "물론 한 손으로 칼자루를 잡는 것이 두 손으로 잡는 것보다 무겁고 불편할 것이다. 그래서 다른 검술 유파에서는 두 손으로 칼자루를 잡고 싸우는 방식을 선호했을 것이다." 그러나 무사시는 훈련으로 단점을 극복할 수 있다고 말했다. "한 손으로 긴 칼을 능숙하게 다루기 위해서는 양손으로 두 칼을 쓰면서 큰 칼을 한 손으로 휘두르는 훈련을 해야 한다. 누구라도 처음에는 긴 칼이 무겁고 휘두르기 어려울 것이다. 궁술도 처음 배울 때는 활시위를 당기기 힘들다. 하지만 활쏘기에 익숙해지면 활시위를 힘차게 당길 수 있게 된다. 긴 칼도 마찬가지이다. 훈련으로 익숙해지면 힘이 붙어서 휘두르기 쉬워진다." 또 무사시는 니토이치류 검법의 장점에 대하여 다음과 같이 말했다. "니토이치류에서는 긴 칼로도 이기고 짧은 칼로도 이기는 것을 목적으로 한다. 그래서 칼의 길이도 정하지 않는다. 어느 것으로도 싸워 이기는 것이 니토이치류의 정신이다. 긴 칼 하나를 갖는 것보다 칼 둘을 갖는 것이 혼자서 여러 사람과 싸울 때는 물론 숨어 있는 적을 상대할 때도 유리하다."

무사시가 칼의 위덕威德에 대하여 말했다. "활, 화승총, 창, 나기나타薙刀 즉, 칼을 쇠막대기 끝에 매달아 적을 베는 무기 등은 모두 무사 사회의 도구이며 병법의 길이다. 그런데도 칼을 특히 병법의 근본이라고 하는 데는 그럴만한 이유가 있다. 그것은 칼의 위덕으로써 세상을 다스리고 또 자신을 다스리기 때문이다. 칼은 병법의 근원이 되는 것이다. 칼의 위덕을 터득한다면 능히 혼자서 열 명을 이길 수 있다. 혼자서 열 명을 이길 수 있다면 백 명이 천 명을 이기고 천 명이 만 명을 이길 수 있다. 그래서 내 검법에서는 상대가 한 명이든 만 명이든 마찬가지이다."

무사시는 때와 장소 또는 상대와의 거리에 따라 무기를 골라 사용하는 것이 좋다고 말했다. 상황과 조건에 맞는 무기를 사용해야 승리할 확률이 높아지기 때문이다. 무사시가 말했다. "무기의 이점과 장점을 잘 안다면 어떤 무기라도 그때그때의 사정에 따라 알맞게 쓸 줄 알아야 한다. 짧은 칼은 공간이 좁은 곳에서 적과의 거리가 가까울 때 이로운 점이 많다. 긴 칼은 어느 곳에서나 사용할 수 있다는 장점이 있다. 나기나타薙刀는 전쟁터에서는 창보다 유용하지 않은 편이다. 창은 먼저 공격할 수 있으나 나기나타는 아무래도 후수가 될 수밖에 없다. 같은 기량이라면 창이 조금 유리하다고 할 수 있다. 창과 나기나타는 좁은 장소에서 이롭지 않다. 숨어 있는 적을 공격할 때도 유용하지 않다. 오로지 전쟁터에서 중요한 무기일 뿐이다."

무사시는 검술의 박자拍子를 중요시했다. 필자는 박자를 부드러운 리듬감, 어떤 상황에서도 들뜨지 않는 호흡, 적의 동작이 어긋나거나 숨이 고르지 못한 순간에 전광석화 같이 공격하는 타이밍으로 이해하고 있다. 무사시가 말했다. "모든 일에는 거기에 알맞은 박자가 있지만, 특히 검술에서의 박자는 훈련하지 않으면 터득할 수 없는 것이다. 박자를 중시하는 것에는 연극, 춤, 악기 연주 등이 있다. 그것들은 모두 정확한 박자가 요구된다. 무예에서 활을 쏘고 화승총을 쏘고 말을 탈 때도 박자와 가락이 있다. 모든 예술과 재능에 이르기까지 박자를 무시해서는 안 된다." "병법의 박자에도 여러 가지가 있다. 먼저 호흡이 맞는 박자와 그렇지 않은 박자를 분별하고, 크고 작고 느리고 빠른 박자 중에서도 알맞은 박자를 알고, 가락을 맞추는 박자를 알고, 적의 어긋나는 박자를 알아채는 것은 검술에서 매우 중요한 것이다. 특히 적의 엇박자를 감지하지 못하면 검술이 완성되었다고 할 수 없다."

무사시는 자신의 검법을 배우기를 희망하는 자에게 아홉 가지 규칙을 지킬 것을 요구했다. "(1) 삿되지 않은 것을 생각할 것 (2) 검술의 단련에 힘쓸 것 (3) 여러 분야의 무예와 예능을 배울 것 (4) 여러 직능職能의 길을 알 것 (5) 매사에 이해利害와 득실을 잘 분별할 것 (6) 모든 것의 가치나 진위를 알 수 있는 식견을 갖출 것 (7) 눈에 보이지 않는 것을 통찰하는 능력을 갖출 것 (8) 사소한 것에도 주의를 기울일 것 (9) 도움이 되지 않는 일을 하지 말 것." 무사시가 말을 이었다. "대략 이러한 도리를 마음에 새겨 병법의 도를 단련해야 한다. 이 도에 한해서는 올바른 것을 폭넓게 바라보지 못한다면 병법의 달인이 될 수 없다. 이 병법을 몸에 익힌다면 혼자서도 20~30명의 적과 싸워도 지지 않는다."

마지막으로 무사시는 니텐이치류 검법을 익히면 육체적으로나 정신적으로 남을 능가하게 되고, 다이묘大名라면 가신을 잘 거느리고 서민을 잘 다스리는 명군이 될 수 있다고 말했다. "잠시라도 병법의 이치를 잊지 말고 올바른 길에서 벗어나지 않는다면, 기술로도 이기고 사물을 꿰뚫어 보는 능력으로도 다른 사람을 이길 수 있다. 또한 단련하여 온몸을 자유자재로 쓰게 되면 신체적으로도 남을 뛰어넘고, 나아가 이 병법에 통달하면 정신적으로도 다른 사람을 능가하게 된다. 이 경지에 이르면 어찌 남에게 뒤질 수 있겠는가? 또한 큰 병법으로서는 능히 뛰어난 부하를 거느릴 수 있고, 능히 많은 군사를 부릴 수 있고, 능히 몸과 마음을 바르게 갈고 닦을 수 있고, 능히 국가를 다스릴 수 있고, 능히 백성을 돌볼 수 있고, 능히 세상의 예절을 펼칠 수 있다. 모든 면에서도 다른 사람에게 지지 않는 법을 알고, 내 몸을 보전하고, 명예를 지키는 것 이것이 바로 병법의 길이다."

2. 水의 장

무사시는 水의 장에서 검술의 기본이 되는 마음가짐, 기본자세, 칼을 잡는 요령, 발놀림 등에 대하여 설명했다. 다른 유파 창시자가 제자들에게 남긴 서적에는 다양한 검술 방식에 대하여 상세하게 설명되어 있으나 정작 검술의 기본자세에 대해서는 간략하게 기술했다. 그러나 무사시는 검술의 기본자세와 몸의 움직임을 중요시했다. 무사시는『오륜서』뿐만이 아니라 젊은 시절에 집필한『병도경』에서도 마음가짐, 손놀림, 발놀림 등에 대하여 반복해서 상세하게 설명했다. 실전에서는 사소한 허점이 치명적인 실수로 이어지고, 한 번의 실수는 곧 죽음으로 이어진다. 무사시는 수많은 검객과 결투하면서 기본자세와 몸의 움직임이 실전에서 얼마나 중요한지 실감했을 것이다. 그래서 제자들에게 검술의 기본을 강조했다.

무사시는 水의 장 첫머리에서 다음과 같이 말했다. "니텐이치류二天一流의 방식은 물의 성질을 본받아 실리적으로 수행하는 것이다. 이 장에서는 니텐이치류의 칼 사용 요령을 설명하기로 하겠다. 그러나 이 검법의 도를 생각대로 상세하게 기술하기 쉽지 않다. 비록 말이 매끄럽지 않아도 도리는 스스로 이해할 수 있을 것이다. 이 책에 써진 것을 하나하나 한 글자도 놓치지 말고 연구해야 할 것이다. 대충 생각해서는 길이 어긋나는 일이 많을 것이다. 싸움의 이치에 대하여 일대일의 승부인 것처럼 써 놓았지만 만 명의 군대가 싸우는 것과 같은 이치임을 알고 대국적인 관점에서 보는 것이 중요하다. 이 병법의 도는 조금이라도 잘못 이해하거나 오해하는 일이 있으면 잘못된 길로 빠지게 된다. 이 글만 읽는 것만으로는 병법의 도에 도달할 수 없다. 책에 써진 것을 몸으로 체득해야 한다."

무사시는 마음가짐의 중요성을 강조했다. "마음가짐은 평상심을 유지해야 한다. 평소에도 싸움에 임해서도 조금도 다름이 없어야 한다. 마음을 넓고 편안하게 갖고 너무 긴장하지 말고 조금도 흐트러지지 말고 한쪽으로 치우치지 않아야 한다. 마음을 조용히 움직여 보고 그 움직이는 마음이 잠시라도 끊어지지 않도록 정신을 차려야 한다. 몸을 느리게 움직일 때도 마음은 긴장을 늦추지 말아야 하고, 몸을 아무리 빨리 움직여도 마음은 조금도 동요하지 않아야 한다. 마음이 몸에 끌려가지 않고 몸이 마음에 끌려가지 않아야 한다. 마음을 예민하게 하여 몸에 마음을 빼앗기지 않아야 한다. 항상 마음을 잘 살피고 마음속으로 잡다한 생각을 하지 말아야 한다. 겉으로 약하게 보여도 속마음은 강해야 한다. 남이 나의 속내를 꿰뚫어 알아차리지 못하게 해야 한다."

무사시는 싸울 때 자세에 대하여 다음과 같이 말했다. "얼굴을 숙이지도 말고 들지도 말고 기울이지도 말고 비틀지도 말아야 한다. 시선을 움직이지 말고 이마에 주름이 지게 하지 말아야 한다. 미간을 찡그리지 않고 눈동자를 움직이지 않는다. 눈을 깜빡거리지 않고 평상시보다 조금 가늘게 뜬다. 편안한 표정을 짓고 콧대를 똑바로 하고 아래턱을 약간 내민듯하게 한다. 목은 뒷부분을 쭉 펴고 목덜미에 힘을 준다. 어깨부터 온몸에 골고루 힘이 들어가게 한다. 양어깨에 힘을 빼고 등줄기를 반듯하게 세우고 엉덩이를 내밀지 않는다. 무릎에서 발끝까지 힘을 주고 허리가 구부러지지 않도록 배에 힘을 준다. 그리고 단도의 칼집에 배를 밀착시켜 허리띠가 느슨해지지 않도록 한다."

무사시는 싸울 때 적을 예의 주시하는 것의 중요성에 대하여 말했다. "적을 바라볼 때는 전체를 크고 넓게 한꺼번에 보아야 한다. 보는 방법에는 관觀과 견見이 있다. 관은 전체를 보는 것이고 견은 부분을 보는 것이다. 관은 강하게 보고 견은 약하게 보아야 한다. 먼 곳에 있는 것은 가까이에 있는 것을 보듯이 자세하게 보고, 가까운 곳에 있는 것은 멀리 있는 것을 보듯이 크고 넓게 보아야 한다. 이것이 병법에서 가장 중요한 것이다. 적의 칼 모양을 잘 보고 적의 칼 움직임에 마음이 흔들리지 않는 것이 병법에서 중요한 일이다. 깊이 연구해야 할 것이다. 이러한 주시법은 일대일로 싸우는 경우에도 많은 사람이 싸우는 군대의 전투에서도 마찬가지이다. 눈동자를 움직이지 않고 양옆을 보는 것도 중요하다. 그러나 이것은 하루아침에 몸에 익히기 어렵다. 이 책을 읽고 배워서 평소에 이러한 주시법에 익숙하여 어떤 경우에도 주시하는 눈매가 변하지 않도록 끊임없이 노력해야 한다."

무사시는 『병법35개조』에서도 적과 싸울 때 시선 처리 방법에 대하여 다음과 같이 설명했다. "눈은 평소보다 조금 가늘게 뜨고 눈동자를 움직이지 않아야 한다. 적이 가까이 접근해도 먼 곳을 바라보는 눈으로 보아야 한다. 이런 눈매로 상대를 바라보면 적의 공격 기법은 물론 좌우 양측 배경까지 한눈에 들어온다." 『오륜서』에서는 몸놀림과 눈매를 항목을 달리하여 기술했으나 기본적인 내용은 『병법35개조』와 다르지 않다는 것을 알 수 있다.

눈을 크게 뜬다고 하여 앞에 있는 사물이 잘 보이는 것이 아니다. 초점이 맞는 한 부분은 잘 보이는 것처럼 느껴질지 모른다. 그러나 사실은 그렇지 않다. 눈을 크게 뜨면 눈알과 그 주변 근육에 힘이 들어가면서 의식이 사물에 고정되게 된다. 즉 마음이 밖으로만 향해 있는 상태가 된다. 그러면 오히려 사물과 그 주변을 두루 살필 수 없게 된다. 눈으로 본다는 것은 사물의 모양이나 움직임을 눈알로 본다는 말이 아니다. 눈알을 통해 들어온 정보가 뇌로 전달되어 인지하는 과정을 거치는 것이다. 요컨대 본다는 것은 뇌의 정보를 분석하고 인지하는 마음의 작용이지 눈알의 작용이 아니다. 뇌가 눈알을 통해 들어온 정보를 잘 처리하려면 머리와 눈 주변 근육이 이완되어야 한다.

오히려 눈에 힘을 빼야 집중력이 높아지고 사물을 온전히 살필 수 있게 된다. 무사시가 말했듯이 "눈은 평소보다 조금 가늘게" 떠야 눈에 힘이 빠지면서 집중력이 좋아진다. 이때 가까이에 있는 사물이라도 멀리 있는 것처럼 보면, 눈은 사물 하나하나의 모양에 사로잡히지 않고 사물과 그 주변을 모두 시야에 넣을 수 있다. "전체를 크고 넓게 한꺼번에" 볼 수 있게 된다. 밖으로만 향해 있던 마음이 안과 밖을 동시에 감지하는 상태가 된다. 이러한 경지에 이르면 상대의 움직임을 세밀하게 관찰하면서도 자기의 몸 상태와 마음의 움직임까지 한꺼번에 알아차릴 수 있다. 누구나 이런 경지에 도달하는 것은 아니다. 전투나 결투 중에 이런 상태를 유지하려면 평소에도 마음을 다스리는 수행을 해야 한다.

무사시는 긴 칼을 잡는 법에 대하여 다음과 같이 말했다. "긴 칼을 잡는 법은 엄지와 검지의 힘을 빼고 약간 띄운다는 느낌으로 잡고 중지는 조이지도 풀지도 말며 약지와 소지는 꼭 조이는 느낌으로 잡는다. 칼자루를 잡은 손의 힘이 느슨해져서는 안 된다. 칼을 잡는다고 하여 단지 들고만 있어서는 안 된다. 항상 적을 벤다는 생각으로 칼을 잡아야 한다. 적을 벨 때도 칼을 잡는 방법이 다르지 않다. 손이 움츠러들거나 너무 힘이 들어가지 않도록 잡아야 한다. 적이 칼을 치거나, 받거나, 부딪치거나, 누르거나 해도 엄지와 검지만을 약간 바꾼다는 느낌을 유지해야 한다. 하여튼 사람을 벤다고 생각하고 칼을 잡아야 한다. 시험 삼아 베는 연습할 때의 잡는 방법도 실전에서 사람을 벨 때 잡는 방법과 다르지 않다. 요컨대 칼에도 손에도 너무 힘이 들어가는 것은 금물이다."

무사시는 발로 땅을 디디는 자세와 움직임에 대하여 다음과 같이 말했다. "발끝의 힘을 빼고 약간 띄우고 뒤꿈치에 힘을 주어 디뎌야 한다. 발의 움직임은 상황에 따라서 크고 작고 느리고 빠름은 있어도 평소 걷듯이 해야 한다. 발의 움직임 중에 뛰어오르는 발, 공중에 뜬 발, 바닥에 고정된 발이 있을 수 있는데 이러한 자세는 피해야 한다. 검술에서 중요하게 여기는 것이 음양의 이치에 따른 발놀림이다. 이것이 매우 중요하다. 음양의 발놀림이란 한쪽 발만 움직이지 않는 것이다. 벨 때도 물러날 때도 적의 칼을 받을 때도 항상 음양의 이치에 따라 오른발 왼발 오른발 왼발 이런 식으로 발을 움직여야 한다. 거듭 당부하지만 한쪽 발만 움직여서는 안 된다."

무사시가 말하는 발의 자세와 움직임은 오늘날 검도 도장에서 가르치는 것과 달랐다. 오히려 정반대였다. 오늘날 검도는 주로 도장에서 한 사람의 상대와 겨룬다. 전방에 있는 한 사람을 상대하면 된다. 뒤에서 쳐들어오는 적을 걱정하지 않아도 된다. 타격하고 찌르는 부위가 정해져 있다. 그래서 발끝에 힘을 주어 바닥을 밟고 뒤꿈치를 살짝 띄우라고 가르친다. 공격할 때 바닥을 발끝으로 차면서 앞으로 내닫기 좋은 자세이다. 그러나 무사시가 경험한 결투는 실전이었다. 한 사람이 여러 명의 적과 싸울 수도 있었다. 적이 사방에서 달려들 수도 있었다. 적의 칼이 머리, 손목, 허리, 목 이외에 몸의 어떤 부위를 스치기만 해도 치명상이 될 수 있었다. 자세와 움직임이 오늘날 검도의 그것과 다를 수밖에 없었다. 발바닥으로 땅을 힘주어 밟으면 오히려 몸이 경직될 수 있었다. 체중을 아랫배 단전 아래에 둔다는 느낌으로 몸 전체의 감각을 예민하게 살려두어야 했다. 그러면 자연스럽게 발가락에 힘을 빼고 살짝 올린다는 감각으로 발바닥을 땅에 붙이는 것이 가장 편한 자세가 된다. 적과 싸울 때 발끝으로 바닥을 차면서 움직이는 것보다 몸의 중심을 옮긴다는 감각으로 자연스럽게 움직이는 발놀림이 가장 효과적일 수밖에 없었다.

무사시는 발의 움직임 중에 "뛰어오르는 발, 공중에 뜬 발, 바닥에 고정된 발"을 경계했다. 검객이 발바닥에 힘을 주며 펄쩍 뛰어오르는 순간과 착지하는 순간에 움직임이 멈춘다. 공중에 발을 띄웠을 때도 순간 움직임이 정지되며 적을 공격할 수 없는 상태가 된다. 바닥에 발을 고정하면 몸이 경직될 뿐만이 아니라 몸의 중심을 미끄러지듯이 움직일 수 없다. 자세가 조금이라도 균형을 잃으면 호흡이 불안정해지고, 그러면 이쪽은 순간 움직일 수 없는 상태가 되고, 적은 공격할 박자를 얻게 된다. 이때 적의 공격을 받으면 치명상을 입을 수 있다. 무사시가 무수한 결투를 거치며 몸으로 익힌 경험이 그대로 녹아있는 가르침이라고 할 수 있다.

칼을 들고 적과 싸울 때 한쪽 발만 내밀면 움직임이 멈추거나 자세가 불안정해진다. 자세가 불안정하면 칼에 체중을 알맞게 실을 수 없다. 또 적을 치거나 찌를 때도 집중력이 떨어져서 자세가 흐트러진다. 그래서 몸을 이완하면서 오른발 왼발을 교대로 디디며 언제든지 공격으로 전환할 수 있는 태세에 머물러야 한다. 무사시는 이것을 음양의 이치에 따른 발놀림이라고 했다. 항상 발을 움직이면서 칼을 휘두르거나 찌를 수 있도록 허리를 반듯이 세우고 어깨나 팔에 힘이 들어가지 않도록 해야 한다. 적을 공격할 때는 온몸이 하나가 되어 자연스럽게 치거나 찔러야 한다. 무사시는 『오륜서』 뿐만이 아니라 『병도경』에서도 공격할 때는 물론 방어할 때도 항상 허리를 반듯이 세우는 것이 좋다고 말했다. 무사시는 그 상태를 "예를 들면 밧줄로 하늘에 매달려 있는 느낌이어야 한다."라고 말했다. 필자는 이 말에도 무사시가 몸으로 익힌 실전 경험이 배어 있다고 생각한다.

무사시는 검술의 다섯 가지 기본자세에 대하여 말했다. "다섯 가지 기본자세란 상단, 중단, 하단, 오른쪽 옆구리, 왼쪽 옆구리 자세이다. 기본자세는 다섯 가지로 나누어져 있지만 모두 적을 베기 위한 것이다. 기본자세는 다섯 가지 이외에는 없다. 어떤 기본자세라도 형식에 얽매이지 말고 오로지 베는 것만 생각해야 한다. 자세의 크고 작음은 상황에 따라 이로운 것을 따르면 된다. 상단·중단·하단은 가장 중요한 자세이고 좌우 옆구리 자세는 응용 자세이다. 좌우 옆구리 자세는 위가 막혔거나 한쪽 옆구리가 막힌 장소에서 취할 수 있는 자세이다. 좌우는 장소에 따라서 판단할 일이다. 검술의 비결에 '기본자세에서 가장 중요한 것은 중단이다. 잊지 말아라.'라는 말이 있다. 중단이야말로 자세의 근본이다. 전투에 비유해보면 중단 자세는 대장의 자리이다. 대장 자리 다음에 네 가지 자세가 있다."

무사시는 긴 칼을 쓰는 요령에 대하여 다음과 같이 말했다. "평소에 자신이 허리에 차고 있는 긴 칼을 두 손가락으로 휘둘러도 검술의 이치를 잘 알고 있으면 자유자재로 다룰 수 있다. 긴 칼을 빨리 휘두르려고 하면 오히려 검술의 이치에 어긋나서 휘두르기 어려워진다. 긴 칼은 휘두르기 좋은 정도로 천천히 휘두른다는 느낌이 중요하다. 부채나 짧은 칼을 사용하듯이 빨리 휘두르려고 하면 안 된다. 긴 칼을 쓰는 이치에서 어긋나 휘두르기 어렵게 된다. 그런 아무 도움이 되지 않고 헛심만 쓰는 칼질로는 사람을 벨 수 없다. 긴 칼로 내려친 후에는 들어 올리기 편한 쪽으로 올리고 옆으로 휘두른 후에는 옆으로 되돌리기 쉬운

쪽으로 되돌려야 한다. 어느 경우에나 팔꿈치를 시원하게 뻗어 강하게 휘둘러야 한다. 이것이 긴 칼을 쓰는 요령이다."

이어서 무사시는 다섯 가지 기본자세에 대하여 말했다. 그 내용의 일부를 소개하면 다음과 같다. [중단 자세] 칼끝으로 적의 얼굴을 겨누고 섰을 때 적이 공격하면 오른쪽으로 칼을 피하면서 치고, 적이 다시 공격하면 칼끝을 되받아치고, 내리친 자세를 유지하다가 적이 다시 공격할 때 밑에서 적의 손을 친다. [상단 자세] 적이 공격할 때 동시에 적을 친다. 적을 치지 못했을 때는 칼을 그대로 들고 있다가 적이 다시 공격할 때 아래에서 위로 치켜올리듯이 친다. [하단 자세] 칼을 늘어뜨린 느낌으로 들고 있다가 적이 공격하면 밑에서 치켜올리듯이 손을 친다. 손을 칠 때 적이 이쪽 칼을 떨어뜨리려고 치는 순간에 틈을 주지 않고 적의 팔을 옆으로 친다. 하단 자세는 적이 치는 순간에 동시에 치는 것이다. [왼쪽 옆구리 자세] 긴 칼이 왼쪽 옆구리 쪽으로 향한 자세를 취하고 공격하는 적의 손을 밑에서 위로 치는 기술이다. 밑에서 위로 칠 때 적이 칼을 쳐서 떨어뜨리려고 하면 적의 손을 친다는 감각으로 칼을 막으며 자기의 어깨 위쪽으로 비스듬히 올려서 친다. [오른쪽 옆구리 자세] 칼을 오른쪽 옆구리 쪽으로 향한 자세를 취하고 적이 공격해 오는 방향에 따라 칼을 아래쪽에서 비스듬히 쳐서 올리고 다시 위에서 아래로 힘껏 베는 것이다. 이 검법으로 훈련하여 능숙해지면 무거운 긴 칼도 자유자재로 다룰 수 있게 된다.

다른 검술 유파에서는 태권도의 품세와 같은 자세를 중시했다. 따라서 다른 유파의 문하생에게 그것이 유출되는 것을 경계했다. 그래서 기본자세인 초전初伝을 제외하고 중전中伝, 오전奧伝, 극의極意 등으로 등급을 정하고 단계마다 여러 개의 자세를 정해 놓고 문하생 중에서 실력과 충성심을 두루 갖춘 자에게만 단계별 자세를 전수하면서 면허를 발급하는 형식을 취했다. 문하생들은 유파의 창시자가 전하는 자세를 단계적으로 익히면서 면허를 취득하는 것을 영예로 여겼다. 최고 단계인 극의의 면허를 취득하면 검술의 달인으로 일컬어졌다. 그러나 자세를 익히는 것을 유일한 목표로 하면 지나치게 정형화된 수련이 될 수밖에 없었다.

무사시는 다섯 가지 기본자세만 가르쳤다. 기본자세를 올바르게 몸에 익히는 과정이 곧 검술의 이치를 터득하는 길이라는 점을 강조했다. 무사시가 말했다. "이상 다섯 가지 자세에 대하여 상세하게 설명하지 않겠다. 나의 검법의 이치를 터득하고 전반적인 박자도 익혀서 적의 칼 쓰는 기법까지 꿰뚫어 볼 수 있으려면 우선 이 다섯 가지 자세로 부단히 연마해야 한다." 다섯 가지 기본자세를 익힌 수련자는 그것을 응용한 다양한 공격 자세와 방어 자세를 스스로 개발하여 몸에 익혔다. 같은 동작이라도 수련자의 칼을 쓰는 습관이나 방식에 따라 검법의 느낌이 미묘하게 달라질 수 있었다. 수련자는 자신의 신체 조건이나 반응 능력에 따라 칼을 쓰는 기술을 몸에 익혔다. 자세와 자세를 연결하는 칼의 궤적이 자연스럽게 하나로 이어질 때까지 훈련했다. 수련자는 훈련을 거듭하면서 스스로 검술의 이치를 터득했다. 적의 움직임에 자연스럽게 반응하면서 박자를 감지했다. 박자를 알면 적의 표정이나 미세한 움직임만으로도 다음 동작을 예측할 수 있었다. 이쪽의 안정된 박자와 저쪽의 엇박자가 만나면서 승패가 결정되었다. 요컨대 무사시의 니텐이치류 검법은 스승이 제자에게 면허를 수여하는 것으로 완성되는 것이 아니었다. 수련자가 다섯 가지 기본자세를 꾸준히 연마하여 완성하는 검법이었다.

무사시는 검술의 기본자세에 대하여 설명했지만, 그렇다고 그 자세에 너무 매달리지 말고 그때그때의 상황에 따라 유연하게 대처하라고 말했다. 무사시가 말한 유구무구有構無構를 직역하면 '자세가 있으면서도 자세가 없다.'라는 말이다. 기본자세가 절대적인 것은 아니니까 적과 대치했을 때 상황에 따라 융통성을 발휘하라는 뜻이다. 무사시가 말했다. "칼은 적이 어떻게 나오느냐에 따라, 장소에 따라, 상황에 따라, 어떠한 때에도 적을 베기 쉬운 자세를 취해야 한다. 상단도 때에 따라서 칼을 조금 밑으로 내리면 중단이 되고, 중단도 필요에 따라 칼을 조금 올리면 상단이 된다. 하단도 상황에 따라 칼을 조금 올리면 중단이 된다. 좌우 옆구리 자세도 위치에 따라 칼을 조금 가운데로 옮기면 중단이나 하단이 된다. 자세가 있으되 자세가 없는 이치이다. 칼을 잡으면 무슨 일이 있어도 적을 베어야 한다. 적이 공격하는 칼을 받거나, 치거나, 맞서거나, 버티거나, 건드리거나 하는 일이 모두 적을 베기 위한 과정이며 수단임을 잊지 말아야 한다. 치고, 맞추고, 버티고, 건드리는 것에 마음을 빼앗기면 적을 벨 수 없게 된다. 어떤 행위도 적을 베기 위한 과정이며 수단이라고 생각하는 것이 중요하다."

무사시는 적을 공격하는 요령을 다음과 같이 정리했다. "적을 칠 때는 한 박자에 쳐야 한다. 적이 이쪽의 의도를 아직 간파하지 못했을 때 이쪽 몸을 움직이지 않고, 주저함이 없이, 전광석화와 같이 단번에 치는 박자가 있다. 적이 칼을 빼고, 겨누고, 공격하려고 생각하는 틈을 주지 않고 치는 박자, 이것이 한 호흡 박자이다." "이쪽이 적을 치려고 하면 적이 놀라며 물러나 공격을 피하려고 할 것이다. 이때 이쪽이 치려는 것처럼 행동하면 적이 긴장한 직후에 순간 느슨해질 것이다. 그 틈을 노려 치고 또 물러나서 느슨해진 순간을 포착하여 적을 치는 것 이것이 두 호흡 박자이다." "이쪽이 적을 공격하면 적이 반격하든지 피하든지 할 것이다. 그때 적의 머리, 손, 발 등 칠 수 있는 부위를 일격에 쳐야 한다." "전광석화 검법이 있다. 적의 칼과 이쪽의 칼이 맞닿을 정도로 접근한 상태에서 이쪽의 칼을 조금도 치켜들지 않고 매우 강하게 치는 검법이다. 이것은 다리·몸·손이 모두 강해야 가능하다. 온몸의 힘으로 재빠르게 쳐야 한다."

무사시는 적과 겨룰 때 마음가짐에 대하여 다음과 같이 말했다. "적과 접전할 때는 어떤 경우에도 몸이 움츠러들지 않도록 해야 한다. 다리와 허리를 쭉 펴고 목을 길게 빼고 강하게 적을 압박해야 한다. 적의 얼굴과 이쪽의 얼굴을 마주하고 키를 견주어 보아 키가 크다고 여겨질 때까지 등을 펴고 적에게 다가서야 한다." "접전할 때 내 칼을 적의 칼에 붙인다는 감각으로 몸을 밀착시킬 필요가 있다. 그러나 너무 거세지 않은 감각으로 밀고 나가야 한다." "몸을 부딪치는 것도 기술이다. 몸을 날려 적에게 부딪힐 때 얼굴을 옆으로 돌리고 왼쪽 어깨로 적의 가슴에 부딪힌다. 온 힘을 다하여 용수철이 튕기듯이 부딪혀야 한다. 이것을 연습하면 적이 즉사할 정도로 강하게 부딪히게 된다." "적과 싸울 때 적의 칼과 이쪽의 칼을 사이에 두고 적의 얼굴을 칼끝으로 찌른다는 생각을 잠시도 잊지 않는 것이 중요하다. 적의 얼굴을 찌르려는 낌새가 있으면 적은 얼굴도 몸도 뒤로 젖히게 된다. 그러면 이쪽이 승리할 수 있는 확률이 높아진다." "맞받아치기는 적이 공격하는 칼을 가볍게 쳐내는 감각으로 막아내면서 재빨리 적을 치는 것이다. 적의 칼을 가볍게 쳐내면서 주도권을 잡는 것이 중요하다." "단 한 번의 공격으로 적을 쓰러뜨릴 수 있다는 확신이 승리를 가져다준다."

3. 火의 장

무사시는 火의 장의 첫머리에서 다음과 같이 말했다. "니토이치류二刀一流의 병법에서는 싸움을 불에 비유하여 싸움이나 승부의 일을 '火의 장'이라 이름하여 여기에 기록하고자 한다. 세상 사람들은 병법의 도리를 한낱 작은 기술이라고 알고 있다. 그래서 손가락 끝으로 손목의 다섯 치·세 치 정도의 유리함을 알고, 또는 부채를 쥐고 팔꿈치로부터 손끝까지의 움직임으로 승리할 수 있다고 생각한다. 또 죽도 따위로 조금 빠르게 상대를 치는 요령을 익히고, 손놀림과 발놀림을 배워서 약간 유리하고 빠른 것을 중요하게 생각한다. 나의 병법은 매번의 결투에서 목숨을 걸고 싸우며 죽고 사는 두 길의 도리를 판별하고, 칼을 쓰는 법을 터득하고, 적이 사용하는 칼의 강약을 알고, 칼날과 그것을 사용하는 법을 변별하고, 적을 쳐서 죽이기 위해 단련하는 것이다. 사소한 잔재주에 관심을 두지 않는다."

무사시는 싸움에서 위치 선정이 승패를 좌우할 수 있다는 점을 강조했다. "싸울 때 자신이 어느 위치에 있는지 살펴야 한다. 해를 등에 지고 공격 자세를 취해야 한다. 만약 장소에 따라 해를 등질 수가 없을 때는 오른쪽에 해가 오도록 자세를 취해야 한다. 실내에서도 등불을 등지거나 아니면 등불이 오른쪽에 있도록 해야 한다. 등 뒤의 공간이 막히지 않도록 하고 왼쪽 옆은 넓고 오른쪽은 좁은 장소에서 공격 자세를 취하는 것이 유리하다. 밤에도 적이 보이는 곳에서는 불을 등에 지고 불빛을 오른쪽 옆에 두고 공격 자세를 취해야 한다. 또 적을 내려다 볼 수 있도록 조금이라도 높은 곳에서 공격할 수 있어야 한다. 실내에서는 상석을 높은 곳이라고 생각해야 한다."

싸울 때는 항상 자신이 유리한 곳을 차지하고 적을 궁지로 몰아야 한다는 점을 강조했다. "싸움이 시작되었을 때는 적을 자기의 왼쪽으로 몰아가야 한다. 불리한 곳을 적이 등지게 하고 어느 쪽에서든 적을 불리한 곳으로 몰아가는 것이 중요하다. 불리한 곳에서는 '적에게 싸울 장소를 보여주지 말라.'는 말이 있듯이, 적이 주변을 살필 수 있는 여유를 주지 말고 끊임없이 몰아붙여야 한다. 실내에서 문지방, 문틀, 미닫이문, 가장자리, 기둥 등이 있는 곳으로 적을 몰아붙일 때도 적이 싸움 장소를 살필 수 있는 틈을 주지 말아야 한다. 밖에서나 실내에서나 적을 몰아붙이는 방향은 발을 디디기 힘든 곳 또는 옆에 장애물이 있는 곳이다. 어떤 경우에도 장소의 유리함을 살려서 우위를 점한다는 태도가 가장 중요하다."

적과 마주했을 때 결정적인 기회를 포착하여 선수를 치면 승리할 수 있는 확률이 높아진다. 무사시는 선수를 치는 세 가지 방법이 있다고 말했다. (1) 이쪽이 먼저 공격하면서 선수를 치는 것을 '거는 선수'라고 한다. (2) 적이 먼저 공격할 때 받아치면서 선수를 치는 것을 '기다리는 선수'라고 한다. (3) 양쪽이 동시에 공격할 때 선수를 치는 것을 '부딪히는 선수'라고 한다. 무사시가 말했다. "[거는 선수] 이쪽이 먼저 공격하려고 생각할 때 편안하게 대치하다가 재빠르게 공격해야 한다. 마음은 편안하고 여유롭되 몸은 거세고 빠르게 움직이는 방법, 정신을 바짝 차리고 발을 재빠르게 움직여 적의 옆구리를 치는 방법, 기세를 한껏 올려 처음부터 끝까지 적을 몰아붙여서 승리하는 방법 등이 있다. [기다리는 선수] 적이 먼저 공격할 때 조금도 동요하지 말고 밀리는 척하다가 적이 접근할 때 한발 크게 물러나서 덤벼들 것처럼 하다가 적이 방심한 틈을 노려 재빠르고 거세게 공격하는 방법, 적이 공격할 때 이쪽도 거세게 맞서다가 적의 박자가 어긋나는 틈을 노려 공격하는 방법 등이 있다. [부딪히는 선수] 적이 빠르게 공격할 때 이쪽은 차분하나 강하게 나서며 적이 접근하면 물러나는 태세를 취하다가 적이 방심하는 순간에 재빠르게 공격하는 방법, 적이 천천히 다가올 때 이쪽은 가볍고 조금 빠르게 대처하며 적의 공격을 유도하다가 적이 허점을 드러내면 거세게 공격하여 이기는 방법이다. 이와 같은 세 가지 선수는 때와 상황에 따라 언제나 먼저 공격하라는 뜻은 아니지만, 기왕이면 먼저 공격하여 적을 내 마음대로 몰아가는 것이 바람직하다."

싸움에서는 기선을 제압하고 주도권을 장악하는 쪽이 이기게 마련이다. 무사시는 싸움에서 기선을 제압하는 것을 "베게 누르기"라고 말했다. "베개 누르기는 적이 머리를 들지 못하게 한다는 뜻이다. 싸움에서 적의 전략에 말려들어 뒷북을 치는 것은 좋지 않다. 어떠한 일이 있어도 적을 마음대로 몰아가면서 수세에 몰리게 해야 한다. 물론 적도 이쪽과 같은 생각을 할 것이다. 적의 작전이나 전법을 알지 못하면 승리할 수 없다. 검술은 적이 치고 들어오는 것을 멈추게 하고, 찌르고 들어오는 것을 막아내고, 달라붙는 것을 떨쳐내는 싸움이다. 베개 누르기란 나의 검법 니텐이치류를 체득하여 적과 싸울 때 적이 무엇을 생각해도 그 의도를 사전에 간파하여 적이 공격하는 순간에 철저하게 제압하여 선수를 빼앗기지 않는 것이다. 적이 기술을 걸어왔을 때 별 의미가 없는 것은 적이 하는 대로 놔두고, 적에게 유리한 것은 억눌러서 적이 뜻대로 할 수 없게 하는 것이 병법에서 중요하다."

적을 알고 나를 알면 백전백승이라는 말이 있다. 무사시도 적의 동태나 분위기를 파악하는 것을 중요시했다. 특히 싸움을 앞두고 적의 기세를 파악하라고 말했다. "적의 기세를 파악하는 것이 중요하다. 싸움에서 적의 사기가 왕성한지 아니면 떨어졌는지를 알아야 한다. 적의 심리 상태를 알아야 한다. 그때그때의 상황에 따라 적의 동태를 관찰하고 아군을 어떻게 움직일지 생각해야 한다. 그리고 이 병법의 이치에 따라 반드시 이긴다고 확신하고 선수를 쳐서 싸우는 것이 중요하다. 또한 일대일의 싸움에서도 적의 유파를 분별하고 상대의 강점·약점·성격을 파악하여 적이 생각지도 못한 작전을 전개해야 한다. 그리고 적의 마음 상태와 기분을 파악하고, 평소의 습관이나 버릇까지 파악하여 선수를 쳐야 한다. 모든 기세는 이쪽의 지력이 뛰어나면 반드시 간파할 수 있는 것이다."

싸움은 어느 한 편이 이기면 끝나는 것이다. 그래서 승리하기를 원하는 사람은 적이 무너질 때를 놓치지 말고 공격하여 끝장을 내야 한다. 그런데 판단을 잘못하여 공격할 기회를 놓치면 적이 다시 기운을 회복하면서 오히려 이쪽이 지는 수가 있다. 무사시는 적이 무너질 때가 승리할 수 있는 기회라고 말했다. "무슨 일이든 무너질 때가 있는 법이다. 집이 무너지고 몸이 무너지고 적이 무너지는 것은 박자가 어긋나서 그런 것이다. 싸움에서도 적이 무너지는 박자를 알고 그 순간을 포착하여 공격하는 것이 무엇보다 중요하다. 무너지는 순간을 놓치면 적이 다시 태세를 전환할 수 있는 것이다. 일대일의 결투에서도 싸우는 동안에 적의 박자가 어긋나며 무너지는 순간이 있다. 그때를 놓치면 적은 다시 기운을 차려 내 마음대로 할 수가 없게 된다. 적이 무너지는 순간을 포착하여 적이 다시 얼굴을 들지 못하도록 확실하게 몰아붙이는 것이 중요하다."

싸울 때는 적의 의중을 간파하는 것이 무엇보다도 중요하다. 적이 어떻게 대응할지 알아야 이쪽에서 효과적으로 공격할 수 있고 또 기만전술로 적이 오판하도록 할 수도 있다. 모두가 승리하기 위한 것이다. 무사시는 적의 의중을 알아내기 위한 행동을 "그림자 움직이기" 적의 의중을 역이용하는 것을 "그림자 누르기"라고 말했다. "'그림자 움직이기'는 적의 의중을 알 수 없을 때 사용하는 방법이다. 전투에서 적의 세력과 움직임을 알 수 없을 때 이쪽에서 거짓으로 강하게 공격하는 듯이 움직여서 적의 전략을 알아내는 것이다. 적의 의중을 알면 매우 유리한 입장에서 승리할 수 있는 방법을 찾을 수 있다. 또한 일대일의 싸움에서도 적이 칼을 뒤쪽이나 옆구리 쪽을 향하게 하는 자세를 취하고 있어서 어떻게 공격할지 알 수 없을 때, 이쪽에서 갑자기 공격하려고 하면 적의 의도가 칼의 움직임으로 드러나게 된다. 그러면 이쪽이 유리하게 되어 확실하게 승리할 수 있게 된다." "'그림자 누르기'는 적이 공격하려는 의도를 드러냈을 때 취하는 방법이다. 전투에서 적이 먼저 작전을 펼치려고 할 때 이쪽에서 적의 작전을 알고 대응하는 듯한 움직임을 보이면 적은 이쪽의 기세에 눌려 작전을 변경하게 된다. 그러면 이쪽도 생각을 바꿔 안심하고 선수를 쳐서 이길 수 있다. 일대일의 싸움에서도 적의 강한 투쟁심을 효과적인 방법으로 저지한 다음에 적절한 방법으로 선수를 쳐서 이길 수 있다."

싸움은 심리전에 능한 자가 승리할 확률이 높다. 무사시는 심리전에 남다른 능력을 발휘한 인물이었다. 수많은 결투를 거치며 터득한 요령을 가감 없이 기록했다. "모든 것이 전염한다. 졸음도 전염하고 하품도 전염한다. 시간도 다른 사람에게 영향을 미칠 수 있다. 전투에서 적이 안정하지 못하고 서두르는 기색이 보일 때는 이쪽이 그런 분위기에 조금도 개의치 않는 듯이 느긋한 태도를 보이면 적이 이쪽의 영향을 받아서 분위기가 가라앉는다. 적 진영의 분위기가 이완되었다고 생각되면 안심하고 재빠르고 거세게 공격하여 승리할 수 있게 된다. 일대일의 싸움에서도 이쪽의 몸과 마음을 느긋하게 하여 적이 순간 방심한 틈을 노려 강하고 빠르게 선수를 쳐서 이기는 것이 중요하다. 다른 방법도 얼마든지 있다. 거짓으로 싫증이 나는 마음, 들뜬 마음, 움츠러드는 마음 등을 내보여서 상대를 방심하게 하는 방법도 있다."

"적의 마음을 동요하게 하는 것도 중요하다. 위험하다고 느끼게 하는 것, 역부족이라고 느끼게 하는 것, 앞을 예측할 수 없게 하는 것 등이 있다. 전투에서는 상대방 세력을 분열시키는 것이 중요하다. 적이 전혀 예상하지 못했을 때 거센 기세로 공격해야 한다. 적 진영이 동요할 때 이쪽에서 선수를 쳐서 공격해야 한다. 일대일의 싸움에서도 처음에는 짐짓 느긋하게 행동하다가 갑자기 강하게 공격하여 적이 당황하여 우왕좌왕할 때 그 틈을 타서 승리할 수 있다."

"적은 생각지도 못한 일에 두려움을 느낀다. 전투에서 적을 위협하는 일은 매우 당연한 일이다. 소리를 내어서 위협할 수 있고 소수의 병력을 대군이라고 부풀려 선전하여 위협할 수도 있다. 측면에서 불시에 기습하여 위협할 수도 있다. 모두 적이 두려움을 느끼게 하는 일이다. 그리하여 적이 공포에 떨고 있을 때 틈을 타서 공격하여 승리할 수 있다. 일대일의 싸움에서도 몸으로 위협하고, 칼로 위협하고, 소리로 위협할 수 있다. 그리하여 적이 두려움에 떨 때 그 틈을 이용하여 갑자기 예상하지 못한 공격을 가하여 승리하는 것이 중요하다."

"적을 당황하게 하는 것도 방법이다. 이것은 적의 마음을 흔들어 갈피를 잡지 못하게 하는 것이다. 전쟁터에서도 적의 심리를 파악하여 병법의 지략으로 적의 마음을 혼란스럽게 한다. 적이 어찌할 바를 몰라 허둥댈 때 그 틈을 노려 확실한 승리를 거둘 수 있다. 일대일의 싸움에서도 이쪽에서 그때그때의 상황에 대처하며 여러 가지 방법을 동원하여 짐짓 칠 듯이 움직이기도 하고, 찌를 듯한 행동을 하기도 하고, 파고 들어갈 듯이 접근하기도 하다가 적이 당황하는 순간에 공격하여 승리하는 것, 이것이 싸움에서 매우 중요하다."

싸울 때는 사기가 하늘을 찔러야 한다. 불퇴전의 용기가 승패를 가른다. 한번 물러나면 그것이 패배로 이어질 수 있다. 무사시는 실전에 임했을 때 철저하게 응징하는 태도를 중시했다. "적은 나약하고 나는 강하다고 생각하고 단숨에 무찌르는 담력이 있어야 한다. 전투에 임할 때는 적을 대수롭지 않게 여겨야 한다. 적의 숫자가 많아도 적이 허둥대거나 사기가 떨어진 듯이 보이면 처음부터 위압적인 태도로 철저하게 짓밟아야 한다. 짓밟는 힘이 약하면 적이 되살아날 수 있다. 손바닥에 쥐고 뭉갠다는 느낌을 잘 알아야 할 것이다. 일대일의 싸움에서도 상대가 자신보다 실력이 모자라거나 박자가 어긋나서 도망치려고 할 때 다시는 숨을 쉬지 못하고 눈을 마주치지 못하도록 단숨에 짓밟아 버리는 것이 중요하다. 다시는 일어나지 못하게 하는 것이 가장 중요하다."

"적과 싸울 때 압도적인 힘과 기술로 승리한 것처럼 보여도 적의 마음속에 있는 투쟁심까지 없애버리지 않는다면 아직 싸움이 끝나지 않은 것이다. 적이 겉으로는 졌어도 마음속으로 굴복하지 않을 수 있다. 그러한 경우에는 이쪽이 빨리 마음을 바꿔서 적의 투쟁심을 뿌리 뽑아 적이 마음속으로 정말 졌다는 생각이 들 때까지 철저하게 탄압하는 것이 중요하다. 뿌리를 뽑는다는 것은 먼저 칼로 뽑고, 다음에는 몸으로 뽑고, 마지막으로 마음으로 뽑는다는 것이다. 생각만으로 이해해서는 안 된다. 마음속까지 무너진 적에게 경계심이 남아 있을 리가 없을 것이다. 그렇지 않으면 여전히 경계심이 남아 있다. 경계심이 남아 있으면 적은 완전하게 무너지지 않은 것이다. 전투에서도 일대일 싸움에서도 뿌리째 뽑는 것을 철저하게 훈련해야 할 것이다."

4. 風의 장

　무사시는 風의 장 첫머리에서 다음과 같이 말했다. "다른 유파의 검법을 알지 못하면 우리 니텐이치류의 검법을 확실하게 알 수 없다. 다른 유파의 검법을 연구해 보면, 대도를 사용하여 오로지 강함만 추구하고 그것을 중요한 기술로 여기는 유파도 있고, 고다치小太刀라고 하여 짧은 칼을 사용하여 수련에 힘쓰는 유파도 있고, 다양한 대도의 기본형을 정하고 자세를 다시 오모테表[기본형]와 오쿠奧[비전]로 나누어 전하는 유파도 있다. 이런 유파는 모두 진실한 병법이 아니다." "우리 니텐이치류의 길은 특별하다. 다른 유파는 병법을 예능의 하나로, 생계의 수단으로, 겉만 그럴싸하게 꾸며 상품화하여 진실한 병법의 길에서 벗어났다. 또 세상의 병법은 검술만으로 한정하여 대도 쓰는 법을 배우고, 몸놀림을 익혀서 기술이 향상되면 승리할 수 있다고 여기고 있다. 그러나 이것은 진실한 길이 아니다. 다른 유파의 부족한 부분을 하나하나 여기에 써 놓을 것이다."

　전국시대는 전쟁의 시대였다. 출진하는 무사는 갑옷과 투구를 썼고 목, 어깨, 가슴 등과 같은 중요한 부위에는 쇠사슬을 감았다. 실전에서는 머리, 목, 손목, 허리 등을 빠르게 베거나 찌르는 검술이 그다지 유용하지 않았다. 접전할 때 크고 긴 칼로 힘껏 내려치지 않으면 적을 죽일 수 없었다. 전쟁터에서는 기술을 쓰는 검술이 아니라 힘을 쓰는 검술이 필요했다. 전국시대 말기에 크고 긴 칼을 쓰는 검법을 계승한 유파가 있었다. 그런 유파의 문하생들은 전쟁터에서 유용한 실전 검술을 연마했을 것이다.

1600년 9월 세키가하라 전투에서 도쿠가와 이에야스가 승리를 거두면서 사실상 전국시대가 종언을 고했다. 1603년 2월에 도쿠가와 이에야스가 에도 막부를 설립하고 다이묘大名 가문이 일본 열도를 나누어 다스리는 봉건적 정치체제를 확립했다. 1615년 5월 이에야스가 도요토미 가문을 멸망시킨 오사카 전투가 있었지만, 그것은 에도 막부의 권력이 더욱 강화되는 과정이었다. 미야모토 무사시가 『오륜서』를 쓰기 시작할 무렵에 일본 열도에 다시 전쟁이 일어난다고 생각하는 사람은 거의 없었다. 평화 시대의 무사에게 실전에서 유용한 검술은 이미 시대에 뒤떨어진 무술이었다. 무사시는 시대의 변화를 민감하게 감지하고 있었다.

무사시는 긴 칼을 선호하는 다른 유파의 검법을 비판했다. "다른 유파 중에는 긴 칼을 즐겨 사용하는 무리가 있다. 우리 병법의 관점에서는 이것을 나약한 검법이라고 생각한다. 다른 유파에서는 어떻게 해서든지 적에게 승리해야 한다는 도리를 알지 못하고, 그저 크고 긴 칼이 유리하다고 생각한다. 그래서 적이 멀리 있을 때 쳐서 이기고자 하므로 긴 칼을 선호하는 경향이 있는 것이다. 세상 사람들은 '한치만 길어도 유리하다.'라고 말하나 그것은 병법을 모르는 자가 하는 말이다. (긴 칼을 선호하는 무리는) 병법의 이치가 아니라 긴 칼을 가지고 멀리서 이기려고 하는 것이다. 그것은 마음이 나약한 탓이며 나약한 병법이라고 할 수 있다. 만약에 적과 밀착하여 맞붙어 싸울 때 칼이 길면 그것으로 내 마음대로 찌르거나 휘두를 수 없다. 오히려 긴 칼이 짐이 되어 짧은 칼을 쓰는 사람이나 칼을 갖지 않은 사람에게 지게 된다. 긴 칼을 선호하는 사람은 나름대로 할 말이 있을 것이다. 하지만 그것은 그 사람에게만 통하는 구실일 뿐이다. 세상의 진정한 이치로 보면 도리에 맞지 않는다. 긴 칼을 쓰지 않고 짧은 칼로 싸운다면 반드시 패배해야 한다는 말인가? 상하좌우 공간이 좁거나 막힌 곳이나 짧은 칼밖에 쓸 수 없는 실내에서도 긴 칼을 선호하는 것은 병법에 대한 이해가 부족하기 때문이다. 사람에 따라서 힘이 약한 자도 있고, 긴 칼을 휴대할 수 없는 신분의 사람도 있다. 예부터 '큰 것은 작은 것을 겸한다.'라는 말이 있듯이, 내가 아무 이유도 없이 긴 칼을 꺼리는 것이 아니다. 긴 칼에만 집착하는 마음을 꺼리는 것이다."

무사시는 오로지 힘에 의지하는 다른 유파의 검법을 비판했다. 무사시가 말했다. "칼에는 강한 칼과 약한 칼이 있을 수 없다. 세게 휘두르려고 작정하고 휘두르는 칼은 바람직하지 않은 검법이다. 거칠고 난폭한 검법으로는 적을 이길 수 없다. 크고 긴 칼이라고 해도 사람을 벨 때 무리하게 힘을 주어 세게 베려고 하면 오히려 벨 수 없는 법이다. 베는 훈련을 할 때도 힘을 주어 베는 것은 좋지 않다. 누구라도 적과 싸울 때 '약하게 베자.' 또는 '힘을 주어 베자.'라고 생각하지 않는다. 단지 사람을 베어 죽이겠다고 작정했을 때는 강한 생각도 그렇다고 약한 생각도 품지 않는다. 적을 죽이는 생각만 할 뿐이다. 상대의 칼을 힘을 주어 치면 너무 세게 부딪쳐서 반드시 좋지 않은 결과를 초래한다. 상대의 칼을 세게 치면 자기 칼도 부러지게 된다. 그러므로 싸움에 유리한 칼이라는 것은 없는 것이다. 전투에서 강한 군대를 거느리고 싸움에서 크게 이기려고 한다면 적도 강한 군대를 편성하여 맞서려고 할 것이다. 어떤 경우라도 마찬가지이다."

무사시는 짧은 칼을 사용하는 유파의 검법도 비판했다. "짧은 칼만으로 승리하려고 생각하는 것은 진정한 도가 아니다. 예부터 크고 긴 칼과 작고 짧은 칼을 구분하여 사용했다. 힘이 센 자는 크고 긴 칼도 가볍게 다룰 수 있다. 그런 사람은 굳이 작고 짧은 칼을 선호하지 않는다. 길이가 긴 장점을 살려서 창이나 나기나타薙刀를 사용하는 것과 같다. 짧은 칼로 적이 긴 칼을 휘두를 때 그 틈을 노려 베거나 달려들려는 생각은 하나만 알고 둘은 모르는 것이다. 틈을 노리는 것은 모두 후수가 되어 적과 뒤엉킬 위험이 있다. 바람직하지 않다. 또 짧은 칼을 갖고 적에게 달라붙는 검법은 많은 적을 상대로 할 때 도움이 되지 않는다. 짧은 칼로 싸우는 것에 익숙한 자는 여러 명의 적을 공격하거나 마음대로 칼을 휘두르려고 해도 항상 수세에 몰려 뒤엉킬 위험이 있다. 바람직한 것이 아니다. 자신을 확실하게 지키면서 적을 몰아세우며 공격하고 적을 당황하게 만들어 확실한 승리를 거두는 것이 중요하다."

무사시는 칼을 사용하는 기법을 유난히 강조하는 다른 유파를 비판했다. "칼의 사용 기법을 다양하게 개발해서 가르치는 행위는 검술을 상품화하는 것이다. 칼을 사용하는 기법을 많이 알고 있다고 선전하여 초심자들의 관심을 끌기 위한 것이다. 그것은 병법에서 가장 바람직하지 않게 여기는 것이다. 사람을 벨 때 여러 가지 방법이 있다고 생각하는 것이 잘못이기 때문이다. 사람을 베는 것에 특별한 방법이 있을 수 없다. 검술을 아는 자도, 모르는 자도, 여자도, 어린이도, 치고 찌르는 것 외에 별다른 방법이 없다. 적을 베는 것이 검술의 길이라면 칼을 사용하는 방법이 많을 까닭이 없다. 그러나 장소와 상황에 따라 특별한 기법을 사용할 수는 있다. 예를 들면, 위와 옆이 막힌 곳에서는 칼을 마음대로 쓸 수 없기에 다섯 가지 방법을 사용할 수 있다. 그밖에는 손을 비틀거나, 몸을 꼬거나, 몸을 날리거나, 팔을 벌리면서 사람을 베는 일은 정도에서 벗어난 것이다. 사람을 벨 때 손을 비틀거나, 몸을 꼬거나, 몸을 날리거나, 팔을 벌리는 일은 아무런 도움도 되지 않는다. 우리 병법에서는 자세와 마음을 바르게 하고, 적의 자세가 흐트러지게 하고, 적의 마음이 흔들려서 당황하는 순간을 노려 공격하여 승리하는 것을 중요시한다."

무사시는 검술의 준비 자세를 특히 중시하는 다른 유파의 방식을 비판했다. "검술의 준비 자세를 가장 중시하는 것은 잘못된 일이다. 준비 자세는 적이 없을 때나 취하는 것이다. 예부터의 선례나 요즈음 세상의 관례 등으로 규칙을 정하는 것은 승부를 겨루는 무술에서 있어서는 안 되는 것이다. 적이 불리하도록 몰아가는 것이 승부의 길이다. 준비 자세란 동요하지 않는 것을 중요시하는 것이다. 성을 쌓거나 진지를 구축하는 일은 적이 공격해도 꿈쩍도 하지 않고 버티며 동요하지 않겠다는 의지의 반영이다. 싸움에서 이기려면 무엇이든 선수를 친다는 마음 자세가 있어야 한다. 그런데 준비 자세는 적이 선수를 쳐서 공격하는 것을 기다리겠다는 마음 자세이다. 싸움에서 이기려면 적의 태세를 흔들리게 하고, 적이 생각지도 못한 방법으로 공격해야 한다. 적을 혼란스럽게 하거나, 화가 치밀게 하거나, 위협하거나 해서 적이 허둥대면서 무너지는 틈을 노려 공격하여 이겨야 한다. 그래서 준비 자세라고 할 수 있는 수세적인 마음가짐을 꺼리는 것이다. 그러므로 나의 병법에서는 '자세가 있어야 하되 자세가 없어야 한다.'라고 말하는 것이다."

무사시는 적의 특정한 신체 부위를 주시하면서 싸우는 것이 중요하다고 강조하는 다른 유파의 가르침을 비판했다. "검술 유파에 따라 적의 칼 움직임을 눈여겨보는 자도 있고, 손놀림을 눈여겨보는 자도 있고, 발놀림을 눈여겨보는 자도 있고, 얼굴을 눈여겨보는 자도 있다. 이처럼 특별히 어느 부위를 주시하게 되면 그것에 마음이 현혹된다. 병법을 그르치는 병폐라고 할 수 있다. 공을 차는 사람은 공을 눈여겨보지 않아도 자유자재로 공을 차며 갖은 묘기를 다 부릴 수 있다. 무엇이든 익숙해지면 주시할 필요가 없는 것이다. 곡예를 하는 자들도 기술을 갈고닦으면 문짝을 코 위에 세우기도 하고, 여러 개의 칼을 공기처럼 갖고 놀 수 있다. 이 또한 일일이 눈으로 보고 하는 것이 아니다. 끊임없이 연습하여 익숙해지면 저절로 보이는 것이다. 병법의 도리도 마찬가지이다. 수많은 적을 상대하며 싸움에 이골이 나면 적의 마음을 간파하게 되고, 병법의 이치를 터득하면 칼의 멀고 가까움 느리고 빠름도 잘 볼 수 있게 된다. 병법에서 말하는 주시는 곧 적의 심리상태를 읽어 내는 것이다."

무사시는 빠른 것을 중시하는 다른 유파의 검법을 비판했다. "병법에서 빠름을 중시하는 것은 진정한 도가 아니다. 어떤 것이나 박자가 맞지 않을 때 '빠르다' '느리다' 말하는 것이다. 누구나 도에 통하게 되면 빠르게 보이지 않는 법이다. 히캬쿠飛脚(빨리 달려서 서신이나 물건을 배송하던 일꾼) 중에 하루에 400~500리를 달리는 자가 있다. 그렇다고 그들이 아침부터 밤까지 언제나 빨리 달리는 것은 아니다. 반면에 빨리 달리지 못하는 자는 온종일 달리는 것처럼 보여도 정작 멀리 가지 못한다. 노가쿠能樂라는 연극에서 능숙한 자가 읊는 가사에 서툰 자가 가락을 붙여서 읊으면 소리가 처지고 어색하게 들리는 법이다. 노가쿠의 오이마쓰老松라는 노래는 차분한 곡조이나 서툰 자가 장구와 북을 치면 때로는 느리게 때로는 너무 빠르게 들리기도 한다. 역시 노가쿠의 다카사고高砂라는 노래는 빠른 박자의 곡조이지만 빠르게만 연주한다고 좋은 것은 아니다. '빠르면 넘어진다.'라는 말이 있듯이 아귀가 맞지 않게 된다. 물론 느린 것도 좋지 않다. 능숙한 자가 하는 일은 느린 것처럼 보이지만 가락이 딱 들어맞는다. 무슨 일이든 숙련된 자가 하는 일은 서두르는 것처럼 느껴지지 않는 법이다. 이러한 예를 통하여 모든 도의 이치를 알 수 있을 것이다."

무사시는 일반 제자에게는 오모테表라는 검술의 기본적인 형식만 전하고 수제자에게는 별도로 오쿠奧라 하여 비전秘伝을 전수하는 유파를 비판했다. "병법에서 무엇을 오모테라고 하고 무엇을 오쿠라고 하는가? 검법에 초보자가 익히는 형식이 있고 숙련된 자가 따로 익히는 비밀스러운 기법이 있다고 하지만, 적과 싸울 때 오모테로 싸우고 오쿠로 베는 법은 없다. 우리 병법의 교육 방법은 처음으로 검술을 배우는 사람에게는 쉬운 기술부터 익히게 하고, 빨리 이해할 수 있는 것을 먼저 가르친다. 그 사람의 이해력이 향상되는 것을 보면서 점차로 어려운 기술과 깊은 이치를 가르친다. 대체로 내가 실전을 거치면서 체험한 것을 익히게 한다. 오모테·오쿠가 따로 없다. 그래서 격언에 있듯이 '산속으로 들어가 더욱 깊은 데로 들어가다 보니 다시 입구로 나온다.'라는 것과 같이 된다. 어떤 길이든지 오쿠의 비결이 필요한 때도 있고 오모테의 기량이 도움이 되는 때도 있는 법이다. 싸움의 길에서 무엇을 감추고 무엇을 공개할 수 있겠는가? 나의 병법의 이치를 전하면서 문하생에게 서약서 따위를 쓰게 하고 싶지 않다. 이 도를 배우는 사람의 능력을 보고 바른 병법의 길을 전하고 싶다."

5. 空의 장

『오륜서』의 마지막은 空의 장이다. 무사시는 이 장 첫머리에서 다음과 같이 말했다. "니토이치류의 병법의 길을 空의 장에 기록한다. 공이란 형체가 아무것도 없는 것, 지각할 수 없는 것을 말한다. 물론 공은 없는 것이다. 있다는 것을 알고 없다는 것을 아는 것 이것이 공이다. 세간에서는 잘못 인식하기 때문에 사물을 이해할 수 없는 것을 공이라고 한다. 하지만 이것은 진정한 공이 아니다. 모두 헤매는 마음이다."

"이 병법의 도에서도 무사로서 마땅히 행하여야 하는 무사의 법을 모르는 것이 공이 아니다. 여러 가지로 미혹되어 어찌할 바를 모르는 것을 공이라고 하나 이 또한 진정한 공이 아니다. 무사는 병법의 길을 확실히 깨닫고 그 밖의 무예를 잘 익혀서 무사가 마땅히 가야 할 길을 어둡지 않게 해야 한다. 마음의 동요 없이 잠시라도 게으르지 말고 지혜를 닦고 뜻을 굳건히 해야 한다. 통찰력과 주의력을 길러 조금이라도 흐리지 않고 앞을 가리는 헤매는 마음을 걷어내는 것 이것이 진정한 공이라는 것을 알아야 한다."

"진정한 도를 알지 못하는 동안에는 불법佛法이든 세상의 법이든 자신만의 생각으로 헤아려 바른길이라고 믿기 쉽다. 그러나 자기가 아무리 좋다고 생각해도 마음의 진실한 도의 관점에서 세상의 크고 넓은 척도에 견주어 보면, 사람마다 마음이 치우쳐 있고 사물을 보는 눈이 왜곡되고 굴절되어서 진정한 도에서 벗어나 있다. 이것을 깨닫고 올바른 것을 근본으로 삼아야 한다. 진정한 마음을 길라잡이로 하여 병법을 두루 익혀야 한다. 그리하여 올바르고 분명하게 활달한 경지에 이르러야 空이 곧 道요 道가 곧 空이라는 것을 알게 된다."

『반야심경』으로 대표되는 불교의 공 사상은 "색불이공色不異空 공불이색空不異色 색즉시공色卽是空 공즉시색空卽是色"에 응축되어 있다고 말하는 사람이 많다. 직역하면 "색은 공과 다르지 않고 공은 색과 다르지 않다. 그러므로 색이 곧 공이고 공이 곧 색이다."라고 새길 수 있을 것이다. 모든 현상에는 고정된 실체가 없고 그렇기에 어떻다고 규정하거나 이름을 붙일 수 없다는 말일 것이다. 중세 이후 불교의 영향을 받아 일본의 수묵화를 비롯한 예술 분야, 다도茶道를 비롯한 유예遊藝 분야에 공 사상이 도입되었다. 예술·유예의 형식이나 기법을 지키면서도 그 자체에 얽매이지 않고 무심한 경지에 도달하고자 했다. 무예를 수련하는 자들도 공 사상의 영향을 받았다. 무사시도 이러한 역사·사상적 배경을 알고 있었을 것이다.

앞에서 살펴본 地·水·火·風의 장에서는 검술의 자세, 기술, 방식, 요령 등에 대하여 구체적으로 설명했다. 구체적인 것은 '있는 것'에 해당한다. 무사시는 '없는 것'을 공이라고 하는 세상 사람들의 인식을 긍정하면서도 "공이란 형체가 아무것도 없는 것, 지각할 수 없는 것"이라고 정의했다. 그래서인지 空의 장은 앞의 地·水·火·風의 장에 비하여 매우 소략한 내용으로 구성되었다. 하지만 앞에서 설명한 것을 관통하는 검도 사상이 이 장에 응축되어 있다. 무사시가 말하는 공은 불교의 공 사상과 같은 듯 달랐다. 무사시는 승리를 목표로 하는 전투원의 삶의 방식에서 벗어날 수 없었던 무사를 대상으로 하여 空의 경지를 설명했다고 할 수 있다.

참고문헌

구태훈, 『전국시대 다이묘들』(증보판), 휴먼메이커, 2023

구태훈, 『오다 노부나가』(개정판), 휴먼메이커, 2023

구태훈, 『도요토미 히데요시』, 휴먼메이커, 2022

구태훈, 『도쿠가와 이에야스』, 휴먼메이커, 2023

구태훈, 『일본근세사』, 휴먼메이커, 2016

구태훈, 『일본문화사』, 휴먼메이커, 2018

구태훈, 『사무라이와 무사도』, 휴먼메이커, 2017

구태훈, 『복수와 일본인』, 휴먼메이커, 2018

우오즈미 다카시 / 김수희 역 『미야모토 무사시』, ㈜AK커뮤니케이션즈, 2020

富永堅吾, 『史実宮本武蔵』, 百泉書房, 1969

岡田・加藤 編, 『宮本武蔵のすべて』, 新人物往来社, 1983

小沢正夫, 『宮本武蔵』, 吉川弘文館, 1986

大浦辰男, 『宮本武蔵の真髄』, マネジメント社, 1989

魚住孝至, 『宮本武蔵』-日本人の道, ペリカン社, 2002

前田英樹, 『宮本武蔵「五輪書」の哲学』, 岩波書店, 2003

大蔵隆二, 『宮本武蔵』(人物叢書), 吉川弘文館, 2015

宮本健次, 『芸術家宮本武蔵』, 人文書院, 2003

遊佐京平, 『新考宮本武蔵』, 無明舎出版, 2003

櫻井良樹, 『宮本武蔵の読まれ方』, 吉川弘文館, 2003

渡辺一郎 校注, 『五輪書』, 岩波書店, 1985

大蔵隆二 校訂, 『五輪書』(現代語訳), (株)草思社, 2004

魚住孝至, 『定本五輪書』, 新人物往来社, 2005

桑原武夫, 『宮本武蔵と日本人』, 講談社現代新書, 1964

吉川英治, 『宮本武蔵』(吉川英治歴史時代文庫), 講談社, 1989

菊地 寛, 『剣聖宮本武蔵伝』(菊地寛顕彰会 編), 未知谷, 2003

司馬遼太郎, 『真説宮本武蔵』, 講談社文庫, 2006

小島英熙, 『宮本武蔵の真実』, 筑摩新書, 2002

❖ 구태훈 교수의 책들 ❖

『일본고중세사』 재팬리서치21, 2016

『일본근세사』 재팬리서치21, 2016

『일본근대사』 재팬리서치21, 2017

『일본사 파노라마』 재팬리서치21, 2009

『일본사 키워드30』 재팬리서치21, 2012

『일본사 이야기』 재팬리서치21, 2012

『일본문화 이야기』 재팬리서치21, 2012

『안중근 인터뷰』 (구태훈 교수의) 재팬리서치21, 2010

『100년 전 일본인의 경성 엿보기』 재팬리서치21, 2010

『일본사강의』 휴먼메이커, 2017

『일본문화사』 휴먼메이커, 2018

『일본제국흥망사』 휴먼메이커, 2018

『사무라이와 무사도』 휴먼메이커, 2017

『도쿠가와 시대 사람들』 휴먼메이커, 2017

『징비록』 휴먼메이커, 2018

『복수와 일본인』 휴먼메이커, 2018

『천황의 일본사』 휴먼메이커, 2022

❖ 일본사 傳 시리즈 ❖

『전국시대 다이묘들』 휴먼메이커, 2023

『오다 노부나가』 휴먼메이커, 2018

『도요토미 히데요시』 휴먼메이커, 2022

『도쿠가와 이에야스』 휴먼메이커, 2023

『미야모토 무사시』 휴먼메이커, 2025

❖ 역발상일본어 시리즈 ❖

『한국어로 잡는 일본어』 휴먼메이커, 2024

『리사이클링으로 잡는 일본어』 휴먼메이커, 2024

『사람으로 잡는 일본어』 휴먼메이커, 2024

『감각으로 잡는 일본어』 휴먼메이커, 2024

『한음절로 잡는 일본어』 휴먼메이커, 2024

『한자로 잡는 일본어』 ① 휴먼메이커, 근간

『한자로 잡는 일본어』 ② 휴먼메이커, 근간

구태훈

성균관대학교 문과대학 사학과 명예교수

미야모토 무사시

발행인 구자선
펴낸날 2025년 1월 24일
발행처 (주)휴먼메이커
주　소　경기도 용인시 기흥구 강남서로 9 아카데미프라자 8층 825호
　　　　전화 : 070-7721-1055
이메일 h-maker@naver.com
등　록 제2017-00006호

ISBN　979-11-93975-00-8(03910)
정　가　20,000원